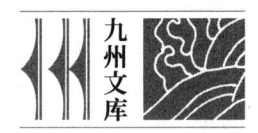

大学特质文化的传承和创新
南昌航空大学的实践探索

郭代习 著

九州出版社
JIUZHOUPRESS

图书在版编目（CIP）数据

大学特质文化的传承和创新：南昌航空大学的实践探索／郭代习著．－－北京：九州出版社，2022.11
　　ISBN 978-7-5225-1508-3

　　Ⅰ.①大… Ⅱ.①郭… Ⅲ.①高等学校—校园文化—建设—研究—南昌 Ⅳ.①G647

中国版本图书馆 CIP 数据核字（2022）第 226899 号

大学特质文化的传承和创新：南昌航空大学的实践探索

作　　者	郭代习 著
责任编辑	李创娇
出版发行	九州出版社
地　　址	北京市西城区阜外大街甲 35 号（100037）
发行电话	（010）68992190/3/5/6
网　　址	www.jiuzhoupress.com
印　　刷	唐山才智印刷有限公司
开　　本	710 毫米×1000 毫米　16 开
印　　张	18
字　　数	258 千字
版　　次	2023 年 5 月第 1 版
印　　次	2023 年 5 月第 1 次印刷
书　　号	ISBN 978-7-5225-1508-3
定　　价	98.00 元

★版权所有　侵权必究★

目　录
CONTENTS

引论　大学文化及昌航简史 ……………………………………… 1

第一章　中专专科时期校风：从"三八"作风到六字校风………… 8
　第一节　"三八"作风做校风 ……………………………………… 9
　第二节　六字校风：朴实、勤奋、严谨 ………………………… 16

第二章　八字校风：勤奋、文明、求实、创新 ……………………… 29
　第一节　改建学院后对校风建设的重视和举措 ………………… 30
　第二节　"勤奋、文明、自强、求实"的旧八字校风的提出 ……… 35
　第三节　"勤奋、文明、求实、创新"的新八字校风的提出 ……… 40

第三章　八字教风：治学严谨、诲人不倦 ………………………… 55
　第一节　汉口创校时期："三心换三心"的良好教风 …………… 56
　第二节　波浪发展时期：几经波折而历久弥坚的教风 ………… 68
　第三节　再次创业时期：凝练治学严谨诲人不倦的教风 ……… 82

第四章　八字学风：勤奋好学、实事求是 ………………………… 95
　第一节　首届精神 ………………………………………………… 98
　第二节　迁校精神 ………………………………………………… 113
　第三节　勤工俭学精神 …………………………………………… 127

第四节 国防精神 …… 139

第五章 八字干部作风：廉洁、奉献、务实、进取 …… 153
  第一节 开启第一次创业的领导班子 …… 155
  第二节 引领第二次创业的领导班子 …… 167
  第三节 团结拼搏"哥俩好"的领导班子 …… 179
  第四节 迎接第三次创业的领导班子 …… 202

第六章 昌航特质文化观 …… 214
  第一节 昌航精神：团结自强、拼搏向上 …… 214
  第二节 昌航哲学：循规、重人、求实 …… 230
  第三节 昌航人价值观：奉献不为索取，奉献大于索取 …… 252
  第四节 八字校训：日新自强、知行合一 …… 264

结语 昌航特质文化传承创新与凝心聚力的成就、经验与启示 …… 274

主要参考资料 …… 281

引论　大学文化及昌航简史

　　大学文化的研究既是一个理论问题，又是一个实践问题。目前学术界研究较多的是关于大学文化一般的抽象的理论探讨，而作为大学文化研究的特色和独树一帜的个案研究还不多见。2022年是南昌航空大学（以下简称"昌航"）建校70周年。本论题来源于南昌航空大学70周年校庆课题招标项目"建校70周年学校特质文化传承创新与凝心聚力的成就、经验与启示"，因此属于个案研究和实践探索。

　　作为本研究个案的南昌航空大学的特质文化有其深厚的历史底蕴和独具魅力的鲜明个性，不但对传承和创新南昌航空大学文化有重要的现实意义，而且能为中国同类大学文化的传承与创新提供一个参考个案，同时本课题的研究，试图将南昌航空大学70年来的文化总结和汇集起来，作为学校凝心聚力的精神名片，让昌航人从不同角度去聆听、去感受、去践行。也以此向南昌航空大学70周年华诞献礼。书中观点，仅属个人孔见，不代表其他方面态度，特此说明。

一、大学文化中的几个概念

　　1. 大学文化。大学文化是大学之魂。而由于随着时代的发展，学界对"文化"概念的阐述具有不确定性，有上百种之多，故本研究中的大学文化是基于一般的认识，参照相关学者的界定，即大学文化指以大学为载体，通过历届师生员工的创造、传承和创新，为大学所积累的物质成果和精神成果的总和。① 这是从宏观层面来阐释的。此外，还可以从中观和微观方面来考察。中观层面的大学文化是指大学作为社会组织有别于其他社会组织而表现出来的精神面貌和行为方式。从这个角度看，大学文化既不同于政党文化和政府文化，也不同于企业文化。微观层面的大学文化当然首先包含宏观与中观层面大学文化的基本内核，但它更加注重在万千大学群体中挖掘个体大学自身所表现出来的独特个性，我们也可以把它叫作"大学特质文化"。北京大学和清华大学之所以各有千秋，其中最重要的原因是他们各有其特质文化，北京大学有着"学术自由，兼容并包"的特质文化，清华大学追求的则是"自强不息、厚德载物"。不同的大学文化特质可直接影响大学师生员工的精神面貌和行为方式，形成不同的价值追求，比如大学哲学、精神、信念、价值观和责任等。因此，微观层面的大学文化，是指一所大学在长期发展过程中所形成的具有自身群体共识的精神风貌，它是精神方面的价值追求和实践层面的行为方式的综合体现，是一所大学区别于其他大学的本质特征。② 为简便起见，本课题要讨论的是微观层面的大学文化，而且以南昌航空大学为个案，探究其特质文化传承创新与凝心聚力的成就、经验与启示。由于昌航特质文化的凝练在2006年基本完成，故本课题研究的重点放在2007年以前。2007年南昌航空工业学院更名为南昌航空大学，昌航特质文化进入守正创新阶段，本课题只做简要的启示性探讨，以抛砖引玉。

　　一般来说，大学文化的主体是大学人，以物质、环境、制度、行为和学科、课程、专业等知识体系为载体，以大学理念、大学精神为核心，主要包括四个方面的内容：大学精神文化、大学环境文化、大学制度文化和大学行为文化。在这里，我们主要讨论大学精神文化。大学精神文化是大学文化的灵魂和核心，它把大学环境文化、大学制度文化和大学行为文化内化于心，外化于行。大学精神文化又是大学文化生存与发展的内在动

---

① 郑宏：《厦门大学文化的历史与解读》，厦门大学出版社2010年6月版，第2页。
② 宗高峰、戴林富：《大学文化创新的逻辑》，《思想政治教育研究》2018年第2期，第139页。

力，是由大学的历史、传统、行业和地域文化的影响，课程、学科特色和知名领导、学人的品格、气质、生命力和创造力共同孕育的，进而形成大学独有的办学理念、价值观念、哲学追求、工作作风、行为方式等文化体系，包括校风、教风、学风、干部作风以及在长期发展过程中积淀而形成的独特的大学精神、哲学观、价值观和校训，这些既是大学的追求，也是大学群体意识的集中体现。

2. 校风。《新编现代汉语词典》2016版解释说，校风是"学校的风气"，① 也就是说，校风是学校风气的总称。而"风气"是指"社会上或某个群体内流行的习气"。② 校风是大学治校、治管、治教、治学的综合体现，是大学精神的具体化和外在表现，包括学风、教风以及学校在长期发展过程中积淀的管理作风、传统文化精神和学术探索所形成的风气和氛围。

3. 教风。大学教风是指大学在教学精神、教学形象、教学态度和教学方法等方面形成的长期的、稳定的教育教学风气。教风是一个教育群体的德与才的统一性表现，是该教育群体整体素质的核心，是教师队伍在道德、才学、作风、素养、治教等方面的集中反映。教风是校风的重要组成部分，是凝聚在教与学过程中的精神动力、态度作风、方法措施等，是一个学校生存和持续发展的不竭动力之源。好的教风是学校崇高的精神旗帜，对学生可以起到熏陶、激励和潜移默化的教育作用。教风好，可以提高学校的知名度，可以提高学校的社会声誉和社会可信度。

4. 学风。《新编现代汉语词典》2016版解释说，学风是"学习方面的风气（多指学校的或学术界的）"③，它同样是校风的重要组成部分。

5. 大学精神。大学精神是大学自身存在和发展中逐渐形成的具有特殊品位、独特气质的精神形式的文明成果，它反映了大学的内涵，体现出一所大学的志向与神韵，对大学核心价值与理想信念的坚守，也是科学精神

---

① 《新编现代汉语词典》，湖南教育出版社2016年4月版，第1393页。
② 《新编现代汉语词典》，湖南教育出版社2016年4月版，第349页。
③ 《新编现代汉语词典》，湖南教育出版社2016年4月版，第1437页。

的时代标志和具体凝聚,其本质特征概括为创造精神、批判精神、担当精神和社会关怀精神。

6. 大学哲学。一般来说,哲学是关于世界观的学说,它是对自然知识和社会知识的概括和总结。总的来说,哲学的根本问题是思维和存在、精神和物质的关系问题。人类社会越来越重视从哲学角度来思考问题,无论是个人、组织、政党,乃至民族、国家,都喜欢从自身来寻找哲学智慧、哲学精神,把它作为行动指南。所谓哲学精神,就是指一个人或一个组织,对宇宙、对自然、对社会、对人生、对事业的价值、意义的理解、把握和诠释,以及对价值理想或终极关怀的体贴和追求。

哲学往往包含时代精神的精华,这句话可以从两个层面来理解:一是哲学是时代精神的总结和概括,反映了人们对这个时代的呼声和社会发展的趋势。二是哲学具有塑造时代精神的作用,它反过来又可以用时代精神的精华来引领社会的共识、价值观以及民族和国家的行动,是个人、组织行动的先导。这正是哲学的魅力所在。因此,企业有企业哲学,学校也有学校哲学,一所大学也有其哲学精神。

大学哲学是大学在执行人才培养、科学研究、文化传承、社会服务和国际交流合作任务时逐渐形成、确立和追求的思想认识、价值观念和行为准则,一旦大学哲学形成,会对大学的建设和发展起着进步的推动作用。

7. 大学价值观。价值观是基于人、组织乃至民族、国家的一定的思维感官之上而做出的认知、理解、判断或抉择,也就是人和组织认定事物、辩定是非的一种思维或取向,从而体现出人、事、物一定的价值或作用。在阶级社会中,不同的人,不同的阶级都有不同的价值观念。一般来说,价值观一旦形成,具有稳定性和持久性、历史性与选择性、主观性的特点。价值观一方面反映人们的认知和需求状况;另一方面又能反过来引领个人、组织的行动,是个人、组织行动的先导。

大学作为一个组织,也有其价值观。大学价值观是指大学及其师生员工的价值取向,是指大学在追求办学成功过程中所推崇的基本信念和奉行的目标。从哲学上说,价值观是关于对象对主体有用性的一种观念。而大学价值观是大学全体或多数师生员工一致赞同的关于学校意义的终极判断。简而言之，大学价值观就是大学决策者对学校性质、目标、办学指导思想、办学方式的取向所做出的选择，是为师生员工所接受的共同观念。

8. 校训。所谓校训，原本是学校校长在讲话中，对本校教师和学生的提出的要求的关键词语。《新编现代汉语词典》2016版解释说，校训是指"学校制定的对全校师生员工有指导意义的词语或口号"。因为校训既精练雅致，又能准确反映学校的育人宗旨和办学方向，所以被一代一代的教职员工和莘莘学子传递下去，"于一己则养成习惯，于每人则蔚为风气"，经年累月，便成了约定俗成的话语，成为学校精神文化的一部分。

中华文化博大精深，中华教育源远流长。古代的塾庠序学，后世的书院讲堂，大都立有学规校训；近百年来，我国的先哲鸿儒们，为了国家富强民族兴旺，奔走呼号，创办新式学校，以教化为己任，以育人为根本，制订了许多精辟警策、言简意赅的校训，传遍四海，至今仍熠熠生辉。

一般来说，大凡是世界上比较有名的一流学府，均立有校训。校训是大学理念、大学风气、大学精神、大学哲学、大学价值观、为学为人的高度凝练，是学校悠久历史和传统文化的一种高度浓缩，是师生员工共同遵守的行为规范，并将随着时代的发展赋予新的内涵。校训对于学校内聚合力，外树形象，永葆动力和活力，具有不可替代的作用，对于激励师生员工弘扬传统，开拓创新，奋发向上，增强荣誉感、责任感和使命感，具有特别重要的意义。

二、南昌航空大学简要历史

由于本课题以南昌航空大学的特质文化作为个案研究，因此有必要对其简要历史作一个简单的脉络梳理。

南昌航空大学是一所以工为主，工、理、文、管、经、法、教、艺等学科协调发展的多科性大学，是江西省人民政府与国家国防科技工业局共建高校，教育部卓越工程师教育培养计划实施高校，"中国政府奖学金"来华留学生培养院校，江西省一流学科建设高校。

学校肇始于1952年创建的汉口航空工业学校，经历中专专科教育（1952.3—1978.3）、本科教育的开创和稳步发展（1978.4—1998）、建设多科性教学研究型大学（1999—2022）3个时期，3次创业。

1. 1952年3月至1978年3月，是学校的中专专科教育时期，也第一次创业时期，经历了初创、稳定发展、调整提高、由中专向大学过渡等主要阶段。1952年3月，经重工业部航空工业局批准，汉口航空工业学校在抗美援朝的烽火中诞生，600多名解放军和抗美援朝志愿军战士走进校园，于10月9日举行了庄严的开学典礼，这一日也成为学校的校庆日。1953年2月改名为武汉第六工业学校，9月17日，又改名为中南第一工业学校。1954年8月，在抗洪抢险中完成了由汉口至南昌肖坊乡的迁校壮举，1956年2月更名为南昌航空工业学校。1960年至1965年试办大专。1969年6月停学办厂，1972年4月恢复办学。中专专科教育时期的26年，学校形成了"三八"作风和"朴实、勤奋、严谨"的优良传统，克服重重困难，取得了较大的成就，为航空工业培养了近万名技术人才，支援了国家新建其他学校的建设。从1958年起，一直是部属重点学校，在全行业和当地有一定的影响，为学校升格为本科院校打下了坚实基础。

2. 1978年4月至1998年，是学校本科教育的开创和稳步发展时期，也是第二次创业时。1978年4月，经国务院批准，学校升格为南昌航空工业学院，进入了本科人才培养新阶段，奋力谱写了一曲激情进取、志在超越的创业凯歌。学校始终把为党育人、为国育才，服务航空国防事业和地方经济社会发展的使命扛在肩上，品德评等评语制度得到中央领导肯定批示，在全国引起较大反响。学校明确发展定位，努力探索"扬长补短、办出特色"的办学新思路，凝练了"勤奋、文明、求实、创新"八字校风，形成了"团结自强、拼搏向上"的八字昌航精神以及八字教风、八字学风、八字干部作风、昌航哲学、昌航人价值观等精神文化谱系。学校教学、学科、科研及生产、基本建设等各项事业得到全面快速发展，1982年、1990年先后获得学士、硕士学位授予权，1990年通过航空航天工业部教育质量评鉴，1991年被航空航天工业部授予"航空工业创建四十周年有重大贡献单位"称号，1998年一次性通过教育部本科教学工作合格评估，为学校管理体制调整后的跨越式发展奠定了强大基础。

3. 1999至2022年，是学校建设多科性教学研究型大学的坚定探索时期，也是第三次创业时期。1999年学校管理体制从中央下放到地方，实行中央和江西省共建、以江西省管理为主的管理体制，标志着学校的发展进入一个新的历史阶段；2002年12月26日前湖新校区奠基并经多年建设投入使用，为学校的未来发展奠定了百年基业。2007年3月16日，教育部同意南昌航空工业学院更名为南昌航空大学，这是我国航空工业和国防事业迅速发展的需要，标志着学校的建设和发展进入了一个新阶段。学校恪守2006年凝练的"日新自强、知行合一"校训，发愤图强、励精图治，2008年在教育部本科教学工作水平评估中获得"优秀"，标志着本科教学水平上了一个新的台阶。各项事业实现跨越式发展，为学校迈入新时代高质量跨越发展新阶段夯实了牢固基础。2017年，获批3个省一流学科，2018年完成教育部本科教学工作审核评估。

进入新时代，步入新阶段，学校作出"一二五"战略部署，① 实施六大攻坚行动，② 继续为全面建成"工科优势突出、航空特色鲜明、服务贡献彰显"的高水平教学研究型大学而努力奋斗！

---

① "一"即"一个总的要求"，是指要全面加强党的领导。"二"即"两个重点突破"，是指重点在学科建设上求突破，在航空国防特色上求突破。"五"即"五个提升"，是指提升人才培养质量，提升人才队伍层次，提升科研和服务能力，提升管理水平，提升师生幸福指数。

② 自2021年起，用3年左右时间，重点实施学科建设、科技创新、人才培养、队伍建设、服务区域、条件保障等六大攻坚行动。

第一章　中专专科时期校风：从"三八"作风到六字校风

1951年4月17日，中华人民共和国中央人民政府人民革命军事委员会和中央人民政府政务院颁布《关于航空工业建设的决定》，标志中华人民共和国的航空工业在抗美援朝的战火中诞生了。这是一个鼓舞人心的大事件，党中央英明决策，拿出当时堪称"巨款"的价值60亿斤小米的资金开展新中国航空工业建设。就这样，新中国航空工业在抗美援朝的烽火中，迈出了坚实的第一步。

从1952年3月至1978年3月，整整26年，是昌航的中专专科教育时期，也是学校第一次创业时期，成为学校70年发展历史中厚重的一笔。尽管从建校以来学校遭受历次政治运动的影响，特别是"文化大革命"期间教师队伍、校园资产、教学设施、图书资料、规章制度遭受严重破坏，但昌航人长期形成的精神特质、优良传统、严谨作风依然存在。中专专科教育时期，学校根据国家政治发展形势和行业特点，结合校情，把"三八"作风作为校风进行建设，并逐步形成"朴实、勤奋、严谨"的六字优良校风。

<<< 第一章 中专专科时期校风：从"三八"作风到六字校风

第一节 "三八"作风做校风

汉口创校时期，学校就十分重视校风建设，并且逐渐形成了良好的校风。据1952年建校前就在武汉311工作、原南昌航空工业学院工会主席、机关党总支书记王天成说：

政治建设之外，我们的校风建设也是抓得很紧的。学校里学习的风气很好，从中专时期就是那样，学风很浓，学生都很重视学习。校园里面经常早读，到处都是人，拿着书本读书。不仅学生这样，干部也是，我们当时在职的时候，很重视学习。最初还有一个学习日，每礼拜有半天的干部学习，推荐很多的学习书目，学完以后还要开会讨论。后来取消干部学习日之后，就利用业余时间，经常是晚上学习和开会。那时候没什么电视看，其他活动也不太多，所以学习抓得是比较紧的，像《毛泽东选集》还有党的一些文件，人手一册。每次开会回来以后都要层层传达，所以大家理解得都比较深，工作起来也比较顺当。那个时候，学习气氛相当浓，学校就是一个学习的场所，干部带了头，学生也跟着来，这样，大家共同带动了学校的好风气。[①]

学校的精神文化在特殊的历史时期开始凝聚，成为今日学校精神的滥觞，并经一代又一代师生员工的传承，深深影响着学校精神的形成与发展。良好的校风是一点一滴形成的，也是靠学校决策层认真引导和真抓实干慢慢促成的。1952年学校在开学之前就制定了会议制度、保密制度、生活制度、请假制度、礼节制度和清洁卫生制度等各项制度，并认为"各种制度的建立与贯彻是保证搞好教学工作，完成学习任务，加强与组织纪律观点与养成学校优良校风的必要步骤"，全体师生员工都应严格遵守，而

---

① 王天成：《一生一世一昌航》，转自《传道授业话昌航》，江西高校出版社2017年10月版，第63页。

大学特质文化的传承和创新：南昌航空大学的实践探索 >>>

这种遵守，一方面是学校施以民主管理的方法；另一方面是建立在全体学员的自觉的基础上。① 可以说，学校从创建开始就十分重视校风建设的培育、总结和凝练。1954年11月11日，学校召开的1954—1955第一学期第三次校务会议，就提出要"培养遵守校风校纪的典型"。② 1954年12月9日，学校召开的1954—1955第一学期第四次校务会议，号召全校学习苏联专家"国际主义和艰苦朴素的工作作风"。③

学校的校风建设与国防航空特色紧密相连，一开始就把"三八"作风当作校风来培养。部队服从命令、听从指挥、严守纪律、英勇战斗、不怕牺牲的优良作风一开始就扎根在学校，形成了严谨务实的校风。1952年学校创办时，航空工业属于国防保密单位，因此对外不能说单位名称，只能称148信箱或33航空区队。学校面积虽然只有四五十亩，但却戒备森严，四周拉设铁丝网，门口有荷枪实弹的解放军站岗，晚上有持枪的工人护厂队巡逻。据说，"特别配置了一个排的兵力，负责学校的警卫工作"。④ 1954年8月迁校南昌后，学校仍具有神秘的国防军工色彩，校门有士兵站岗，启用"南昌11号信箱"作为通信代码。⑤ 那时学校离市区较远，只有一条坎坷不平的土路穿过一片片农田通向市区。每逢周末，仅容一辆车出入的狭窄校门，便会开出一列由八九辆草绿色解放牌大卡车组成的车队，卡车车门上印有"三〇一"的字样，车上是一张张朝气蓬勃的脸，他们青春洋溢，有说有笑，从城南荒郊的工业新区向市区进发。这列容载量35人（包括驾驶舱内3人）的解放牌大卡车，车票5分钱1张，一周一班，目的地是南昌市中心的八一广场。所以"三〇一"被认为是学校的对外代号。直至1956年2月，学校先后接到第二机械工业部第四局和第二机械

---

① 《校务会议关于当前工作的指示》（1952年9月），南昌航空大学档案馆电子档案，1952-永久-0001-002。
② 《1954—1955年校务会议记录》，南昌航空大学档案馆电子档案，1955-永久-0019-001。
③ 《1954—1955年校务会议记录》，南昌航空大学档案馆电子档案，1955-永久-0019-001。
④ 王庆国：《岁月留痕》，夏立先：《岁月情深：昌航六秩回眸》，南昌航空大学校庆办公室编印（内部版），2012年10月，第14页。
⑤ 《告我校详细地址》，南昌航空大学档案馆电子档案，1953-永久-0003-003。

<<< 第一章 中专专科时期校风：从"三八"作风到六字校风

工业部的通知和命令，将当时学校的校名"南昌工业学校"改名为"南昌航空工业学校"，可公开招生、悬挂校牌，师生可佩戴校徽。① 学校于3月16日正式启用南昌航空工业学校新校名。尽管如此，学校依旧承袭着军工保密的传统。虽然公开招生，1961年4月1日，学校仍然对外启用了"南昌11号信箱"作为通信代码。② 以后仍然保持着这个传统。据1965级入校的原南昌航空工业学院副院长夏立先回忆说：

我是昌航1965级焊接专业的学生，1965年入学时，当时的学校保密性很强，保密到大多数南昌人都不知道有一个学校叫"南昌航空工业学校"。就像暗号一样，南昌航空工业学校对外的名称是"南昌11号信箱"，所有学生入学后都要进行严格的保密教育，校内对学生实行半军事化管理，现在依然记忆深刻的场景就是，一个班的同学要排队去吃饭排队唱歌去教室上课，中午下课，也是排着队一边唱歌一边走到食堂吃饭，8人一桌。每天必唱的歌是当时的校歌，也是当年抗日军政大学的校歌，现在我还能哼唱几句："黄河之滨，集合着一群中华民族优秀的子孙。人类解放，救国的责任，全靠我们自己来担承……"③

学校的国防特色起源于建校之初。参加汉口航空工业学校筹建的干部大多是中共中央中南局组织部和中南军区调来的地、县（团）、区（营）级部队转业干部，主要校领导大多是军、师级军人，学生辅导员都是营级军人。从1951年底至1952年8月，共调来24名。首届629名学生中有627名学生是从中国人民解放军和人民志愿军干部、战士中选拔来的现役军人，他们多是身着黄军装走进了校园。他们当中有人曾在部队担任过

---

① 南昌航空工业学院院史编委会办公室：《南昌航空工业学院院史（1952—1985）》，内部刊，1987年9月，第194-195页。
② 南昌航空工业学院院史编委会办公室：《南昌航空工业学院院史（1952—1985）》，内部刊，1987年9月，第212页。
③ 夏立先：《五十二载今回首，半个世纪昌航情》，《传道授业话昌航》编写组：《传道授业话昌航》，江西高校出版社2017年10月版，第16页。

班、排、连长，个别还担任过营长职务。① 自然，部队中的军人作风带到了工作、学习和生活中。整个校园几乎就是一座军营，学员的八一帽徽和胸章仍佩戴在身上。早晨出操，开会外出均列队集合，跟现役军人一般。不但教室、宿舍都刻有八一徽章，就连起初开始上课时学生还习惯性地敬军礼、喊口令，这令从地方上来的教师很不适应。汉口创校时从铁道部浦镇铁路工厂调到学校工作的彭本善老师回忆说："航空梦想和实干精神就此交融，象牙塔内的勃勃生气感染了像我一样的新教师""同志们、同学们从部队带来的'三八'作风、青春朝气为建设新中国航空工业而刻苦攻读的精神风貌，深深打动、激励、感染了我，坚定了我终身从教的道路。"②

当然，校风的养成也离不开当时的国家政治环境和教育形势。20 世纪 60 年代，全国各地开展了学习解放军活动，学校也是如此，实行半军事化管理。1960 年 5 月，学校召开中共南昌航空工业学校第四届委员大会，党委书记牟桂本在工作报告中提出要继承革命光荣传统，发扬"三八"作风。报告指出，"三八"作风，是我国长期革命斗争中产生的宝贵精神财富，它体现了战斗的无产阶级的政治精神面貌，是我国劳动人民优秀作风的集中表现，具有伟大的生命力。继承和发扬这种作风，不仅是完成学校各项任务的保证，而且是今后长期政治思想建设的重大任务，是培养又红又专的干部主要标志。"根据部、局指示，应当把它列为学校的优良校风，并不断地发扬光大"。③ 这样，学校正式把"三八"作风作为学校的校风。"坚定正确的政治方向，艰苦奋斗的工作作风，灵活机动的战略战术"三句话和"团结、紧张、严肃、活泼"八个字构成了"三八"作风的主要

---

① 王庆国：《岁月留痕》，夏立先：《岁月情深：昌航六秩回眸》，南昌航空大学校庆办公室编印（内部版），2012 年 10 月，第 14 页。
② 彭本善：《难忘的岁月——会议建校初期的岁月片段》，夏立先：《岁月情深：昌航六秩回眸》，南昌航空大学校庆办公室编印（内部版），2012 年 10 月，第 9 页。
③ 牟桂本：《高举红旗，大闹教改，大搞四化，向全国同类学校最先进水平奋勇前进——在中共南昌航空工业学校第四届委员大会上的工作报告》（1960 年 5 月 11 日），南昌航空大学档案馆电子档案，1960-永久-0001-002。

内涵。

"坚定正确的政治方向"就是树立无产阶级辩证唯物主义和历史唯物主义的世界观，树立为实现共产主义而奋斗到底的远大革命理想，增强党性，坚决贯彻党的路线、方针、政策和指示，永远忠于党，忠于革命事业。

"艰苦奋斗的工作作风"就是为了完成党交给的任务，发挥最大的革命积极性和主观能动性，不怕任何艰难困苦，千方百计战胜困难的作风。就是苦干、实干、穷干、巧干的作风，就是不计报酬，不计名位，踏踏实实，勤勤恳恳，埋头苦干的作风。

"机动灵活的战略战术"就是高度的革命原则性和高度的革命灵活性相结合，理论和实际相结合，坚持辩证唯物主义的立场，一切从实际出发，反对主观主义和形而上学。

"团结"首先是党的组织和全体党员在马克思列宁主义思想的指导下，贯彻执行党的路线、方针、政策的基础上团结一致，并成为团结广大群众的核心。在工作上加强联系，虚心学习，发扬共产主义大协作的精神。在生活上树立阶级友爱的观点，克服资产阶级自私自利的思想。

"紧张"就是要鼓足冲天的革命干劲，雷厉风行，提高效率，反对松劲、疲沓、拖拉、懈怠的作风，反对官僚主义作风。

"严肃"就是要有原则性，有认真负责，丝毫不苟的精神。

"活泼"就是革命的乐观主义精神，要心情舒畅，生动活泼，反对暮气沉沉萎靡不振的作风。

随着"三八"作风的提出和确定，全校迅速掀起一个学习、宣传和贯彻"三八"作风的高潮。为了迅速地"把新校风培养起来，并使其落到实处"，党委书记在全体民兵中做了动员报告，组织全校民兵座谈讨论，动用了校刊、广播站和其他一切宣传工具，集中宣传，造成声势，掀起了宣传热潮。学校的主要场所和各教学大楼都写上了醒目的大字标语，大部分办公室、教室和宿舍都张贴了"三句话八个字"，许多班级编写了贯彻"三八"作风歌曲和演唱小节目。"三八"作风成为党课、团课和报告会的主要内容,"形成了事事讲'三八'作风,处处见'三八'作风,'三八'作风遍及全校的新局面"。民兵们把"三八"作风比作是"清晨的号角"和"跃进的战鼓",各个表决心,人人订计划,表示一定要沿着"三句话八个字"奋勇前进。"三八"作风日益深入人心,人人通晓,个个贯彻,并把它形成一种制度,成为全校师生的行动准则。由于昌航在继承和发扬"三八"作风成绩突出,"受到省军区表扬"。[①] 每年新生入校,徒工进厂,都必须进行优良校风的教育。政治理论课,党、团课都安排了一定的时间,紧密联系学校和师生实际,讲授"三八"作风的内容。

1961年4月29日,学校党委发出《关于进一步改进学生思想政治教育的指示》,加强了对学生的阶级教育和革命传统教育。在此基础上,深入进行"三大观念",即国防观念、战争观念和为国防建设服务的观念的教育,进行"三八作风"的教育。1961年5月、6月,在学生中开展了以"继承革命传统,发扬更大光荣,做共产主义接班人"为主题的革命传统教育,在教职工中开展"两忆"(忆阶级苦、忆民族苦)、"三立"(立国防观念、立共产主义劳动态度、立组织纪律观念)运动。整个运动贯彻"一主"(正面教育、自我教育为主)、"三不"(不搞鸣放、不搞批斗、不搞追查)、"二结合"(领导与群众相结合、理论与实际相结合)的原则。

1962年2月,根据毛泽东的意见,全国又掀起了教学改革高潮。学校党委号召在总结以往经验的基础上大学解放军的经验,强调贯彻毛泽东思想,学习和运用郭兴福教学法。郭兴福教学法是南京部队某部二连连长郭兴福在练兵中创造的教学方法,1964年2月,中央军委号召全军学习其教学方法。1965年4月,学校派数学、制图、电工等教研组负责人参加第一机械工业部召开的郭兴福教学法经验交流会。5月,推广郭兴福教学法进入高潮。1962年8月,学校提出,当前学生政治思想教育着重加强以下几个方面:阶级教育、革命人生观教育和"三大观念"的教育、艰苦奋斗的革命传统教育、又红又专的教育、基本品德教育、马列主义基本知识教

[①]《1959—1960学年南昌航空工业专科学校工作总结》,南昌航空大学档案馆电子档案,1960-永久-0011-009。

育。各项教育以阶级教育为中心。在教育中，要求做到形式多样，深入细致，扎扎实实。对学生一定要严格要求，提倡什么，反对什么，必须明确具体，但必须耐心说服，不能简单粗暴。同时，加强了对学生政治思想工作的领导，在党委的统一领导下，发挥党委职能部门、团委、各行政组织的作用，加强班主任工作，发动教师管教管导，发挥学生干部、积极分子在学生中进行自我教育的作用。

1963年3月9日，学校党委在学生中开展向雷锋同志学习，向"南京路上好八连"学习活动，开展了"四好"（政治思想好、学习风气好、组织纪律好、文体卫生好）班级，"五好"（思想好、学习好、劳动好、纪律好、身体好）学生活动。当年9月，党委决定在全体学生中开展文明纪律教育，要求通过教育，树立遵纪守法，遵守学校制度，爱护公共财物，讲究文明礼貌，讲究清洁卫生，尊敬师长，团结同志，待人诚恳、谦逊的优良风尚。通过开展这些活动，学生中关心集体、助人为乐的共产主义风格得到发扬。全校有300多名学生在学雷锋以后有明显进步，有800多名学生为集体做好事。

1964年3月25日，为了更好地向解放军学习，进一步加强学校的思想政治教育工作，学校根据第三机械工业部有关精神，宣布成立党委领导下的政治部。各专科和校办工厂设教导员，总务部门设协理员。撤销人事科，将人事科分管的干部工作移交政治部组织部管理；劳动工资、考勤和勤杂人员的管理工作移交学校办公室管理。同时任命了政治部及其所属部门的负责人。1964年12月30日，根据第三机械工业部政治部指示精神，学校政治部下设组织科、宣传科、干部科、保卫科、秘书科，撤销党委办公室、组织部、宣传部，人民武装部与保卫科合署办公。

在政治部成立后，全校再一次掀起了学习人民解放军，学习抗大的热潮。在学生中贯彻"三八"作风，大抓整理内务，打扫环境卫生。还开展了学习王杰、学习焦裕禄的活动。1964年10月，在学生中开展了"怎样当好革命接班人"的专题教育。1965年3月、4月间，党委召开思想政治工作会议，确定社会主义教育和革命化是全年工作的重点，主要任务是学习毛泽东关于加强思想政治工作的理论原则，学习解放军政治工作经验。党委决定全校干部和教师，包括学校党委书记和校长，有计划地安排与学生实行"三同"（同住、同吃、同活动）一个月。

1962年，学校在建校10周年的总结中认为，"十年来，我们对于学生的国防观念的培养还是比较重视的，曾经做了许多工作"，但有一段时期也有所放松，因此部分学生的和平麻痹思想还比较严重，个别的甚至害怕战争，说什么不如到民用工厂，不愿意离开江西，有一些学生缺乏从事国防工业事业的责任感与荣誉感，学习目的不够明确，学习态度不够端正。实践证明："要办好国防工业学校，切实提高教育质量，必须继承和发扬中国人民抗日军政大学的优良传统，把'三八'作风定为学校的校风，"有选择地学习中国人民解放军办军事院校的经验，努力加强民兵建设，加强与当地驻军的联系，教育学生学习中国人民解放军的光荣传统和优良作风。[①]

第二节 六字校风：朴实、勤奋、严谨

"三八"作风的推行，有效地推动了校风建设，逐渐形成了学校特有的精神文化。如何总结和概括学校26年中专专科时期所形成的精神特质呢？1987年9月，学校建校35周年的时候，对中专时期所取得的成绩和所积累的办学经验做了回顾和总结，认为中专专科时期26年的工作，有五点值得"记取"的经验，其中第四点是：只有具有良好的校风，才能促进学校的健康发展，保证培养学生的质量。二十多年来，南昌航空工业学校逐步形成的朴实、勤奋、严谨的优良校风，使学校工作在党的正确领导下生气勃勃，即使由于"左"的思想影响，造成工作上的失败或失误，也能

---

① 《十年来的学校工作（1952—1962）》，南昌航空大学档案馆电子档案，1962-永久-0008-005。

<<< 第一章 中专专科时期校风：从"三八"作风到六字校风

不断总结经验，修正错误，继续前进。①

学校对中专时期优良校风总结概括为"朴实、勤奋、严谨"，这是对1952年建校以来所形成的精神文化做了正式的凝练，也充分表明学校对精神文化建设的重视。学校在建校50周年的时候，对这一精神特质再次做了凝练和确认。学校回顾26年的中专专科办学经历，总结和概括了五点"值得汲取的经验"，其中第四点经验就是：只有具有良好的校风，才能促进学校的健康发展，保证培养学生的质量。学校认为，在26年的办学实践中，学校逐步形成了"朴实、勤奋、严谨"的优良校风。在这种校风的影响下，学校工作"生气勃勃，不断前进"。学校把50年来总结出的中专专科时期"朴实、勤奋、严谨"的优良校风写进了当年正式出版发行的校史。② 这也是学校对"朴实、勤奋、严谨"优良校风的进一步探讨和确认。

那么，如何理解中专专科时期"朴实、勤奋、严谨"的优良校风？作者试从以下几个方面做一些初步探讨。

一、"朴实"特质的形成

昌航人"朴实"，这是外界对学校的一致认同。朴实，这是一个比较文雅的说法。从字面来看，"朴（樸）"最初是指没有经过仔细加工的木料，比喻不加任何修饰，比如朴素。"实"是指符合客观情况，是指"真""真诚"，比如真实、实在。"朴实"则包括了"淳朴诚实""质朴笃实""质朴实在"。"朴实"的近义词有质朴、朴素、简朴、淳朴、淳厚、节俭、节约、俭省、俭朴、朴质、诚恳等。"朴实"的反义词有华丽、浮夸、奢华、绮丽、虚浮、轻浮等。了解这些字面含义，有助于我们进一步解读昌航"朴实"校风的内涵。昌航人的朴实，体现在老实本分、淳朴忠厚、诚恳实在。这一特质是怎样形成的呢？这跟学校性质、历史、特点息息相关，它的形成也是经年累月、潜移默化的。

---

① 南昌航空工业学院院史编委会办公室：《南昌航空工业学院院史（1952—1985）》，内部刊，1987年9月，第100页。
② 孙一先：《南昌航空工业学院史》，航空工业出版社，2002年9月版，第51页。

大学特质文化的传承和创新：南昌航空大学的实践探索 >>>

首先，学校创建时，家底很浅，条件很差，资源很少，铸就了朴实无华的根基。

1951年12月，重工业部航空工业局决定将武汉311厂改建为汉口航空工业专科学校，并派干部到工厂负责学校筹建工作，李旭为负责人，后被任命为第一副校长、党委书记。当时建校的条件的确很差。

武汉311厂的前身是位于汉口中心地带江汉区的王家墩飞机场，是20世纪30年代建设的机场。1949年武汉解放后，王家墩飞机场被改为中国人民解放军中南空军司令部工程部修理厂，编号为空军31厂，承担活塞式发动机修理任务，归属航空工业管理局后，新编代号为311厂。1951年，311厂迁至汉口硚口区铜厂乡，改属中央重工业部领导。王家墩原址作为空军机场使用，1993年后也可以民用，逐渐发展成武汉军民二用机场。但因该机场临近汉口中心，影响汉口的进一步发展。2007年王家墩机场关闭，由空军移交给武汉市政府，开始建设王家墩中央商务区（简称CBD）。

汉口航空工业专科学校的具体地址是"汉口硚口水厂一路五十七小学后"，① 筹建工作十分艰苦。这里南邻硚口水厂，东邻始建于1933年的武汉市第二女子中学（现武汉市第十七中学）和大铁路，西邻始建于1899年的博学中学。博学中学是"世界杂交水稻之父"袁隆平院士、中国返回式卫星总设计师林华宝院士的中学母校，1952年改名为武汉市第四中学，"文革"前一直是男子中学。311厂面积狭窄，只配有几栋矮小的厂房、少量宿舍及其他附属设施。就是这样一个不起眼的小小飞机修理工厂，在抗美援朝烽烟正浓的特殊时期，被选为汉口航校的原始校址，承载着新中国航空事业的梦想，开始了艰难的初创。

在时间紧、任务重、资金少、人员不足的情况下，学校为了做好首届学生入校的准备工作，对原有的厂房，除保留一部分作为学生实习车间外，其余厂房用2米多高的墙分隔为4~6间作为教室和实验室、图书室。当时条件简陋，没有阅览室，仅设一个图书借阅处。教师备课室、干部办

---

① 《告我校详细地址》，南昌航空大学档案馆电子档案，1953-永久-0003-003。

公室多是利用原来车间的办公室、库房等改造而成。条件虽差，但是为祖国航空工业培养人才的责任心和紧迫感，鼓舞着全校教职员工发扬艰苦创业的精神，克服困难，开拓前进。经过近一年的筹建，教室、宿舍、实验室、实习车间等在数量上基本能满足要求。

这就是当时创建学校时的环境，在这种艰苦条件、简朴家底下，没有可以挥霍的资本，没有可以炫耀的物质，最容易形成朴素、低调的风格。

第二，招收的学生基本上是普通家庭的子女，家境大多不富裕，甚至有相当多的学生家境贫寒，从小吃苦耐劳，锻炼出朴实的性格。

1952年首届629学生中有627名是从中国人民解放军和人民志愿军干部、战士中选拔，另外2名是由学校工人中转入学习。其中本人是工人成分的2人，工农家庭出身的359人。党员27人，团员358人。[1] 这些学生绝大部分是工农出身，又经过部队的锻炼，军人朴实忠诚的作风带到了学校。这些学生进校时赶上了刚刚建校，百废待兴，与教职员工一起掀起了"劳动建校"的热潮，一边学习，一边参加劳动，建设和美化校园，师生朴实能干的习性也在进一步形成。

1953年开始，学校向地方普通初级中学招收学员，1953年招生282人，招生条件较为严格，大多出身工农家庭，工农家庭出身的194人，团员130人，[2] 品学兼优，入校后依旧参加"劳动建校"。1954年8月迁校南昌后，校园初建，1952年首届和后面几届学生又一次赶上了"劳动建校"。迁校南昌后，从招生情况来看，1954年招生505人，党团员占54%，工农成分或工农出身者占61%。1955录取875人，其中男生749人，女生126人，15岁以下1人，15～20岁861人，21～25岁15人，工人179人，雇农4人，贫农192人，中农144人，其他366人，中共党员5，团员

---

[1]《1952—1957年南昌航空工业学校几个简要问题的总结》（1958年2月7日），南昌航空大学档案馆电子档案，1957-永久-0003-001。

[2]《1952—1957年南昌航空工业学校几个简要问题的总结》（1958年2月7日），南昌航空大学档案馆电子档案，1957-永久-0003-001。

576，群众294，党团员占66%，工农成分或工农出身者占59.3%。①

1955年至1965年，每年在校学生平均达到2229人。报告显示，"学生成分工农子弟占多数，青年团员占多数，招生前经过严格的政治审查"，② 这几届学生都"广泛地组织了社会活动与劳动实践，加强了理论与实际联系"。自1952年以后，学校共青团组织的社会活动就日益增加，例如"种植了部分的向日葵、蓖麻，帮助学校除野草，整理环境卫生，收集了近千斤的废铁，帮助附近农民秋收、积肥、扫盲、开展文娱活动，以及除四害，搞课外研究小组等"。③

1958年，学校在开展教育革命的同时，掀起了勤工俭学的高潮。学生勤工俭学的主要途径是参加工农业生产。1959年将学生参加生产劳动和公益劳动时间纳入教学计划。1960年2月，又停课16天参加计划外的劳动，组织师生员工去南昌钢铁厂筑路，停课1个多月。当年，学生全年工业劳动与社会公益劳动时间有4个月左右，有的班劳动时间多达24周。

劳动锻炼学生朴实的性格，也普遍提高了培养质量。1963年5月，为检查学校的培养质量，学校根据三机部教育局的指示，进行了一次专业调查。从1955年至1961年，学校共毕业了9届学生，绝大部分学生毕业后担任部属工厂工艺员和工艺装备设计员的工作。调查数据显示，工厂对这些学生基本上是满意的。一些工厂认为，南昌航空工业学校毕业生是工厂冶金系统的开路先锋。各厂普遍反映第一、二、三届学生的质量较好，工作能力强（特别是第一届），基础好（特别是第二、三届），进取心强，肯钻研，进步快，有的还取得了较为突出的成绩。④

从1952年创校，除"文化大革命"中的1967—1972年和1976年没有

---

① 《南昌工业学校一九五五年招生工作总结》（1955年10月7日），南昌航空大学档案馆电子档案，1955-永久-0001-005。
② 《1952—1957年南昌航空工业学校几个简要问题的总结》（1958年2月7日），南昌航空大学档案馆电子档案，1957-永久-0003-001。
③ 《团委向首届团代表大会的工作报告（草案）》（1956年10月27日），南昌航空大学档案馆电子档案，1956-永久-0017-002。
④ 南昌航空工业学院院史编委会办公室：《南昌航空工业学院院史（1952—1985）》，内部刊，1987年9月，第65页。

招生，至 1977 年，共招生 11206 人，毕业 9947 人。① 从总体来看，生源是不错的，工农出身占多数，特别是"文革"期间复校招收的中技生成分更是经过推荐的工农兵学员。1969 年学校停办改厂后，1972 年恢复办校。招生对象主要是经过一定劳动锻炼，具有初中毕业文化程度，年龄 16～22 岁，政治思想好，身体健康的"上山下乡"及回乡知识青年。从 1973 年至 1977 年，学校共招收学生 1574 人，培养毕业生 1544 人。由于是"文化大革命"期间招的生，取消了文化考试，推行工农兵学员"上、管、改"（即工农兵学员上大学、管大学、用毛泽东思想改造大学）、"开门办学"，这些学生虽然文化程度不高、基础不深，但根正苗红，一般都经过农村劳动锻炼，思想基础较好，忠厚朴实，吃苦耐劳。

王晓凡是学校"文革"期间复校的第一批学生（73 级热处理专业），也是复校后第一批表现优秀的毕业生留校任教。他回忆说：

我十五岁就插队农村，在非常艰苦的环境里，干了五年的农活，由于表现出色，二十岁被当地推荐报考了昌航，这是我人生最重要的转折。回忆起当初刚来到明亮的教室，虽然桌椅都是从工厂搬回来的破旧品，但是心情却异常激动，因为可以在这里学习知识。

其实，当时的条件依然是很差的，我们的校服长年就是一套褐色的工作服。上午上课，下午车间实习上班，晚上还要在校园的地下挖人防工事，但是这也正培养了这批昌航学生动手能力强、实践理论丰富、踏实肯干的特质。我们的生活也十分艰苦，寝室里笨粗的木头床，木头缝里尽招臭虫，白天看不见捉不着，晚上就爬出来咬人，学生们经常被咬得夜不能寐。学校干脆安置了一个大锅，各寝室上下铺的同学一人一头抬着沉重的木头床下楼放在大锅里煮，煮完再把木头床扛回寝室。那时学校还经常停电，同学们干脆点着蜡烛和蚊香在教室里秉烛夜战。

令我欣慰的是，当时学校学习气氛很好，学生们都是在农村吃苦上来

---

① 南昌航空工业学院院史编委会办公室：《南昌航空工业学院院史（1952—1985）》，内部刊，1987 年 9 月，第 293 页。

的知识青年，分外珍惜来之不易的学习机会，就如同海绵一样吮吸着知识的精华。①

1976年4月，学校对复校以来第一、二届技工班毕业生到工厂工作情况进行了调查。工厂对他们在厂的表现是满意的，认为他们组织观念较强，能服从分配；工作热情高，能虚心学，大胆干；生活艰苦朴素，不怕苦。②

总之，从生源上来说，学生大多来自工农子弟，经过学校的思想教育和劳动锻炼，朴实的作风进一步夯实。1955年进校学习焊接专业、后来曾任国家科委中国科学器材进出口公司总经理的陈仁铮回忆说：

我们学校的另一大特色就是招收的学生都是各校品学兼优、政治条件好的学习尖子，这些学生可谓是集中了各校的精英。学生中绝大部分是家境贫寒的贫下中农、工人家庭的孩子，也有少数干部子女和思想进步的青年。这些学生的共同特质就是生活简朴、思想单纯。记得当时有相当多的同学买不起教科书，只能靠记笔记学习；更有些同学光着脚板上课，有的甚至冬天没有御寒的毛衣。虽然条件如此艰苦，但是大家都仍旧坚持学习。同学们刻苦学习的精神蔚然成风，使得学校形成了学习刻苦、生活简朴，奋斗拼搏，有目标、有理想、有抱负的良好校风。而刻苦的学习让他们在踏出社会后，成为祖国建设的中流砥柱。③

学校1959届毕业生李荣初回忆说："难忘当年，我们的母校，政治空气浓厚，校风正派朴实，纪律规范严明，教学质量优秀。"④ 原南昌航空工业学院副院长袁宝岐教授，1959年从清华大学金属压力加工专业毕业到学

---

① 王晓凡：《平凡却又"不平凡"的岁月》，《传道授业话昌航》编写组：《传道授业话昌航》，江西高校出版社2017年10月版，第120页。
② 南昌航空工业学院院史编委会办公室：《南昌航空工业学院院史（1952—1985）》，内部刊，1987年9月，第88页。
③ 陈仁铮：《学校精心教育培养学生成才的回忆》，夏立先：《岁月情深：昌航六秩回眸》，南昌航空大学校庆办公室编印（内部版），2012年10月，第24页。
④ 李荣初：《真情的回忆》，夏立先：《岁月情深：昌航六秩回眸》，南昌航空大学校庆办公室编印（内部版），2012年10月，第39页。

校教书，他对学校"朴实"的校风做了很好的诠释，他回忆说：

> 刚分配到南航的时候，环境是非常艰苦的，一言难尽。老校区当时的环境就是那样，也不是想改就能改的，毕竟它是中专学校。当时还有一个印象是我们的学生非常朴实，当时我们的生源主要是贫下中农，因为航空工业的特点，它的保密性很强，所以学校招来的这些生源，他的出身都要好，所以我们很大的一部分学生就是农村的，属于贫下中农。他们很朴实，讲究实干。①

二、"勤奋"特质的形成

"勤奋"的字面含义是"勤劳奋发而不懈怠"，通俗的解释就是做事尽力，不偷懒。"勤奋"的近义词包括发愤、努力、勤勉、勤劳、勤恳、勤苦、辛勤等，"勤奋"的反义词则包括怠慢、懒惰、懒散、懈怠、散逸等。在很多学校的校风校训里，"勤"是使用频率最高的字。很多人认为过多使用"勤"就有雷同之嫌，显得没有特点。实际不然。"勤"作为一个高频率使用的字，正是中华民族千百年凝练的民族文化特质。

勤劳是中华民族千百年来的行为倡导和传统美德。对劳动的肯定和赞美是中国传统文化的重要内容。中华民族向来重视对勤劳美德的培养，并将之看成是修身、齐家、治国、平天下的重要途径。千百年来，勤劳是中国人民创造生活和文明的基本力量和重要内核。中华儿女自强不息，用劳动创造了生活、创造了灿烂文化，使得中华民族成为世界四大文明古国之一，同时在劳动中培养了互助和团结精神。中华人民共和国成立后，国家积极倡导勤奋工作，50、60、70年代的人战天斗地，被称为"最勤奋的一代人"。改革开放后，国家积极倡导勤劳致富，整个中国发生翻天覆地的变化。所以勤劳、勤奋成为改革开放时期整个社会倡导的风气，也因此构成整个社会普遍的精神文化特质。对于昌航来说，注入"勤奋"的内涵更

---

① 袁宝岐：《做一颗永不生锈的螺丝钉》，《传道授业话昌航》编写组：《传道授业话昌航》，江西高校出版社，2017年10月版，第13-14页。

能反映和体现学校的办学理念。

在办学条件差、学生学习基础不牢的情况下，唯有更加发愤图强，比一般人更加勤奋刻苦，才能急起直追，有所作为。在中专专科时期，我们学校之所以把"勤奋"作为自己的精神特质，是因为我们更需要用勤奋来提振我们的精神，发展我们的事业。与其他单位和学校相比，我们起步的办学基础条件差，学生学习基础薄弱，更需要用勤奋来解决发展中的问题，也正是因为我们付出了比别的单位和学校更多的勤奋，我们学校才取得了进步，形成了自己的特色，勤奋已经融进了我们的血液，成为精神特质里不可分割的一部分。

1952年6月初，首届629名学生先后陆续走进了校园。从招收的学生学历来看，有高中肄业的，大多数为初中毕业生，甚至有读到初中二年级尚未毕业的，① 文化程度低而且参差不齐。从年龄来看，他们从部队转业而来，年龄大小不一，最小的只有十六七岁，最大的三十出头，其中的温毅平31岁，② 比刚毕业的教师还大。具体分析，18~20岁者288名，21~25岁者311名，26~30岁者10名，③ 他们之中很多人初中学过的数理化知识遗忘不少。据统计，初中毕业及相当此程度者358名，高中半年、一年及一年半程度者271名。后者虽有此学历程度，但因离校太久，知识已很生疏，"实际上一般只等同于初中程度"。④ 学生到校后，学校组织学生温习功课，之后举行了一次初中文化大测验，结果代数、几何、物理不及格的都在50%以上，其中平面几何不及格的达到77.3%。⑤ 这样的生源质量，是很难适应以后的学习的，会对后来的教学进度带来一些影响，也会给学

---

① 陈宇鸣等首届学生：《回忆在汉口航校的日子》，夏立先：《岁月情深：昌航六秩回眸》，南昌航空大学校庆办公室编印（内部版），2012年10月，第2页。

② 彭本善：《难忘的岁月——会议建校初期的岁月片段》，夏立先：《岁月情深：昌航六秩回眸》，南昌航空大学校庆办公室编印（内部版），2012年10月，第8页。

③ 《接收学生的总结报告》（1952年8月14日），南昌航空大学档案馆电子档案，1952-永久-0001-001。

④ 《接收学生的总结报告》（1952年8月14日），南昌航空大学档案馆电子档案，1952-永久-0001-001。

⑤ 《一九五二年年终工作总结》，南昌航空大学档案馆电子档案，1952-永久-0001-006。

员们带来学习上的焦虑。后来，由于种种原因，有个别学员返回部队，或转学医药学校，或提前退伍，分配工作。①

鉴于学生的基本情况，学校在开学前的7—9月，为学生进行了3个月的"文化补课"，集中补习初中数学、物理、化学3门课程。文化补课原拟定了一个两月计划，在7月14日前每周补18小时，其中物理8小时，代数6小时，几何4小时。7月校长会议后，决定延长一个月。因天气关系，每周补课时间有所缩短，但整个内容较前增加。

首届学生是由军区部队抽调的知识分子，多是1950年、1951年参加军干校的青年学生，极少数人参加过解放战争，部分人参加过抗美援朝，有的是部队的文化教员、宣传队员，有的立过功、受过奖，都经过部队1~2年的锻炼，大都具有刻苦耐劳的精神，因此学习热情很高，也很勤奋。

新分配来的教师从祖国的四面八方汇集而来，立即着手给学生补课，不分白天黑夜。武汉的夏天异常炎热，首届学生分成12个班，每班大约50人，在简陋的教室里勤奋苦读。那时教室里没有电风扇，上课热了扇扇子。天热时晚上拉着电灯到操场补课，蚊蝇飞蛾肆意侵扰。但是，老师们不辞辛劳，诲人不倦；同学们如饥似渴，刻苦攻读。

绝大部分学员从头至尾参加了补课，有50多人到校较晚，只补习了两个月，但最后也赶上了进度。在补课中，教师们比较普遍地采取了苏联先进的教学方法，补课同时，对师生加强了思想政治教育，教师认真地教，学生勤奋地学，使补课基本上达到了要求。在补课的后一阶段，曾进行了新教学法的总结，在总结中，学生普遍反映数学、物理的学习能力大大提高，"学到了过去两三年学不到的东西"。根据最后一次测验的结果，物理成绩按照五分制，得4分、5分的占78.6%，代数占54.4%，平面几何占53.3%，2分以下的不到10%。② 就是在这样的情况下，完成了文化补课的

---

① 陈宇鸣等首届学生：《回忆在汉口航校的日子》，夏立先：《岁月情深：昌航六秩回眸》，南昌航空大学校庆办公室编印（内部版），2012年10月，第2页。
② 《一九五二年年终工作总结》，南昌航空大学档案馆电子档案，1952-永久-0001-006。

壮举。通过文化补课，教师在业务上、教学思想和教学方法上为正式开课打下基础，学生也为转入正规学习打下了较好的文化基础。

1952年10月9日，学校举行了庄严的第一届学生开学典礼。这一日也成为学校的校庆日。从此，在当年清朝湖广总督张之洞为治理水患，确保汉口安全而修筑的张公堤下响起了朗朗的读书声。这些来自五湖四海的人民解放军和人民志愿军干部、战士，齐聚一堂，放下手中的钢枪，重新拾起久违的教科书，肩负起民族的重托，为振兴祖国的航空事业而勤奋学习。

三、"严谨"特质的形成

"严谨"是指态度严肃谨慎，不胡乱说话；做事细致、周全、完善，追求完美。"严"字包含紧密、没有空隙之意，比如严谨、严密；还有不放松、认真之意，比如严格、严肃、严正（严肃正当）、严明等。"谨"包含慎重、小心之意，比如谨慎、谨严、谨防、勤谨、谨小慎微等；还有郑重、恭敬之意，比如谨启、谨祝等。"严谨"的近义词有审慎、认真、严慎、仔细、小心、慎重等，反义词有轻率、疏忽、冒失、粗心、疏漏、马虎、大意等。

学校中专专科时期"严谨"特质的形成，与航空工业的要求和质量行为准则息息相关。中华人民共和国成立甫始，尽管百业待兴，但随着1950年抗美援朝战争的爆发，中央果断作出在"一五"期间优先发展航空工业的战略部署，并于1951年4月成立航空工业局。为了解决航空人才缺乏的问题，确定"在抓生产的同时抓人才培养"的方针。1951年秋，航空工业局决定筹办航空工业中等专业教育。1952年，汉口航空工业学校就是在这种背景下创建的。1954年8月，学校迁至南昌东郊。1956年初改名为南昌航空工业学校，成为全国培养航空中等技术人才的摇篮之一，承担着振兴祖国的航空工业的使命。

新中国航空工业从抗美援朝的硝烟中一路走来，逐渐形成了"忠诚奉献、逐梦蓝天"的航空报国精神。航空工业是国家科技实力、工业水平的重要标志，是综合国力的重要体现。航空工业被誉为现代工业的"皇冠"，更是现代高科技的集大成者。质量是航空人的生命，航空工业沉淀了深厚的质量文化，必须遵循"诚实守信、履职尽责；严谨细致、匠心筑行；遵章守纪、一次做对；追根溯源、问题归零"的质量行为准则。其中的严谨细致是航空人必不可少的准则。航空工业的行为准则必然要对培养航空人才的航空院校提出要求。所以，"严谨"也必然成为航空类学校的精神文化，努力培育并认真贯彻实施。

学校创办之始，其办学宗旨紧紧围绕国家优先发展航空工业的战略部署和"在抓生产的同时抓人才培养"的方针，适应航空工业从修理转向制造的需要，为社会主义建设特别是航空工业建设培养技术人才。这是汉口航空工业学校快速创建的历史背景。同时，学校在筹建过程中始终服从和服务于国家航空工业建设大局，办学层次由航空专科学校调整为航空中等专业学校，由大专改为中专，是服从和适应国家高、中、初级航空技术教育规划的客观需要。从培养航空专业技术人才的专科学校到中等专业学校的变化，最终确定学校的办学定位为中等专业技术学校。

学校创建之初，其专业设置不仅要满足航空工业生产和科研的当前需要，而且还要适应其近期和较长远发展的需要。从全国各航校建立开始，专业的设置就是围绕国家航空工业发展战略部署，为制造飞机服务的。1951年在筹建航校时，为了适应国民经济第一个五年计划时期航空工业生产由修理转向制造的需要，专业设置以满足主机制造为主，计划设置19个专业。1952年9月，根据苏联专家的建议，调整为12个专业。航空工业局把全国各航校的专业设置在地区上大致作了划分，统筹安排，汉口航校以设置热加工专业为主。这使得学校逐渐形成以热工艺见长的特点，在航空院校和航空企事业单位享有盛誉。

1952年11月，航空工业局陆续下达各学校计划任务书，决定汉口航空工业学校设置焊工科（编号七科）、热处理科（编号八科）、工具科（编号九科）、铸工科（编号十科）、锻工科（编号十一科）、表面处理科（编号十二科）等6个专业，学制3年，学校规模为2400人。这些专业都是航空工业急需专业，需要培养严谨细致的人才。学校自创办开始，全体师生员工正是抱着对航空工业高度热爱、高度负责的态度，践行着严谨细致的行为准则，渐渐地把它融进了学校的精神文化之中。

当然，学校严谨朴实、忠诚务实的校风还与汉口创校时期继承的部队"三八"作风和后来向解放军学习活动紧密相关，这也形成了学校厚重的航空国防文化情结。1952年创校以来，学校加强了国防观念和"三八"作风的教育。1962年，学校在建校10周年的总结中认为，国防工业，包括航空工业，是整个国防建设的重要组成部分，作为国防工业学校，我们每个教职工工作的好坏，培训质量的优劣，都直接或间接地关乎着"消灭敌人，争取胜利，甚至战士生命安全这样重大的问题"。党和人民给了我们无比的信任与重大托付，必须使每个学生懂得，国防工业学校的学生不仅要具有爱国主义和国际主义精神，具有共产主义道德品质，拥护党的领导，愿意为人民服务，为社会主义服务，而且要树立明确的国防观念，培养"三八"作风。就是说，"在政治上要有坚定正确的政治方向，在思想上经常保持高度的警惕，在作风上艰苦踏实，有从事国防工业事业的高度责任感与荣誉感，平时奋发学习，努力掌握先进的专业知识和生产技术，战时，坚守岗位，努力生产，与敌人进行英勇顽强的斗争"。[①] 学校改建本科院校后逐渐形成的、在全国具有影响力的学生军训教官制度、海军国防生培养的"昌航模式"都能找到中专时期一脉相承的渊源。

总之，朴实、勤奋、严谨的校风深入人心，构成了当时整个中专时期的精神特质。学校原社科部党总支书记陈学锋回忆说："那时候学校学里的人生活艰苦，很朴实，做事也很严谨，不随意敷衍，有积极进取的心态，领导干部和老师经常参加义务劳动。"[②]

[①] 《十年来的学校工作（1952—1962）》，南昌航空大学档案馆电子档案，1962-永久-0008-005。
[②] 陈学锋：《我的昌航记忆》，《传道授业话昌航》编写组：《传道授业话昌航》，江西高校出版社2017年10月版，第131页。

第二章 八字校风：勤奋、文明、求实、创新

"校风是一个学校精神风貌的集中反映，良好的校风是一个学校宝贵的精神财富。"① 1978年4月，南昌航空工业学校升格为南昌航空工业学院，继续探索自己的精神文化，并不断地总结凝练，1985年提出"勤奋、文明、自强、求实"旧八字校风，最终于1999年凝练成"勤奋、文明、求实、创新"新八字校风。

从中专专科时期的六字校风到旧八字校风，再到新八字校风不是一个简单的文字替换，而是反映了学校从办学层次、办学宗旨、办学目标、办学思路、办学特色等各方面变化、发展的必然过程，是一个顺其自然、顺理成章、顺势而为的嬗变。当然这一新概括也不是一夜而变、一蹴而就，而是一个不断创造、不断实践、不断认识、不断形成、不断凝练、不断探讨、不断实践、不断弘扬的过程。1992年，在庆祝建校40周年讲话中，黄懋衡院长指出："庆祝南昌航院建校40周年，目的就是要认真总结建校40年的办学经验，在新的历史条件下，继承学校'朴实、勤奋、严谨'的优良传统，发扬'勤奋、文明、自强、求实'的优良校风，弘扬'团结自强，拼搏向上'的昌航精神。"②

---

① 《关于进一步提高我院社会主义精神文明建设水平若干措施》，南昌航空大学档案馆电子档案，1993-永久-0013-004。
② 黄懋衡：《励精图治，再接再厉，扬长补短，办出特色——在南昌航空工业学院建设四十周年庆祝大会上的讲话》，南昌航空大学档案馆电子档案，1992-永久-0010-025。

第一节　改建学院后对校风建设的重视和举措

1978年4月，学校升格为本科院校后，更加重视校风建设。无论观念形成、制度设计，还是安排执行、社会实践，都是有意识、有目的、有组织、有执行的行为。在这一点上，身体力行的师生员工们都是有目共睹、记忆犹新的。据1965年入校、后留校工作的原南昌航空工业学院副院长夏立先回忆说：

如果你要我来述说昌航最值得说的一件事，我感触最深的是，我们学校1978年由中专升格为本科院校那段时期特别重视校风建设。在恢复高考后，我们学校由中专升格为本科院校，学校的领导，尤其是刘荣光院长来了以后，对校风建设是非常重视的。①

学校把校风建设渗透落实到党的建设、精神文明建设、教风、学风、机关作风和干部作风等方方面面。

一是以党建促校风建设，在加强和改善党的建设和思想政治工作上真抓实干。1976年粉碎"四人帮"后，由于学校领导班子没有得到及时调整，党的组织形成不了核心，各项工作处在涣散状态，群众意见很大。改建学院后的第一任党委书记李士弼到任后，结合"揭批查"工作和平反冤、假、错案，进一步落实知识分子政策，为完成学院的改建任务奠定了基础，也为良好校风建设奠定了前提。学校把作风建设摆在非常重要的位置上。1978年10月，李士弼在南昌航空工业学院成立暨开学典礼大会上的讲话中指出："搞好学院党的建设，加强党的领导作用和保证作用，为教学工作创造良好的政治空气和物质条件，以保证教学工作的圆满完成。当前首要的是在党的建设上，即在思想建设、政治建设、组织建设和作风

---

① 夏立先：《五十二载今回首，半个世纪昌航情》，《传道授业话昌航》编写组：《传道授业话昌航》，江西高校出版社2017年10月版，第17页。

培养上"，肃清林彪、"四人帮"反革命修正主义的流毒，准确完整地贯彻建党路线，"恢复和发扬党的优良传统和作风"。① 为了统一认识，调动一切积极因素，增强团结，加速办校工作，1979年5月，学校召开了首次全校思想政治工作会议，学习和讨论了坚持四项基本原则加强思想政治工作的问题。1980年7月4日，学校党委召开第一次政治工作会议。从当时情况来看，学校现有党员中48%的党员是"文化大革命"以来发展的新党员。这些党员当中虽然多数是好的或比较好的，但确有相当一部分按党员标准来衡量是不合格的。同时，"那些原来合格的老党员由于放松了要求现在也不怎么合格了"，② 这就使党的形象和威信受到了损害，也影响了校风。在这次政治工作会议精神指引下，在全校范围开展了"做合格党员，争当优秀党员"活动。党员领导干部率先行动，边学习、边对照、边订计划，1981年七一前进行了总评和表彰优秀党员和先进党支部，为建立良好校风树立了榜样。1981年2月28日，李士弼在学校党委扩大会议上针对南昌市西湖区人民代表选举中"还有少数人企图用'文化大革命'的方法，破坏安定团结的局面"的现象进行了深刻分析并给予了严厉批评，③ 进一步端正了校风。

二是以教风、学风促校风，把整顿教学秩序，培养良好校风放在非常突出的位置。学校高度重视首届300多名本科生的培养，认真组织开展教学工作。学校认为，搞好各项工作，校风建设非常重要，因此把整顿教学秩序，培养良好校风放在非常突出的位置。1981年2月28日，张本禄院长在学校党委扩大会议上指出："我们的全体干部特别是各级领导干部（包括院领导在内）一定要从维护党和国家威信、认真办好学院这个大局

---

① 《李士弼在南昌航院成立暨开学典礼大会上的讲话》，南昌航空大学档案馆电子档案，1978-永久-0011-001。
② 《关于开展"做合格党员，争当优秀党员"活动的安排（讨论稿）》，南昌航空大学档案馆电子档案，1980-永久-0006-002。
③ 《李士弼同志二月十八日在院党委扩大会议上的讲话》，南昌航空大学档案馆电子档案，1981-永久-0012-002。

出发，切实改善领导，改进作风，为培养一个优良校风而努力。"① 1981年，学校连续制定了《（创造一个良好的学习环境的）通告》《关于整顿教学秩序培养良好校风的通告》和《关于贯彻"整领教学秩序培养良好校风的通告"的几点具体措施》，并着手认真实施。②

1984年12月12日，学校制定下发《关于整顿教学秩序、培养良好校风的通告》，根据1981年学校制定的《关于整顿教学秩序、培养良好校风的通告》3年来执行情况，做了必要的修改和补充，要求全体学生自觉地、严格地遵守，各级领导、教师和辅导员、班主任要加强教育和督促检查，各系要定期开展讲评，对执行好的及时表扬，发现违反者及时批评教育，不接受教育者通报批评，严重的要给予适当处分或按学校有关规定处理。检查教育不严，有关人员要承担责任，"务必经过一段时间的共同努力，取得较显著的成效"。③ 1985年6月12日，学校下发《整顿教学秩序，培养良好校风的补充规定》，对教风、学风提出了6条补充规定，有力地促进了教风学风的建设。学校在《1985—1986学年第一学期工作要点》中提到"用综合治理的方法，树立良好的校风和学风""积极安排好第一个教师节活动，逐步树立尊师重教的良好风尚。要切实为教师办好几件事，要把为教师服务作为经常性的工作来抓，不搞一阵风。""改革办公室工作，改进工作作风。总的要求是各尽其职，提高效率。""所有党政部门的工作人员，都要增强为教学、科研第一线服务的观念，要多干实事。要纠正扯皮，误事的现象。"④

三是重视和高质量实行学生品德评等评语制度。学校非常重视政治理论课建设和改革，不断加强和改善政治理论课建设，努力发挥政治理论课

---

① 《认真贯彻中央工作会议精神，努力办好学院——张本禄同志二月十八日在院党委扩大会议上的讲话》，南昌航空大学档案馆电子档案，1981-永久-0012-004。
② 孙一先：《南昌航空工业学院史》，航空工业出版社2002年9月版，第61页。
③ 《关于整顿教学秩序、培养良好校风的通告》，南昌航空大学档案馆电子档案，1984-永久-0016-015。
④ 《1985—1986学年第一学期工作要点》，南昌航空大学档案馆电子档案，1985-永久-0003-004。

主渠道的作用。1981年4月3日，增设了德育教研室（后改称思想品德教研室），在全国较早编写出版了《大学生思想品德修养学》，开设多门思想品德修养课。同时，为了进一步加强学风建设，学校制定《南昌航空工业学院大学生道德规范》，1981年9月在全校学生中进行品德评等评语，即"双评"工作，品德评为"优"者方可评为"三好学生""优秀团员""优秀学生干部"；连续两年被评为"差"者应令其退学；累计两学年或毕业时被评为"差"者不能毕业，作肄业处理。评等评语作为毕业分配的重要依据之一。学校试行"双评"后，在全国引起了非常大的反响。1981年10月，中央书记处书记胡乔木在《国内动态清样》上做了批示，11月12日，教育部副部长张文松在江西省教育厅副厅长林怀远的陪同下来学校检查"双评"工作情况。此后，中央人民广播电台、中央电视台、《人民日报》等媒体播放、登载了学校"双评"的消息，《人民日报》评论说：南昌航院试行品德评等评语制度后，"好学生受到鼓舞，中间生先向先进看齐，后进生正在转化"。[①] 1983年1月，昌航党委书记李士弼、院长张本禄等7人出席教育部党组组织的汇报讨论会，全国先后有近百所大专院校和科研所派人或来函了解昌航"双评"情况。1981年4月起，学校试行"双评"以后，学生的风气确实发生了一些变化。在实行品德评等评语制度中，首届学生中被评为"优"的131人，占41.6%；评为"良"的179人，占56.8%。有46人申请入党，8人加入中国共产党。[②] 由此可见，教师们忠诚党的教育事业，呕心沥血，辛勤教学，一丝不苟，严格要求，教书育人，作风优良，培养的首届本科毕业生学风是好的，是合格的。在认真总结经验教训的基础上，根据形势的发展，1986年，学校在总结"双评"制度的基础上，试行了《大学生德智体综合测评办法》，把学生的思想和行为同智育、体育结合在一起，进行严格的定性定量考核。综合测评

---

① 《南昌航院制定道德规范》，《人民日报》1982年1月15日，南昌航空大学档案馆电子档案，1982-长期-0001-010。
② 南昌航空工业学院院史编委会办公室：《南昌航空工业学院院史（1952—1985）》，内部刊，1987年9月，第123页。

成绩作为评定奖学金、评定"三好学生"、毕业分配和推荐研究生的重要依据。通过扎实的校风建设，达到了整顿教学秩序、克服纪律涣散的目的，培养了学生学习上严谨刻苦、政治上积极进步、身体上健康成长的良好风气。

第四，以精神文明建设促进校风建设。1981年2月28日，中央各部门联合发出《关于开展文明礼貌活动的通知》，要求在全国开展以"五讲"（讲文明、讲礼貌、讲卫生、讲秩序、讲道德）、"四美"（心灵美、语言美、行为美、环境美）为主要内容的文明礼貌活动。1982年将每年3月定为"全民文明礼貌月"。学校为了搞好"五讲四美三热爱"活动，制订了"文明学院"条例和验收标准，并在1982年3月成立了领导小组，1983年5月29日成立"五讲四美三热爱"活动委员会，1985年4月3日成立"五讲四美三热爱"活动办公室，1991年10月成立学校综合治理领导小组，负责校园治理工作。学校从1982年3月的第一个"文明礼貌月"开始，连续多年开展了"五讲四美"活动，发动全校师生治理脏、乱、差，实现校园的净化、绿化、美化和校风的好转。第一个文明礼貌月结束时，学校被评为西湖区和南昌市先进单位，绿化工作被评为江西省先进单位。1982年12月3日，江西省教育厅组织的高等院校"五讲四美"检查团来校检查工作，也评定学校为先进单位。1984年10月，学校制定了《南昌航空工业学院创建文明学院公约》10条，并经学校第二届工会会员代表大会通过，要求"尊师爱生，管教管导，为人师表，优质教学，培养合格人才，尊老爱幼，关心集体，团结同志"。[1] 1985年根据中央关于把这一活动作为常年的经常性工作的精神，学校又相继开展了"五讲四美三热爱"活动和创"三优"（优美环境、优良秩序、优质服务）竞赛活动，优化了育人环境，并获得西湖区、南昌市"门前三包"（包卫生、绿化、秩序）先进单位、文明先进单位和文明单位。各项精神文明建设活动有力地促进了校风建设。

---

[1] 《南昌航空工业学院创建文明学院公约》，南昌航空大学档案馆电子档案，1984-永久-0019-007。

<<< 第二章 八字校风：勤奋、文明、求实、创新

第二节 "勤奋、文明、自强、求实"的旧八字校风的提出

综上所述，由于学校重视党的建设、思想政治工作和精神文明建设，重视把它和教风、学风一起齐抓共管，相互促进，相互发展，新优良校风逐渐形成。

为调动教职工建设学校的积极性，加强民主管理、民主监督，学校全心全意依靠教职工办学，努力建设良好校风。1979年11月30日至12月1日，学校召开了第一届工会会员代表大会。大会号召广大教师"以提高教学质量为中心"，早日把学校建成"第一流的现代化院校"。[①] 学校定期召开教职工代表大会（简称教代会），并且把它届次化。1981年6月20日至24日，学校召开了第一届教职工代表大会，张本禄院长要求继续开展"五讲四美"学雷锋树新风创三好活动，树立良好的校风。[②]

1985年12月19日至22日，学校召开了第二届教职工代表大会。刘荣光院长提出了学校1986—1990年"七五"发展计划和今后5年、10年、15年的奋斗目标。为了实现学校的奋斗目标和"七五"计划，"除了打好物质基础外，还要注重抓好精神文明建设，树立优良的校风"。如何培养优良校风呢？刘荣光院长的工作报告提出4点要求：[③]

首先要进一步端正业务工作的指导思想。刘荣光指出，通过对整党、改革，学校业务工作的指导思想已经比较明确了，但不是每个单位、每个干部都明确了，因此有进一步端正的必要。要让各级领导干部，各个业务

[①] 《南昌航院第一次工会代表大会工作报告》，南昌航空大学档案馆电子档案，1979-永久-0057-004。

[②] 张本禄：《南昌航空工业学院第一届教工代表大会工作报告（讨论稿）》，南昌航空大学档案馆电子档案，1980-永久-0024-054。

[③] 刘荣光：《在南昌航空工业学院第二次教职工代表大会上的工作报告》，南昌航空大学档案馆电子档案，1985-永久-0027-008。

部门，每一个教职工都记住，学校是一所高等院校，因此都要树立为教学服务、为培养人才服务的思想。

其次，要树立优良的校风。刘荣光指出，对这个问题一定要经常讲、持久抓。学校的校风"拟确定"为："勤奋、文明、自强、求实"八个字。对此，还要发动全校师生员工进行讨论。要进行艰苦不懈的努力，把这个校风树立起来，坚持下去，使学校师生员工具有刻苦钻研、奋发向上、锐意进取的治学精神；具有高尚的精神风貌和道德情操；具有团结一致、互相帮助和艰苦朴素的思想作风与工作作风。形成一种好的校风是学校社会主义精神文明的重要标志。我们每个教师、干部、工人都必须用自己的实际行动，用服务的精神和表率的作用来培养学校的校风。

第三，要认真落实党的知识分子政策，真正做到对知识分子政治上关心，工作上信任，生活上照顾。对此，学校党委制定了专门规划，学校要切实做好这一规划的落实，以充分调动广大知识分子的积极性，使他们满怀热情地工作；在学校进一步树立起"尊重知识，尊重人才"的好风尚。

第四，要加强管理，改进工作作风。工作实践表明，由于良好的工作作风还没有完全形成，加上学校的管理水平还不够高，在工作中职责不清、扯皮推诿、效率不高的现象时有发生。有少数同志安于现状，缺乏锐意进取的精神。这种精神状态和工作作风与学校今后的任务是不相适应的。因此，各级领导干部必须树立领导就是服务的思想，继承和发扬我们党实事求是、密切联系群众、批评与自我批评三大优良传统，培养高效率、高质量的工作作风，干部、教师都要为人师表，同时切实加强管理。只有这样，才能开创学校工作的新局面。

第二届教职工代表大会工作报告"拟确定"了"勤奋、文明、自强、求实"的八字校风。代表们对这个报告进行了认真的讨论，并一致表示赞成。这就表明，至1985年12月，学校总结了办学历程中形成的优良传统，经教代会讨论并通过，确定"勤奋、文明、自强、求实"为学校的校风。八字校风正式形成了。从八字校风的内容来看，既反映了全校师生勤奋严谨的治学态度和团结文明的道德风尚，也反映了学校自强自立奋斗拼搏的进取精神与尊重科学追求真理的求实态度。

八字校风中的"勤奋"是对中专专科时期"朴实、勤奋、严谨"六字校风中"勤奋"作风的继承，也是学校升为本科之后的发展中最迫切、最基本的要求。勤能补拙，学校由中专升为本科，白手起家，基础较弱，条件不好，要把它办好，确实不容，需要付出更大更多的辛劳。对于八字校风和其中"勤奋"的理解，原南昌航空工业学院副院长夏立先说：

我认为：八字校风的提出和确定是非常必要的，对学校的建设与发展起到了重要的指导作用，是有很强的针对性和引领性的。我的理解：南昌航空工业学院由一所中专学校升格为一所本科院校，要把它办好，特别需要勤奋，需要各级干部的勤奋工作，需要教师勤奋地教学，也需要学生勤奋地学习，勤奋具有非常重要的意义，所以当时学校就特别有针对性地提出"勤奋"这个问题。[1]

八字校风中的"文明"则反映了时代的新要求。改革开放之初，中国共产党创造性地提出建设社会主义精神文明的战略任务，确定了"两手抓、两手都要硬"的战略方针。精神文明建设已经上升到国家战略的高度。所以，文明在当时成为整个社会发展的要求，作为高等学校而言，人才培养、科学研究、文化传承是三大任务，文明作为文化的精髓内容，更是高等教育发展中责无旁贷的任务。对于八字校风和其中"文明"的理解，原南昌航空工业学院副院长夏立先说：

改院初期，如何把学校的本科教育办好，这是当时学院党委和领导班子面临的最重要的问题，为此在短短几年内，从西北工业大学等院校及企事业单位调入了一批优秀的教师和管理人员，同时也从其他院校选录了一批年轻的教师。这个时期的昌航，特别需要有一种团结文明的道德风尚来引领，不管是老昌航的还是新进入的都要团结一致，共谋发展。因此，团

---

[1] 夏立先：《五十二载今回首，半个世纪昌航情》，《传道授业话昌航》编写组：《传道授业话昌航》，江西高校出版社2017年10月版，第18页。

大学特质文化的传承和创新：南昌航空大学的实践探索　>>>

结文明成为八字校风的重要内涵之一。①

八字校风中的"自强"是指自我勉励，奋发图强。自强最早是出自《周易》乾卦的卦象：天行健，君子以自强不息。自强是一种精神，是一种美好的品德，也是一种习惯。对于八字校风和其中"自强"的理解，原南昌航空工业学院副院长夏立先说：

当时我们的校风中为什么要提出"自强"呢？我的理解：在当时，一个中专学校一下子升格为本科，能不能办好，说实在话有些教职工还是有点担心的。为此学校提出"自强"，一方面是要消除这种心理状态；而另一方面更重要的是激励全院师生树立自立自强、努力拼搏的进取精神，告诫全院师生，我们必须自立自强，奋力拼搏，我们一定能办好一所合格的本科院校。后来的事实也证明，经过昌航人十几年自强不息的奋斗，在1990年航空航天工业部组织专家对我院的本科教育进行评鉴时，结果为完全合格，这也可以说是校风建设的一个硕果。②

八字校风中的"求实"则是中专专科时期"朴实、勤奋、严谨"六字校风中"朴实"和"严谨"作风的继承和凝练，反映尊重科学追求真理的求实态度。对于八字校风和其中"求实"的理解，原南昌航空工业学院副院长夏立先说：

"求实"是昌航人几十年来形成的一种传统。求真务实、实事求是、注重实践是中专时期学校的优良传统和办学的指导思想。几十年来学校都强调要在脚踏实地的求学精神、严谨朴实的工作作风、勤俭朴素的生活作风等方方面面培养学生。"求实"就是要教育和引导全院师生牢固地树立

---

① 夏立先：《五十二载今回首，半个世纪昌航情》，《传道授业话昌航》编写组：《传道授业话昌航》，江西高校出版社 2017 年 10 月版，第 18 页。

② 夏立先：《五十二载今回首，半个世纪昌航情》，《传道授业话昌航》编写组：《传道授业话昌航》，江西高校出版社 2017 年 10 月版，第 18-19 页。

<<< 第二章 八字校风：勤奋、文明、求实、创新

一种尊重科学、追求真理、实事求是的态度和行为方式。①

这里有个情况要探讨一下。学校的个别领导报告和学校部门的汇报、总结把上述旧八字校风提出的时间说成是1983年。比如，黄懋衡院长在南昌航院四届一次教代会的报告中指出："1983年学院就提出了'勤奋、文明、自强、求实'的八字校风，八年来，这八个字已深入人心。"② 1993年9月29日学校制定的《关于进一步提高我院社会主义精神文明建设水平若干措施》指出，"我院历来重视校风建设，1983年就提出了'勤奋、文明、自强、求实'的八字校风。"③ 1995年学校上报的《南昌航空工业学院校风建设总结检查报告》也指出，"1983年，我院就提出了'勤奋、文明、自强、求实'八字校风，并在1986年召开的第一次党代会上得到确认"。④ 作者认为，1983年是刘荣光来学校就任院长的年份，因为"勤奋、文明、自强、求实"的八字校风是刘荣光院长主张提出的，随着时间推移，就容易把1983年刘荣光来学校任院长的时间当作八字校风提出的时间。至于1983年刘荣光院长是否提出了八字校风，以什么方式提出的，由于目前掌握的史料不足，尚不能确证。从目前作者掌握的史料来看，刘荣光院长第一次正式提出八字校风应当是1985年12月的第二届教职工代表大会。可以从两点来作个考察。第一，刘荣光院长在第二届教职工代表大会工作报告中使用了"拟确定"三个字，原文是："我院的校风拟确定为：'勤奋、文明、自强、求实'八个字。对此，还要发动全院师生员工进行讨论。"⑤ 说明之前是没有正式提出过的，也没有得到全校确认。第二，建

---

① 夏立先：《五十二载今回首，半个世纪昌航情》，《传道授业话昌航》编写组：《传道授业话昌航》，江西高校出版社2017年10月版，第19页。
② 黄懋衡：《坚持方向，深化改革，扎实工作，实现规划——在南昌航院四届一次教代会的报告》，南昌航空大学档案馆电子档案，1992-永久-0006-017。
③ 《关于进一步提高我院社会主义精神文明建设水平若干措施》，南昌航空大学档案馆电子档案，1993-永久-0013-004。
④ 《南昌航空工业学院校风建设总结检查报告》，南昌航空大学档案馆电子档案，1995-永久-0020-004。
⑤ 刘荣光：《在南昌航空工业学院第二次教职工代表大会上的工作报告》，南昌航空大学档案馆电子档案，1985-永久-0027-008。

校 50 周年的编写的校史是这样描述第二届教职工代表大会的："这次教代会的主要议题是讨论学院的'七五'发展计划，通过了《南昌航院教职工代表大会实施细则》，提出了'勤奋、文明、自强、求实'的校风。"① 可见，学校编写的 2002 年版校史也认为是在第二届教职工代表大会正式提出并获通过的。

第三节　"勤奋、文明、求实、创新"的新八字校风的提出

1985 年 12 月"勤奋、文明、自强、求实"的八字校风提出和确立后，在 1986 年 3 月底召开的第一次党代会上得到确认，全校上下一致拥护并身体力行。学校把校风建设列入重要议事日程，作为工作重点来抓。刘荣光院长在 1990 年召开的三届二次教代会上报告说："1986 年以来，坚持结合学院实际开展'勤奋、文明、自强、求实'校风教育，促进了全院精神文明建设。"② 每学期召集一次党政联席会议，进行专门研究，明确每一学期校风建设的中心任务，确定责任单位和责任人，并定期检查表彰。校学生工作委员会和校风建设领导小组组织具体实施。通过师生员工的身体力行，共同努力，八字校风日益深入人心。在八字校风的熏陶和贯彻执行之下，学校各项事业也取得长足进步。八字校风提出后，对校风的探讨和校风建设不但没有削弱，反而得到进一步加强和巩固，同时，学校还推动了对学校其他各项精神文化的探索和提炼。

一、继续加强党的建设，以党建促校风建设

在"工作重心要下移，着力抓好支部建设"的指导思想下，学校党委

---

① 孙一先：《南昌航空工业学院史》，航空工业出版社 2002 年 9 月版，第 86 页。
② 刘荣光：《振奋精神，改善管理，努力提高办学效益——在南昌航院三届二次教代会上的工作报告》，南昌航空大学档案馆电子档案，1990-永久-0032-004。

以基层支部建设为重点认真抓好党的建设。从1985年开始，持续不断地开展"创先进党支部，争当优秀党员"的活动。1986年3月29日至4月1日，学校召开自1978年改建大学以来的首届党员代表大会。大会进一步凝练学校精神文化，提出了"团结自强，振兴昌航"的口号，并作出《关于加强思想政治工作的决定》，正式确认了八字校风，提出要在全体师生员工中进行"勤奋、文明、自强、求实"校风的教育，逐步树立起良好的校风，把学校精神文明建设的水平再提高一步。[1]

学校党委重视加强领导班子的自身建设，在1986年第一次党代会上做出了《关于加强党委自身建设的决定》的八项规定。要求党委成员做议大事、懂全局、管本行的表率，做从严治党的表率，做为人民服务的表率，做密切联系群众的表率，做努力学习的表率，做端正党风的表率，做坚持民主集中制的表率，做团结的表率。[2]

1991年3月的全省高校工作会议以后，学校全面分析了办学的成功经验和不足。为了提高整体办学水平，学校把校风建设摆到了突出的地位，调整了校风建设领导小组，进一步明确各级责任，加强了领导。形成了全体动员、分级负责、突出重点、狠抓薄弱环节的新面貌，继续推进校风建设，把八字校风明确写入学校的"八五"计划（1991至1995年）之中，使之更加深入人心，并逐步成为全校师生员工实践行动自觉追求的目标。1991年12月，学校党委召开党支部工作经验交流会。在开展"创先争优"的10年里、全校共有4个（次）党支部（总支）受到省直工委表彰，51个（次）党支部（总支）受学校党委表彰。

1992年学校党委决定将4名党委委员的组织关系转到教学片党支部，以普通党员身份参加基层党支部的组织生活，开展调查研究，加强联系。1992年4月3日至6日召开的第三次党代会上，孙一先同志代表上届党委

---

[1] 《中国共产党南昌航空工业学院第一次代表大会文件汇编》，南昌航空大学档案馆电子档案，1986-永久-0001-008。

[2] 《中国共产党南昌航空工业学院第一次代表大会文件汇编》，南昌航空大学档案馆电子档案，1986-永久-0001-008。

作题为《团结自强，拼搏向上，为实现我院"八五"计划而奋斗》的工作报告，首次提出"团结自强，拼搏向上"的昌航精神，全校党员响应党委提出的"发挥五个模范作用"的号召，在校风建设中起到了先锋模范作用。

党的建设有效带动了校风建设。1990年学校党委被中共江西省直工委评为"先进基层党组织"。1992年3月江西省委宣传部、组织部、省直机关工委对学校党建工作进行了检查，得到了高度评价。

二、加强和改善思想政治工作，有力推动校风建设

1986年3月召开的第一次党代会着重讨论关于端正党风和加强思想政治工作问题，大会讨论并通过了《关于加强思想政治工作的决定》。1988年11月学校又制定《南昌航院院、系两级思想政治工作职责》，1991年9月制定《关于进一步加强思想政治工作的若干措施》，规定凡是对思想政治工作重视不够，抓得不得力的单位，不能评为先进单位，不重视思想政治工作的干部不能担任主要领导干部。学校非常注重发挥宣传媒体作用，用正确的舆论引导师生员工。1981年3月10日《南昌航院》创刊，在宣传党的教育方针，促进学院改革，弘扬八字校风等方面发挥了重要作用。1991年10月，江西省高校校报研究会对全省高校校报进行评估，学校校报得分位居全省校报之首。学校重视对思想政治工作的研究，提高工作水平。学校于1985年2月成立思想政治教育研究会，王景茂书记任首任会长，之后李长喜、孙一先等书记均任会长。学校思想政治教育研究会编辑的《思想政治教育研究》《思想教育探索》引起省有关部门的重视。1992年后，学校积极探索在社会主义市场经济体制改革的新形势下，改进思想政治工作的内容、形式和途径，取得了较好的成绩，受到省部的肯定和表彰。1992年10月，李全民主编的《大学生思想品德修养学》荣获航空院校优秀教材二等奖。1992年12月，罗志华、夏立先、孙一先等主持完成的"大学生德智体素质综合测评"课题被评为航空航天工业部思想政治工作成果三等奖。1994年11月，学校被授予省"先进高等学校"称号。

1996年3月，学工处获评省"先进集体"。1997年12月，闵佩珍获全国普通高校百名"两课"优秀教师。

三、继续加强和改善工作作风和教风，以教风促校风

学校狠抓机关作风。1984年5月25日，学校党委做出《关于改进党政机关作风的八条规定》，各级领导率先垂范，以身作则，坚持深入基层，亲自到学生食堂用餐，到课堂听课，与师生一起参加劳动，处、系（部）干部按分工与一个基层单位联系，及时掌握师生中的思想动态，研究解决实际问题，以一流的工作精神和服务水平，培养"勤政、廉洁、守纪、奉献"的工作作风。在1986年初提出"一个全面完成，两个明显好转"的要求，其中要求机关工作作风要有明显好转。[①] 为此，学校开展了改进机关作风的检查评议。在提高对改进机关作风认识的基础上，制定了改进机关作风的规划，并认真抓了落实工作，取得了一定成效。学校坚持正确的舆论导向，发挥校报、广播站、黑板报、宣传橱窗等宣传工具的作用，在全校上下形成人人参与精神文明建设，个个为树立良好校风作贡献的良好氛围。为了让全体教师树立良好教风，1990年1月16日，学校制定并颁发《南昌航空工业学院教师行为规范》，被称为"教师行为规范十二条"标准，要求以良好的师德师风为学生作出表率。对个别教学工作不负责任、师表极差的教师，学校在调查核实后，坚决从教学线上撤下来。实行了主讲教师负责制，加强对新开课教师的考核、审查，严格把关，保证了教学第一线开课教师的质量。设立了教学优秀奖和教书育人奖，鼓励教师重教爱生，提高了教师教书育人的责任心。学校坚持把德育工作放在首位，通过教书育人、管理育人、服务育人等"三育人"工作，全方位促进育人环境建设。1986年制定了"三育人"的有关规定，1989年和1991年两次进行了补充完善。1991年5月制定《南昌航空工业学院关于落实把德育放在首位的措施》，要求全体教职员工都要树立从严治校、严格管理的

---

① 《抓好两个文明建设创建文明学院》，南昌航空大学档案馆电子档案，1988-永久-0001-006。

思想，把它体现到教学、科研、生产、管理等各个环节中去，"努力树立一个良好的校风"。① 1991年10月7日，学校召开三届四次教代会，刘荣光院长作题为《坚持把德育放在首位，努力做好育人工作》的报告，会议讨论并通过了《南昌航空工业学院教书育人、管理育人、服务育人暂行条例》，全体代表向全院教职工发出了"三育人"倡议书。

四、继续加强和改善学风，以学风促校风

学校从1983年5月开展的"向张海迪学习，培养优良学风"活动开始，持续不断地开展各项活动，把校风建设和精神文明建设逐步推向深入。1989年开展"百日六无"活动，即无旷课、无考试作弊、无赌博、无打架、无酗酒、无经商，狠抓端正学风与学生基础文明建设，对学生进行正面的校风校纪教育。这次活动组织严密，落实具体，期末有16个班级达到了"六无"，绝大多数班级也只是因个别学生旷课而影响了"六无"的实现。② 1990年开展的"三比三争光"活动，即比思想、比学习、比文明纪律，为班争光、为系争光、为院争光，调动了学生的竞争意识和荣誉感，受到航空航天部本科教学评鉴专家的赞扬。1991年起，开展以创优秀学风班为主要内容的校风建设活动，将学生的勤奋学习、文明守纪与班级荣誉挂钩，进一步激发了学生的集体主义思想。

五、继续加强和改善精神文明建设，把精神文明建设摆在突出位置，以树文明之风促校风

1987年5月13日，学校制定并下发《关于加强社会主义精神文明建设的十条措施》的通知，提出"通过思想教育、职业道德教育和严格执行

---

① 《关于印发〈南昌航空工业学院关于落实把德育放在首位的措施〉的通知》（1991年5月18日），南昌航空大学档案馆电子档案，1991-长期-0005-007。
② 《南昌航空工业学院学生思想政治工作自评报告》（1990年11月20日），南昌航空大学档案馆电子档案，1990-永久-0007-012。

各种制度与纪律",在全校形成"勤奋、文明、自强、求实"的良好校风。①

学校持续开展多层次多形式的文明共建活动。在学校党政机关开展了做公仆、办实事、创廉政机关的"公仆"竞赛;校办工厂开展了"三赛一比"活动,即赛文明生产、赛创文明车间科室、赛双增双节、比贡献;在职工家庭中开展了创"五好家庭"(政治思想好、生产工作好;家庭和睦、尊敬老人好;教育子女、计划生育好;移风易俗、勤俭持家好;邻里团结、文明礼貌好)和文明楼院竞赛;在大学生中开展了"树优良班风、创文明宿舍"、评选"星级宿舍"等竞赛活动。

学校重视培养典型,树立榜样。1989年五四青年节前后,开展了评选"十佳优秀学生"的活动,促进优良学风的形成。1990年评选教职员工"三育人十佳",1992年评选学生双"十佳"(十佳学生、十佳班级)的活动,掀起了一个学先进、赶先进的热潮。

学校重视环境文化建设。校区的结构布局整齐,环境优美。校园内绿化面积139800平方米,绿化覆盖率达46.8%。校内道路两旁栽植的冬青、香樟、泡桐树错落有致,栀子花、桂花、含笑、白兰、珠兰、茉莉花四季送香。

1985年以来,学校持久地抓以校风建设为核心内容的精神文明建设,取得了显著成绩。1982年开始,连续获南昌市人民政府授予的"市文明先进单位"或"市文明单位"称号,多次被评为西湖区文明单位、门前三包先进单位,连续被江西省绿化委员会评为"省绿化先进单位"。1986年6月省教委校风校貌检查组来校检查,认为南昌航院校风建设目标明确,规划具体实在,取得了较好的成绩。1985年、1986年连续获"航空工业部先进单位"称号;1986被中共江西省委授予"思想政治工作先进单位"称号;1989年获省委宣传部、省教委"学生思想政治教育先进单位"称号

---

① 《下发〈关于加强社会主义精神文明建设的十条措施〉的通知》(1987年5月13日),南昌航空大学档案馆电子档案,1987-永久-0001-004。昌航党字(1987)第19号。

和航空航天部授予的"优秀职工思想工作研究会"称号。1991年学校被航空航天工业部评为"文化工作先进单位"。1991年被航空航天工业部授予"航空工业创建四十周年有重大贡献单位"称号，在部内三所一般航空院校中，学校唯一获此殊荣。

1993年9月，学校制定《关于进一步提高我院社会主义精神文明建设水平的若干措施》，提出从加强思想道德建设，弘扬昌航精神，树立良好校风、教风、学风。1994年10月12日，学校学生工作委员会颁发《对大学生实施基础文明道德教育的意见》，提出了对大学生实施基础文明道德教育的目标和措施。1993年，学校工会被中华全国总工会评为"全国模范职工之家"。

1995年11月20日，学校党委制定并颁发了《关于进一步加强校园文化建设的若干意见》，提出校风、教风、学风、干部作风、昌航哲学、昌航人价值观、昌航精神等一系列精神文化。1996年10月10日，中国共产党第十四届中央委员会第六次全体会议通过《中共中央关于加强社会主义精神文明建设若干重要问题的决议》，提出了加强精神文明建设的目标，相继出台了"文明公约""校园讲文明十不准"等。制定《南昌航空工业学院"九五"期间精神文明建设规划》，进一步明确校园文化建设的内容，再一次提出并确认了校风、教风、学风、干部作风、昌航哲学、昌航人价值观、昌航精神等学校精神文化谱系。此外，采取了有力措施搞好校园综合治理。1996年12月23日，学校获江西省公安厅、省教委、省文化厅等授予的"全省学校治安整治工作先进单位"称号。

1997年，学校把精神文明建设放到更加突出的地位，设立工作机构，精心组织，真抓实干，制定文明校园建设主要项目实施表，群众性精神文明创建工作有了进一步的发展。1997年学校《充分发挥教工俱乐部在精神文明建设中的作用》在全国高校工会精神文明建设经验交流会做了发言。

1998年，大力宣传和实施《南昌航院干部、教师、工人和服务人员职业道德规范》，评选职业道德先进个人。在大学生中开展"十佳班级"和"十佳大学生"评选活动。建立校园文明督察队伍，确保"校园文明十不准"的要求落到实处。结合教育部本科教学工作合格评价，在5—6月开展文明单位达标验收和先进单位考核评比活动。同年，学校被中共江西省委、江西省人民政府评为"江西省文明单位"。学校工会被中华全国总工会评为"全国模范职工之家"。

1999年，学校按照"内强素质、外创环境"，开展群众性的精神文明创建活动和学校形象设计活动。对学校主要道路进行了命名。同时围绕"三大庆"（建国50周年、澳门回归和迎接新世纪的到来），唱响"三大颂"（祖国颂、社会主义颂、改革开放颂），鼓舞人心，凝聚力量。

2000年，学校制定《精神文明建设管理若干规定》《职业道德行为规范》等一系列规章、制度，开展"一做三创"、文明单位达标等内容丰富、形式多样的精神文明建设活动。在教师中开展"讲学习、讲师德、讲师能"的"三讲"活动，突出了思想道德建设，强化了职业道德教育，提高了环境美化意识，丰富了校园文化生活，促进了教风学风建设。

同时，通过多年开展的丰富多彩的校园文化活动，学风建设也取得成效。材料系93131班荣获1997年"全国先进班集体标兵"称号，外语系95511班1999年被评为"全国先进班集体"。

六、开展校风建设专题活动

1990年，全省开展高校校风建设检查评估，趁这股东风，学校开展了校风建设专题活动。学校在1990年参加了校风建设和检查，作出了一些努力，但与四所获评优秀单位失之交臂。1991年3月，全省高校工作会议以后，在制订新学年工作计划中，学校认真分析了1990年校风建设检查的结果，在总结经验教训的基础上，提出1991年"应以积极主动的姿态、高标准的要求"再次迎接全省校风建设检查。[①] 学校把校风建设摆到了相应突出的地位，3月30日成立了校风建设领导小组，加强组织领导，各系也成立了校风建设领导小组，做了全面动员。学校制定《南昌航空工业学院

---

① 《南昌航空工业学院校风建设自评报告》，南昌航空大学档案馆电子档案，1991-永久-0006-010。

校风建设实施方案（试行）》，提出"加强组织纪律性，进一步推进学风、校风建设"的总要求。① 主要措施有：

一是转变领导作风与机关建设。认真执行学校制定的干部联系群众的四条规定，学校领导率先垂范，以身作则。他们亲自到学生食堂用餐，到课堂听课，与师生员工一起参加劳动，进行家访。据不完全统计，1991年党委书记孙一先接待群众来访和家访68人次之多，院长黄懋衡上半年听课达10次，8位校级领导中有5位担任了教学任务。② 召开了"抓党风责任制经验交流会"，在此基础上，制定了《南昌航院党员领导干部抓党风责任制度》《领导干部深入基层联系群众制度》《共产党员联系群众制度》。在贯彻落实这些制度过程中，全校副处以上干部基本上都联系了1~2个基层单位，他们深入基层，掌握群众中的思想动态，帮助解决了一些学校长期以来存在的"老大难"问题。比如，青年教师的生活问题，经过多方努力，解决了一批青年教师结婚的住房问题，单身教工下课后有热饭热菜，伙食有补贴。学校通过抓党风来促进机关作风，在学校倡导一流的工作精神和一流的服务水平。每学年都对职工进行一次全面考核，把勤政、廉洁、守纪、奉献的工作作风和要求体现到考核机关工作人员德、能、勤、绩的各个指标中去，考核结果与职工切身利益联系在一起。平时，学校做到了各类人员岗位职责明确，坐班考勤制度严格，据1991年10月份统计，校本部平均出勤率达96.4%，无一人无故旷工。③

二是维护安定团结局面，抓好思想政治教育，加强劳动教育和社会实践。学校认真组织了学生的公益劳动，制定了《学生公益劳动课程实施大纲及考核办法》，把公益劳动排入了教学进程表。1991年共有18个班618人参加为期一周的公益劳动，公益劳动的内容有下食堂帮厨、绿化校园、

---

① 《南昌航空工业学院校风建设实施方案（试行）》，南昌航空大学档案馆电子档案，1991-永久-0006-013。

② 《南昌航空工业学院校风建设自评报告》，南昌航空大学档案馆电子档案，1991-永久-0006-010。

③ 《南昌航空工业学院校风建设自评报告》，南昌航空大学档案馆电子档案，1991-永久-0006-010。

维修家具、安装灯线、整理图书等，通过公益劳动增强了学生的劳动观念，加深了与劳动人民的感情。1991年暑期，学校开展了以"追寻红军足迹，向工农兵学习，坚定社会主义信念"为主题的社会实践活动，在组织广大学生就地、就近、就便开展社会实践活动之外，还派出了10个社会实践团，分赴祖国各地，其规模数历年之首。在开展活动过程中，党委书记、副书记亲临第一线检查指导，整个活动组织周密、有序，收效是显著的，《人民日报》《光明日报》《中国教育报》做了报道。9月开学后，在一个星期内共收到了1322份社会实践报告和体会文章，学生参加社会实践人数占在校学生数的92%。在组织座谈、讨论、交流的基础上，进行了总结，评比了95名先进个人和12个优胜团支部，同时评出了40篇优秀社会实践报告。

三是推进教书育人工作。按照1986年制定的《关于教书育人的规定》和1989年制定的《关于管理育人，服务育人的暂行规定》要求，学校每学年末都要对全校教书育人情况进行一次检查，每年教师节都表彰一批教书育人方面的先进个人。1990年，学校广泛开展了评选"十佳"三育人活动，弘扬"十佳"的育人先进事迹，在全校产生了较大的影响。1991年6月，学校又组织了"三育人"先进评比工作，评出了一批先进个人，其中匡璧民、姜俊华被评为江西省教书育人先进个人。匡璧民同志参加了全省分片巡回演讲，效果良好。12月初他出席了全国高校教书育人座谈会。在总结这几年工作经验的基础上，学校召开了暑期"三育人"工作研讨会，开学后不久，又专门召开了教职工代表大会，讨论修订《教书育人、管理育人、服务育人工作暂行条例》，这次教代会突出了在提高认识的基础上，以政策导向和利益机制保证"三育人"工作的开展。

四是推进学风建设。1986年学校首届党代会后，为了贯彻党代会上提出的"在短期内，使学生在学习、生活纪律和文明礼貌方面有一个明显好转"的决议，学校针对当时学生中存在的问题，在历年建立的各项制度的基础上，进一步分类理顺、充实、完善了《南昌航院学生学习、生活、纪律十条要求》等15个条例、规则，并把它编印成册，人手一份，发给每个学生。其中有两个制度是从正面采取措施，进行改革来加强管理的，一是较早地改革了学生助学金评定制度，改助学金为奖学金。二是在总结1981年学校试行《学生品德评语评等制度》经验的基础上，制定了《学生德智体综合测评暂行办法》；1988年又针对学生中出现的新情况和问题，制定了《南昌航院学生违纪处分暂行条例》；1989年，为了贯彻省教委关于整顿学校秩序，建立良好校风的指示精神，学校颁发了《关于学生举办舞会、播放相、张贴、聚餐、组织外出活动的暂行规定》，发布了《关于收缴刀具等凶器的布告》和《关于禁止学生打麻将的布告》；1990年3月，国家教委制定的《大学生行为准则》和《普通高等学校学生管理规定》颁布后，学校又修订了《学生学籍管理实施细则》。为使这些制度落到实处，在一手抓制度健全的同时，还抓了严格管理，成立了由党政领导负责、相关职能部门负责人组成的学生工作委员会，学生工作处（部）实行两块牌子一套人马，为学生工作委员会的办事机构，负责学生管理和教育工作。各系（部）成立了由总支副书记、系副主任等组成的学生工作指导小组，具体负责全系学生工作并指导班级工作。学校每学期坚持对学生进行德智体综合测评，对学生在德智体诸方面预定出具体要求、目标、行为规范，并依次进行考核、评估，达到定量地考核学生。综合测评结果与奖学金评定、三好评、毕业分配挂钩。学校还通过开展"评选'十佳'""百日六无""三比三争光""创优秀学风班"等活动弘扬正气、宣传先进典型。进行正面教育的同时，还非常注意严肃校规校纪，不论社会大气候如何，都能理直气壮地做到有章可循，违纪必究，坚持既严格又慎重，以事实为依据的原则，对受处分的学生做过细工作，基本上做到心服口服。1990—1991学年第二学期，受处分学生13人，其中警告7人，严重警告3人，记过3人。1991—1992学年第一学期，受处分学生6人，其中警告1人，严重警告3人，记过1人，勒令退学1人。

五是重视班主任工作和班风建设。1990年底，学校进一步修订了《本主任工作条例》，每学年都对班主任进行一次考核，根据考核情况重新聘任班主任，以保证班主任队伍的质量。对一些工作突出的班主任，学校大张旗鼓地予以宣传。1990年,学校开展了三育人"十佳"评选,1991年又专门召开政工会议,宣传交流班主任工作方面的先进典型和经验。为促进班风建设,一是以开展两校一组(即党校、团校、马列学习小组)为主的第二课堂活动,认真抓好学生骨干队伍建设,至1991年底学校已有学生党员27人。并在每年暑期末举办一次为期三天的班长、团支部书记以上的学生干部学习班,总结交流工作经验,布置新学年任务。二是广泛开展了以学习为中心的创优秀学风班活动。学校加强了对活动的领导,进行了层层动员,精心组织。学生班有公约,系里有规划、有措施、有落实。经过1991年一年的努力,这项活动达到了预期目标。有12个班达到标准。学校不失时机地召开了全校学生大会予以隆重表彰。三是为了加强班集体的凝聚力,学校在总结德智体综合测评经验的基础上,引进竞争机制,在机械系开展了班级综合测评试点活动。四是坚持了行之有效的早锻炼班级集体出操活动,保证了全校学生出操率在90%以上。五是对学生综合治理采取三级(校、系、班)检查,分权评分,与综合测评挂钩,使学生宿舍的卫生面貌有了明显变化,脏乱差的现象有了初步改变。

另外,学校还加强了校园秩序和环境的治理。通过两年的专项建设,校风取得明显进步。1990年、1991年省委宣传部、省教委组织的高校校风建设检评组两次来校检查,学校顺利通过全面的评估,1991年得到了"四大特点、七大成效"的评价,[1] 并荣获"江西省高校校风建设文明单位",在参加评估的8所院校中,学校得分第一,与其他一所高校一起达到"优秀"水平。[2]

1992年学校四届一次教代会提出"校风建设要上新台阶"的目标和要求。什么是新台阶,黄懋衡院长用下面这四个"一点"进行了说明。[3] 第一,学术研究的气氛要再浓一点。与老校相比,学校已是先天不足,缺乏

---

[1] 孙一先:《南昌航空工业学院史》,航空工业出版社2002年9月版,第106-107页。
[2] 《关于表彰南昌航空工业学院等八个校风建设先进单位的决定》,南昌航空大学档案馆电子档案,1992-永久-0021-001。
[3] 黄懋衡:《坚持方向,深化改革,扎实工作,实现规划——在南昌航院四届一次教代会的报告》,南昌航空大学档案馆电子档案,1992-永久-0006-017。

学术带头人，一定要比别人下更大的功夫，才能在人才市场上占领一席之地，对新知识的了解、交流与相互探讨，教学内容的补充与深化，都是浓厚学术气氛的内容。我们的教师和科研人员，一定要多做一些学问，多去图书馆，多了解断的知识信息，少点谈天说地，少打点麻将扑克，在办出特色上动点脑筋。浓厚学术气氛，强化办高校意识，这是昌航上新台阶的关键所在。第二，干部作风再深入一点。不要老浮在上面，做表面文章，要深入群众中去。党委关于压缩会议、精简文件等做了几条规定，以便留出更多的时间去摸实情，办实事，提高我们的预见性，减少决策中的失误。学校"八五"计划已制定，关键是抓好落实，真抓实干。干部、机关作风不改变，是无法抓好落实工作的。当然与之配套还要精简机关人员和下放一些责权。今后要把工作作风列入考核干部的重要内容，从工作质量、办事效率、服务态度3个方面逐级进行考核。第三，师生员工的个人修养再提高一点。要加强学生的养成教育，在考试舞弊、两性交往、偷窃等方面要加强管理与教育，要做到学生对自身出现的不良现象敢于劝阻，敢于揭发。职工要在团结协作方面下功夫，要相互学习和支持，取长补短，不要互相设卡、贬低，在个人或小团体利益上斤斤计较，达不到目的就说张骂李，甚至影响工作，在职工与学生中造成不良的影响。今后发现这种情况要严肃处理。要形成以大局为重，提倡多为学校作贡献的良好风气。第四，校园环境再优美一点。环境也是育人的一个方面，优美的校园环境，一是靠保持，要求师生员工养成良好的爱护环境卫生的习惯。二是靠严格的管理，奖罚分明。三是靠条件的改善，包括设备的投入。四是靠经常维护，环境美不能主要依靠钱来买到，更不能交给临时工来完成。过去星期六清早职工自己打扫宿舍周围环境卫生的良好习惯要恢复发扬。总之校风建设是全员的事，全校师生员工，包括附属学校的中小学生、幼儿园小朋友和在院内的职工家属都要养成良好的爱护公共卫生和保护公共财物的习惯，为校风建设上新台阶作出努力。

1992年10月，学校精心组织了建校40周年庆祝活动，弘扬了八字校风。1993年度党代会上提出要坚持从严治校的方针，坚持不懈地抓好教风学风和机关作风建设,大力培养和弘扬八字校风。经过全校师生员工的努力,1992、1993年等多年连续通过全省建设文明单位的验收。

1995年2月23日至24日,学校召开1995年年度党代会,孙一先书记在报告里指出,要进一步推进校风建设。认为良好的校风对于全面提高教育质量有着极为重要的作用。1995年要进一步培养"勤奋、文明、自强、求实"的优良校风。决定成立校园文化建设委员会,策划和协调学校的各种文化活动。学校校园文化要形成自己的特色,要通过各种科技文化活动,培育"勤奋、文明、自强、求实"的八字校风和"团结自强,拼搏向上"的昌航精神。院、系（部、处）两级干部要把抓校风建设提上日程。并且指出,各系可根据实际情况提出系风或系训,大力倡导,长期培养。培养优良校风,也是思想政治工作的主要内容之一。各级党组织、工会和共青团、学生会等群众团体,各民主党派,都应根据自己组织的特点,围绕培养优良风积极开展诸如业务技能竞赛和学习竞赛等生动有效的活动。要把"三育人"的工作提高到一个新的水平。在1995年底江西省委宣传部、江西省教委联合开展的江西省高校十年校风建设大检查中,学校在30余所高校中被评为第一名。

总之,改建学院以来,学校继承和发扬中专时期"朴实、勤奋、严谨"的优良传统,动员和组织广大的师生员工积极参与精神文明建设创建活动和"三育人"活动,在1985年12月提出了"勤奋、文明、自强、求实"的八字校风之后,开展了一系列校风建设活动,优化了"育人"环境,陶冶了学生情操,强化了学生实践能力的培养,把教育培养德智体全面发展的合格人才放到突出位置,在一般本科院校中争创一流,使毕业生普遍受到社会的欢迎和好评。

为迎接21世纪的挑战,培育创新精神,1999年1月13日召开的年度党代会指出:21世纪即将来临,科学技术日新月异,知识经济已见端倪,创新已成为时代的呼唤、民族振兴的动力,成为科技、教育的神圣使命和事业发展的根本途径,我们应给予校风新的发展,注入新的内容,使之成为"勤奋、文明、求实、创新"。① 这样，党代会决定将原来的"勤奋、文明、自强、求实"旧八字校风改为"勤奋、文明、求实、创新"，形成新的八字校风，自此，新八字校风顺应时代潮流，成为昌航最为响亮的精神口号，一直流传至今。

---

① 《关于印发孙一先同志在1999年年度党代会上的工作报告的通知》，南昌航空大学档案馆电子档案，1999-DQ11-2-YJ-003.002。

第三章　八字教风：治学严谨、诲人不倦

　　昌航自1952年创校开始，十分重视教风的培育，始终把教学作为中心工作，始终重视教师的中心地位，始终严把教学关，形成了具有自己独有特色和丰富内涵的教风，成为推动学校生存和持续发展的不竭动力之源。1958年，学校被二机部确定为三所航空工业重点学校之一，1960年升格为专科学校，1978年改建为本科学院，1990年通过航空航天工业部教育质量评鉴，1998年一次性通过教育部本科教学工作合格评估，2008年在教育部本科教学工作水平评估中获得"优秀"，2018年完成教育部本科教学工作审核评估。

　　1995年2月，学校召开年度党代会，孙一先书记指出，教师优良教风的形成要靠院、系（部、处）领导干部的带动。院级干部和中层干部都要勤奋工作，廉洁自律，讲究效益，关心群众，多办实事。不论在管理工作和教学科研工作中，都要为教师作出表率。同时，各级领导干部对职工要严格要求，严格管理，对于违反校规校纪造成不好影响的，要敢于严肃处理。[1] 1995年11月20日，学校颁发了《关于进一步加强校园文化建设的若干意见》，提出并倡导"治学严谨、诲人不倦"的八字教风。[2] 这既是

---

[1] 孙一先：《以两个"提高"为目标，努力做好九五年工作——在一九九五年党代会上的报告》，南昌航空大学档案馆电子档案，1995-永久-0019-007。
[2] 《南昌航空工业学院关于进一步加强校园文化建设的若干意见》，南昌航空大学档案馆电子档案，1995-永久-0027-003。

学校对教风的倡导,也是对建校以来学校全体教师员工,主要是专业教师教书育人过程中形成的一种精神和风气的凝练和褒扬。

"治学严谨、诲人不倦"八字教风的形成经过了一个漫长的过程。

第一节　汉口创校时期:"三心换三心"的良好教风

1987 年建校 35 周年,学校在回顾中专专科时期的工作时认为:"学校工作必须牢固树立以培养人才为中心和以教学为主的思想,努力提高教学质量。历史证明,当这个指导思想比较明确,执行比较得力的时候,如 20 世纪 50 年代前期和调整提高时期学校发展就比较快,教学质量也比较好。"这是建校 35 年来值得汲取的第一条经验。[①]

1952 年 6 月至 1954 年 8 月,是汉口创校时期。建校初期,学校考虑到是中专性质的办学层次,注意坚持"以教学为主"的办学原则,对教学工作非常重视。1952 年,学校工作总结明确指出:"我校是一所重要的国防工业学校。它的任务不是别的,唯一的是教好与学好,假如教不好与学不好,那就等于全部工作的失败。"[②] 所以,1952 年建校的工作重点是:"加强辅导工作,加强干部领导工作,加强教员、学员的政治思想指导,目的是统一思想,统一认识,明确职责,办好教学工作。"[③] 充分认识到"加强对干部的领导,统一思想、统一认识、统一行动已成当务之急了,否则办好教学工作是成大问题的"。[④] 为搞好教学工作,学校对教师队伍加强了管理,制定了制度,校务会议制定了"模范教员"的 7 项条件:能严格遵守教学时间者;教学积极负责,讲课前能自己备好功课并能做好集体备课,讲课时能仔细与耐心地讲解,受到学员的欢迎者;能经常了解与掌

[①] 南昌航空工业学院院史编委会办公室:《南昌航空工业学院院史(1952—1985)》,内部刊,1987 年 9 月,第 51 页。
[②] 《一九五二年年终工作总结》,南昌航空大学档案馆电子档案,1952-永久-0001-006。
[③] 《一九五二年年终工作总结》,南昌航空大学档案馆电子档案,1952-永久-0001-006。
[④] 《一九五二年年终工作总结》,南昌航空大学档案馆电子档案,1952-永久-0001-006。

握学员的学习思想情况,及时解决学员的学习思想问题,有显著成绩者;作风正派,爱护学员,密切联系学员,及时与耐心地帮助解决学员学习上的疑难问题,做好学习辅导工作,有显著成绩者;能认真与正确运用新教学方法并能有所创造,因而改进教学工作者;能积极参加政治学习,自觉和认真地进行思想改造,有显著成绩,并能帮助别人进步者;安心工作,不怕任何困难,不计较个人得失,全心全意搞好教学工作者。① 学校在建校伊始,尚未正式开学,就高标准严要求,制定并执行"模范教员"的7项条件,体现了学校对校风、教风建设的重视,为优良教风的培育建立了良好的导向。

学校在1953年又提出,教学工作者要密切结合我国实际情况,认真学习苏联先进经验,切实做到提高教学质量,逐步前进。由于坚持了以教学为主这一正确原则,明确了培养目标,制订了教学计划和教学大纲,加强了教学建设,注意了做好招生、开课、考勤和成绩考核等各个教学环节的工作,因此教学工作逐步走上正轨。1954年,学校总结了主要经验教训,认为"学校各部门各种组织必须以教学为中心,共同行动",而"明确面向教学的思想,这是统一行动的前提"。② 学校在以教学为中心的思想中,重视教风的培养,并且逐步形成了自己的教学风格,而这种教学风格的形成,的确不是一件容易的事,是在极其困难的情况下完成的。

汉口航空工业学校创建时的办学条件很差,教室和实验室、图书室均由低矮的厂房改造而成。教师就是在这样的条件下开始了教书生活,但困难远不止这些。因为,在一个空军维修厂里办一所学校,缺少的不仅仅是教室,还有教师、教材、教学方法等。

一、优秀的教师队伍确保了教风开局良好

学校筹建时,面临最大的困难是师资队伍严重短缺。武汉311厂改建

---

① 《校务会议关于当前工作的指示》(1952年9月),南昌航空大学档案馆电子档案,1952-永久-0001-002。
② 《1953—1954年教学工作总结报告》,南昌航空大学档案馆电子档案,1954-永久-0001-003。

为学校时，工程技术人员只有 15 人，即使把这 15 个知识分子摇身一变全部转为教师，也远远不能满足教学任务的需要。中央和各地区、各部门是十分支持航空教育的，他们想尽办法，统筹安排，迅即从全国各地调集教师。

当时调集教师主要是采取两种办法汇集两类人才。一是"航空归队"，充分利用原国民党撤退大陆时的留用人员或从海外归国支援祖国航空工业建设的航空专业人才，充实教师队伍；二是调集高等院校学习航空工程或相关专业的毕业生来校任教。因此，学校的首批教师很多是从全国抽调来的航空专业人才。别小看这只是个中专学校，其实它的首届教师可都是出类拔萃、在当时来看都是实力非凡的。其中一位是为中国航空工业和航空教育作出过突出贡献的教师王士倬。

王士倬，江苏无锡人，1925 年毕业于清华大学，1927 年毕业于美国麻省理工学院航空系，1928 年获航空科学硕士学位。王士倬是中国航空事业先驱，曾任清华大学教授，20 世纪 40 年代被称为中国航空界"四大金刚"之一，主持设计、建造了中国第一座风洞，研制出中国第一台飞机发动机，协助培养了以钱学森为代表的大批航空科研工作者，1950 年 3 月担任重工业部航空工业筹备组成员，为新中国航空工业的创建、起步和发展做出了巨大贡献。1952 年来学校任教。这应该是创校时教师队伍里最大的牌，俗话"扛把子的"。

除了金牌教授王士倬，还有一些从全国抽调来的航空专业人才也很有来头。比如，吴雨苍，1941 年毕业于中央大学航空工程系，曾任中山大学副教授；文广鸣，1941 年毕业于湖南大学机械系，曾在国营 113 厂任工程师；徐心源，1941 年毕业于西南联合大学机械系，曾出国进修实习；沈一龙，1941 年毕业于中央大学航空工程系，曾出国进修实习；肖功伟，1946 年毕业于上海交通大学，1949 年收到美国斯坦福大学研究生入学邀请信，却毅然由台湾回大陆参加新中国建设。这些老师来校后，独当一面，成为各学科的负责人，属于学校教师队伍中的第一梯队、领头羊。

1952 年，国家还先后分配了一批高等院校的毕业生来校执教，这些老师虽然刚毕业，年纪轻，没经验，但是作风硬，热情高，干劲足，是一支朝气蓬勃的生力军，在建设学校和教书育人方面发挥了积极作用，不少同志在第一梯队培养下，成为教学上的骨干和带头人，其中一位年轻老师李绪鄂后来还成为我国著名的航天技术专家，国家科学技术进步奖特等奖的获得者。

李绪鄂，又名李汉武，湖北武汉人。1948年9月在清华大学航空系学习，1952年9月以优异的成绩毕业后来汉航任教。1954年1月调任北京航空工业学校飞机专科副主任。1957年9月任国防部第五研究院一分院二室工程师、副主任。1964年10月后历任第七机械工业部第一研究院702所副所长、14所核心小组副组长、14所所长、第一研究院副院长、七机部总工程师。1981年6月任七机部副部长、党组成员。1982年5月任航天工业部副部长、党组副书记。1985年4月任航天工业部部长、党组书记。1988年5月—1993年4月任国家科学技术委员会副主任、党组副书记。参加并领导了地对地战略导弹多种型号的结构强度试验和环境试验，解决了一系列复杂的试验技术问题；参加并领导导弹结构强度计算方法与环境条件的研究，为我国强度与环境专业开辟了新领域；参加并领导了洲际导弹地下发射技术的研究工作，突破了许多技术难关；参加并领导了地对地战略导弹及潜地导弹的小型弹头的研制与试验，使我国的战略导弹的弹头技术达到世界先进水平。参加并领导了国家科委组织实施的六大计划，有力地促进了科技与经济的结合，推动了52个国家级高新技术产业开发区的建立，人称"火炬司令"。

此外，创校初期毕业来校或转岗来校任教的优秀教师还有中山大学毕业的吴纯素、交通大学毕业的彭本善、清华大学毕业的孔德谆、武汉大学毕业的冀殿英等，这批教师兢兢业业，任劳任怨，勇挑重担，担负着筹建专业、制订教学计划和教学大纲、编写教材、建立实验室等教学方面的开创性工作，为学校的建设作出了重要贡献，也是优良教风的开拓者，成为学校师生敬仰的教师。

这样，一批批优秀教师源源不断地汇集到汉口城，成为航空教育的先遣军。1952年4月，学校仅有教师29人，至1952年底，学校有教职工222人，其中教师达到54人。到1954年5月，学校有教师107人，其中有教授衔的1人，副教授衔的1人，大学本科生70人，专科毕业生23人。高校毕业生占86.9%，而大学本科毕业生又占高校毕业生的75.3%，因此可以说，师资队伍的学历结构在当时那个历史条件下还是不错的。这些首批创建学校的教师们，虽然绝大多数教师没有中等专业教育的教学经验，但他们都能虚心学习，刻苦钻研，相互切磋，通过外出参观学习、集体备课及分工协作，教学业务提高很快，在教学上取得了较好的效果，较好地完成了任务，至今还受到毕业生的交口称赞。

所以说，首批教师都是佼佼者，也为学校开创良好教风打好了底子，可谓开局良好。特别值得一提的是，首届学生对首批教师非常满意，他们常常引以为自豪地说："航校的师资力量比较雄厚，基本上是解放前后的名牌大学毕业生。有北京大学、清华大学、交通大学、武汉大学、中山大学、天津大学、中央大学等学府1947年至1952年的毕业生。也有几名知名的学者。"[①]

二、加班加点搞好专业设置和教学建设

首批学生就要进校了，党委、行政、各科室、后勤基建都在忙碌地准备着开学的各项工作，可谓早出晚归，夙兴夜寐。建校初期，学校设教务处负责教学管理工作，编写教材，筹备理化实验室，研究和学习新教学方法，计划如何辅课。政治辅导处主要是配备干部，调整组织，计划在辅课开学之前如何在政治方面提高学生，做好学生思想工作，使得学生能安心学习。不久教务处与政治辅导处合并成了教导处。万事开头难，教导处和教师们首先要考虑的当然就是专业设置和各项教学建设。

首先，认真设置专业。

围绕部里提出的"理论与实际相结合""教育为生产服务"的教育方

[①] 陈宇鸣等首届学生：《回忆在汉口航校的日子》，夏立先：《岁月情深：昌航六秩回眸》，南昌航空大学校庆办公室编印（内部版），2012年10月，第2页。

针，老师们首先考虑抓好专业设置和教学计划的制订。当时，办教育没有经验，学校的专业设置和教学计划完全是采用苏联的，有点照搬照抄的意思，只不过把苏联的 4 年制改成 3 年制，但这就会造成学生学习负担过重的问题。

专业设置可不是一个简单的问题，它不仅要满足航空工业生产和科研的当前需要，而且还要适应其近期和较长远发展的需要。从全国各航校建立开始，专业的设置就是围绕国家航空工业发展战略部署，为制造飞机服务的。1951 年在筹建航校时，为了适应国民经济第一个五年计划时期航空工业生产由修理转向制造的需要，专业设置以满足主机制造为主，计划设置 19 个专业。苏联专家认为不妥，于是 1952 年 9 月，调整为 12 个专业。航空工业局把各航校的专业设置在地区上大致做了划分，统筹安排，规定汉口航校以设置热加工专业为主。这样，汉航就在热加工领域深耕多年，逐渐形成以热工艺见长的特点，在航空院校和航空企事业单位享有盛誉。

1952 年 11 月，航空工业局陆续下达了局属各学校计划任务书，决定汉航设置 12 个专业中的 6 个专业：焊工科，编号七科；热处理科，编号八科；工具科，编号九科；铸工科，编号十科；锻工科，编号十一科；表面处理科，编号十二科。学制 3 年，学校规模为 2400 人。

学校在教学组织上当然还是全面向苏联学习，按照苏联模式建立了学科委员会及各专科。1953 年 6 月，学校初步决定了 6 个专科的临时负责人。8 月，学校公布了各学科委员会主席、副主席名单。1954 年 1 月 25 日，学校公布调整学科委员会组织。全校建立 11 个学科委员会，并公布了各学科委员会主席、副主席的聘任名单。这些老师委以重任，担当各专业、各学科建设的领头人，压力还是不轻的。为了进行专业筹备工作，学校先后调配了 20 多位教师组成专科筹备委员会，并以技术业务水平较高的教师组成常委会。在专科负责人未确定之前，由常委会分别负责各专科工作。从 1954 年 2 月起，学校陆续公布了各专科正副主任名单，专业建设逐步走上了正轨。

第二，熬夜编写专业教材。

首先是编写7—9月"文化补课"中的教材，从1952年6月初就开始编写初中数理化教材，熬夜赶工，边编边教，"赶上了需要，也收到一定效果"，① 完成了3个月的"文化补课"。紧接着编写正式开学后的教材。10月初，教学计划确定后，即按照教学计划的要求，参照苏联技术学校教学大纲，积极进行教材编写，至年底编写了这些教材：夹具及夹具实习、模具、化学、金属工艺学、制图、钳工实习、机工实习、理论力学等。编写这些教材，难度很大，贯彻专人负责，集体研究的方法，有时要反复讨论修改，甚至返工重写。编写人员"认真负责""由教研组边写边教，一般能赶上需要"。②

第一届学生于第4学期要转入专业学习，需开设专业课18门，但是，其中除金属学与热处理已编好教材、金属切削机床有翻译教材需加整理外，其余16门教材均需在1953年下半年编印好。在18门课程中16门有实验，而大部分实验没有或只有少量仪器设备，需要筹划购置。这就是当时的艰难形势和艰巨任务。

从1953至1954学年第1学期开始，学校组织了相当一部分教师编写专业教材。第1学期编写16种，第2学期续编8种，新编10种。并确定时数较多的重点课程的教材由2人负责编写，其中一人较有经验，另选一名"政治条件较好"的年轻教师作为助手，结合编写教材进行培养。广大教师埋头苦干，夜以继日编写教材。由于多数教师还缺乏编写教材的经验，学校采取了边编写边审查的办法，以防止过多返工。

但是，编教材可不是件容易的事，没有现成的东西可资借鉴，基本是照搬苏联的教材。很多人的俄文水平不高，都是突击速成的半吊子水平，靠着字典现译现编。苏联教材是供4年制中专所用，我们3年就要学完，而且学生基础普遍不好。所以在处理教材方面，出现深浅不一现象。少数课程，如理论力学及电工学处理较好，大部分教材编写的内容偏多偏深偏繁，如机械零件、工具制造工艺学、金属切削机床等，主要问题是"求全

---

① 《一九五二年年终工作总结》，南昌航空大学档案馆电子档案，1952-永久-0001-006。
② 《一九五二年年终工作总结》，南昌航空大学档案馆电子档案，1952-永久-0001-006。

思想，不忍割爱"，结果开学一个月左右，出现"紧张忙乱现象"，学生学习负担非常重，部分学生甚至占用午休时间去学习，依旧消化不了，成绩下降。学校及时发现并研讨调整，要求处理教材必须"深入体会苏联教材的教学大纲及教材的目的性、重点及系统性，然后，结合学生具体情况，积极大胆地进行处理，任何草率从事或缩手缩脚的做法都是不对的"，要求边教边改，力求"简明扼要"。① 教师们就是在这样的情况下反反复复修改教材，目的是让学生能听懂能体会。总的来说，虽然有的教材编写质量不高，但都保证了及时供应。

第三，精心组织学生下厂实习。

按照学校教学计划规定，学生的机、钳工实习在校内实习工厂进行。学校赶紧动员力量，利用原有的311厂房，建起了机、钳工实习车间，初步解决了实习的需要。按计划，1953至1954学年第1学期安排了学生的第一次专业教学实习，本应在校内实习工厂进行，但因实习所需设备筹备不及，故改在南昌320厂和株洲331厂进行。教师们对学校第一次大规模外出实习非常重视，做了精心准备和组织。各专科指定专人负责，认真钻研和讨论苏联专家的报告及有关文件，制定了详细的实习提纲，并在实习前两周左右到工厂去和厂方详细研究方案，定出实习安排表；学校高度重视，组织协调，由教导主任到工厂与工厂领导一起共同沟通商讨，组织实习指导委员会，精心安排了实习工作；下工厂前，校长亲自向学生做了动员，"对实习的目的要求、理论联系实际以及其他应注意的问题做了反复交代"。② 这次实习，历时4周，使学生初步熟悉了本专业的基本操作技术，巩固了专业知识，加强了理论与实际的结合，同时巩固了专业思想，加强了学习信心。

教学计划规定，1953至1954学年第2学期第一届学生的第一次生产

---

① 《1953—1954年教学工作总结报告》，南昌航空大学档案馆电子档案，1954-永久-0001-003。
② 《1953—1954年教学工作总结报告》，南昌航空大学档案馆电子档案，1954-永久-0001-003。

实习在学期末集中进行,这样与理论教学配合较好。但因客观条件限制,学生集中下厂,工厂难以安排,故改在学期初开始分批去航空工厂。第8、10、11、12等4个专科在学期中分批实习,第7专科2个班、第9专科3个班于暑期开始实习。这次实习需要学生以工长助手或生产工人的身份直接参加,获得实际生产技能和巩固所学专业技术理论知识,以利于毕业后能胜任技术员或工艺员的工作。

"慎重初战、首战必胜",这是军事上的战略。汉口航校创办时,许多领导是从战争中摸爬滚打出来的,首届学员是从军队里转业来的,整个学校从上到下有着深厚的军队作战思维,非常重视初战。学校大规模的第一次外出实习,经精心准备,周密组织,首战告捷,影响深远,培养了很好的教风和学风。学校总结说:"这两次实习,由于党和上级的正确领导,厂方的支持与帮助,实习指导员的热情教导和同学们的积极钻研,因此均收到了很大的效果,基本上完成了实习任务。"①

另外还组织实验。教学计划中规定的基础课实验,如物理、化学、电工、力学等,在汉口时因限于条件,只开出了一些简单的基本的实验。专业课程的实验,在设备不足和参考资料缺乏的情况下,因陋就简开出了大部分课程的实验。但总的来说数量不足,质量不高。

三、"三心换三心"的良好教风与学风

要教好学生不容易,要教好首届那些解放军战士学员更不容易。因此,教学方法的研究显得迫在眉睫。开学前的1952年6月,学校开始早早组织教师和教务处的有关工作人员学习新的教学法,内容涉及很广,包括教育方针、教学要求、综合授课法、五级分制、课堂辅导制度等。当然,这些基本是苏联"老大哥"的经验做法,在那个时候,学习苏联经验不仅是必要的,而且是必须的。1954年5月初,学校邀请了二机部第四局教育顾问、苏联专家杜那耶夫来校指导工作,"就教学方法和学习方法作了不

---

① 《1953—1954年教学工作总结报告》,南昌航空大学档案馆电子档案,1954-永久-0001-003。

少宝贵指示和建议",学校将这些建议分门别类加以整理,有步骤地在教师和学生中贯彻下去。①

学校制订了以下各项制度:教学研究指导组(建成教研组)、五段教学法、课堂辅导、学生成绩考核制度、五级分制、课代表制、学生学习互助组。同时,相应地制订了一些教学表格如教学工作计划、学期授课计划、教室日志、成绩报告表、记分册等。这些制度虽然还不够完善,但对建校初期的教学工作还是起了积极的作用。教师们就是在这些制度的规范和指导下开始了教书生涯。

建校初期,学校的教学氛围十分浓厚。为了提高教学质量,1953年3月24日,学校召开第一次校务会议,讨论分析了造成学生学习负担过重和"消化不良"等问题的原因,并提出了解决措施。4月29日,学校举行了第一次教学经验交流会,提出在讲课中要做到"三性""三化""三明确"。"三性"是指明确课程的目的性、方法上讲究启发性、内容要求具有思想性;"三化"是指内容系统化、语言通俗化、表现方法形象化;"三明确"是指明确要求、明确重点、明确概念。② 1953年11月中旬,学校组织召开教学工作会议,2个学科介绍了教学经验,举行了形象展览及评议,收到了一定的效果。1954年4月,再次召开教学工作会议,围绕讲好专业课进行了研讨,会议指定第8专科和第10专科作了总结报告。5月初,学校邀请苏联专家杜那耶夫来校指导工作。为了贯彻专家建议,6月14、15两天,由学校工会组织举办了讲课示范表演。

在这样一个浓浓的教学环境下,教师们认真备课,钻研教材,研究教法,努力讲好课。而绝大多数同学勤奋好学,对一部分学业基础较差的同学,由教师和学习好的同学辅导帮助。一入夜,教师的工作室,学生的教室一片灯光亮至夜深。领导和管理部门主要担心的不是同学不肯学,而是

---

① 《1953—1954年教学工作总结报告》,南昌航空大学档案馆电子档案,1954-永久-0001-003。
② 南昌航空工业学院院史编委会办公室编:《南昌航空工业学院院史(1952—1985)》,内部刊,1987年9月,第187页。

担心学生学习负担过重，有损身体健康。这样，教师以热心、诚心、耐心对待学生，学生以信心、恒心、虚心对待学习，由此形成了"三心换三心"的良好教风与学风，也是当时师生关系融洽的一个体现。

四、"尊师爱生"活动

为了充分发挥教师在教学中的主导作用，迅速提高教学质量，学校抓了两方面的工作。

一是检查了执行落实知识分子政策的情况。落实党的知识分子政策是加强师资队伍建设的重要环节。学校党委对落实党的知识分子政策的态度是积极的，工作也是认真的。1953年6月，校党委在教职工会议上公开检查了对1949年前大专院校毕业的知识分子存在不正确做法和错误认识，如对他们使用多，教育少，批评多，鼓励少，认为他们中的一部分人"情况复杂"，个别老干部甚至说他们中的有些人应该"立功赎罪"。[1] 学校党委认真地执行党的知识分子政策。首先是提高对知识分子的认识。1954年2月制订的工作计划中明确指出，"对于党的知识分子政策，党委机关干部要进行系统的学习。提高干部的政策水平，要相信和依靠知识分子，充分发挥他们的积极性，这是办好学校的关键"。[2] 学校在1953—1954年教学工作总结报告中总结了主要经验教训，深刻地认识到"教员是学生科学知识的传授者，思想品德的培养者，学习方法的指导者，学习信心的鼓舞者"。这一认识是很到位的，同时指出，"那种单纯地认为教员是'教书匠'的看法是错误的"，因此"学校政治思想工作的重点应放在他们身上"[3]

二是加强思想领导，积极开展了"尊师爱生"活动，尤其是"尊师"

---

[1] 《汉口航空工业学校党委委员会关于反官僚主义在职工会议上的总结报告》，南昌航空大学档案馆电子档案，1953-永久-0001-003。

[2] 南昌航空工业学院院史编委会办公室：《南昌航空工业学院院史（1952—1985）》，内部刊，1987年9月，第16页。

[3] 《1953—1954年教学工作总结报告》，南昌航空大学档案馆电子档案，1954-永久-0001-003。

<<< 第三章 八字教风：治学严谨、诲人不倦

的教育。学校认识到"在教学改革当中，加强对于教师的团结改造工作具有重要意义，而做好这一重要工作的关键又在于加强思想领导，从政治上工作上和生活上去关心与帮助他们，并应结合工作，针对各种思想情况，运用批评与表扬的方法，及时地进行教育"。① 在这场教育活动中，学校提出了"尊师爱生"的口号，并且经过研究认为，"在教师与学生中经常进行'尊师爱生'的教育，尤其是'尊师'的教育"。② 这是因为学校首届学生基本来自军队转业的中国人民解放军和中国人民志愿军干部和战士，有不少的人背着"老资格"和革命功臣的包袱。所以刚开始的较长一段时间里，"师生关系是不太好的"，比如有的学生说："我们是人民解放军来的干部、战士，受革命的教育比你们（指教员）多得多"，因此在这届学生里曾产生这样一种论调："我们向你们学习科学知识，政治思想没可学的地方"。所以当时在部分学生里存在看不起教员的政治思想现象，而一些教员也自感这方面不如这些学员，故只好单纯地当一名"教书匠"。③ 针对上述情况，学校通过党、团、工会等组织利用各种机会，多方面地、广泛地对师生开展教育，进行分析批判，然后在统一认识的基础上把"尊师爱生"活动着重放在"尊师"方面。

在"尊师爱生"活动，把执行落实知识分子政策有机结合起来。在开展尊师活动中，注意不断提拔优秀知识分子担任学校各级领导，提高知识分子的政治地位。1953年，青年职工王天成与学校党委书记李旭一起当选为武汉市首届党员代表大会代表。1954年1月，青年教师彭本善当选为武汉市硚口区首届人民代表大会代表。学校党委注意从知识分子中发展党员，搞清一些教师存在的家庭、社会关系、个人历史等问题，使绝大多数教师能被批准去航空工厂参观学习，放下思想包袱。在思想教育工作中，

---

① 《1953—1954年教学工作总结报告》，南昌航空大学档案馆电子档案，1954-永久-0001-003。
② 《1953—1954年教学工作总结报告》，南昌航空大学档案馆电子档案，1954-永久-0001-003。
③ 《1953—1954年教学工作总结报告》，南昌航空大学档案馆电子档案，1954-永久-0001-003。

还注意检查和克服简单粗暴的工作方法。但是，由于历史原因，对有些教师的家庭、历史和现实思想问题也还有处理不当的地方。

第二节 波浪发展时期：几经波折而历久弥坚的教风

1954年8月，学校从汉口迁到南昌东郊第六区肖坊乡（今上海路校区），开始了创建新校的艰难历程，全面探索以中专为主体的办学道路。通过10多年的建设，至1965年，学校已发展成具有一定规模和社会影响力的中等专业学校，1960至1965年试办大专，被确定为全国航空系统重点学校。1954年8月至1957年，坚持以教学为中心，各项工作走上正轨，学校进入稳定发展阶段。1958年至1960年，进入教育革命阶段，政治运动此起彼伏，由于"左"的错误思想影响，工作出现不少失误。1961年至1966年5月，进入调整提高阶段，扭转了教育教学工作的混乱局面，教学质量又有所提高。1966年5月开始，"文化大革命"的暴风骤雨席卷全国，学校经历了"停课闹革命"（1966年5月至1969年6月），改厂、并厂、迁厂（1969年6月至1972年4月），复校办技工班（1972年4月至1976年10月）的曲折过程，各方面都遭受到严重的破坏。1976年10月"文化大革命"结束之后，全校师生员工开始以极大的热情投入工作和学习，积极响应党中央提出的大力发展社会主义文化教育事业的号召，做好学校由中专向大学过渡的各项准备工作。从1954年8月至1978年3月，学校教学工作经历一个发展、失误、调整、提高、混乱、停止、恢复、提高的长波浪前进过程，广大教师坚守教书育人本分，经受各种考验，历久弥坚，以优良教风促进学校发展，"大好形势激励着我们鼓足干劲，克服困难，加快步伐，为适应四个现代化的需要，建设一个崭新的南昌航院"。[1]

---

[1] 《关于编制一九七八至一九八五年发展计划的报告》，南昌航空大学档案馆电子档案，1978-永久-0010-012。

<<< 第三章 八字教风：治学严谨、诲人不倦

一、迁校南昌初期：学习苏联专家严谨务实教风

敬爱的斯波鲁焦尼同志，记得您在航校的时候，常常说这么一句话："苏中两国人民的奋斗目标是一致的，都是为了建设共产主义。"您用自己的行动，证实了这句话。您一直把中国的事业当作自己的事业。您亲自给我校教师讲课，您曾亲手给我们编写教学大纲、编写教材，您曾经指导过学生举行毕业设计和生产实习，您曾经和我们的个人、教师一起，进行实验室和车间的布置工作，特别重要的是，您为了培养中国年轻的后一代，使他具有崇高的共产主义道德品质而举行过多次的生动的报告会……①

这是1958年10月30日，学校在庆祝俄国十月革命胜利41周年之际，以校长张时超、党委书记牟桂本和教学副校长张本禄、工会主席陈景山等人名义写给曾经援建学校的苏联专家斯波鲁焦尼的一封贺信的部分内容。当时，斯波鲁焦尼离开学校回到苏联斯维德洛夫城已经2年，但学校依然没有忘记苏联专家对学校的帮助，信中一一回忆专家在学校的一点一滴，并祝斯波鲁焦尼节日愉快，并祝随他一起来中国探亲生活过的夫人斯波鲁焦娜娅和小女儿卡丽雅一切安好。这封信真挚感人，反映了20世纪50年代初中苏兄弟般的友好情谊，也赞美了苏联专家对昌航的热情帮助和无私奉献。这也是昌航历史上校风、教风、学风等建设上无法逾越的一段光辉岁月。

向苏联学习，建设社会主义新中国，是中华人民共和国成立初期党和政府外交政策的基本方针。当时，全国各大、中专院校都在按照苏联模式进行院系调整和专业设置改革，建立新的教育体制。与此同时，开始了学习苏联教育经验，进行一系列的教学改革。1952年汉航创办之初，基本是借鉴苏联模式组织各项教学活动。

1952年5月初，航空工业局召开第二次教育工作会议，根据中央指示

---

① 《给苏联专家的贺信》，《南昌航校》报，1958年11月6日第4期第1版。

69

精神，会议决定宣布给各校聘请苏联专家指导办学，要求各校认真向苏联专家学习。同年9月，8位苏联专家分别到航空工业局和北京、哈尔滨、沈阳3所航校工作。1953年教育部提出进行以学习苏联先进经验为中心的教学改革。

1954年5月初，苏联专家杜纳也夫（也译作"杜那耶夫"）来汉航指导工作，就教学方法和学习等问题提出了意见。学校在1953—1954年教学工作报告指出："在教学改革中，必须坚持向苏联学习，而向苏联学习又必须：（1）密切结合具体工作和教员思想情况，防止保守和形式主义倾向。（2）创造物质条件，尽量汇集资料，组织教员突击俄文。（3）有计划有步骤。从教学计划、教学大纲及教学内容入手，适当地结合教学方法防止齐头并进或本末倒置。"[①] 为了使教师掌握向苏联学习的工具，学校从1952年暑期开始至1954年暑期，先后举办3届俄文业务学习班，5次俄文速成班，速成班集中时间学习两周，学习期间完全停止工作。培训工作取得一定成绩，约有30%的教师可以借助字典阅读俄文资料。[②]

1954年12月至1955年1月期间，国家聘请的3位专家相继来学校工作，他们分别是铸造专业苏联专家列·菲·斯波鲁焦尼（Л. Ф. сполуденный）、表面处理专业专家帕·安·吉林（П. А. Кцлин）、焊接专业专家列·恩·库德列绍夫（л. н. кудрещёв）。库德列绍夫工作半年后因病提前回国，另两位专家在校工作近两年，1956年11月期满后回国。为了做好专家工作，学校于1955年4月成立了专家工作办公室，苏联专家的办公室设在二大楼的第二层。

1954年12月至1956年11月，苏联专家来校工作的近两年当中，表现出相当高的素质，对学校的教风建设产生深刻的影响。他们工作积极热情，认真负责，一丝不苟，对学校专业建设、教材编写、教学工作的组织

---

① 《1953—1954年教学工作总结报告》，南昌航空大学档案馆电子档案，1954-永久-0001-003。

② 《1953—1954年教学工作总结报告》，南昌航空大学档案馆电子档案，1954-永久-0001-003。

与管理等方面都给予热心指导。他们亲自动手制订教学计划，编写教学大纲和教材，拟订专业实验室仪器设备目标，为师生作有关教学和学生教育管理方面的报告，解答教师和教学管理人员提出的各种问题，为学校工作提供了一整套经验。至今，昌航的老一辈念念不忘苏联专家给予的无私帮助。

苏联的教育模式有很多的优点，这些都是我们刚刚起步的学校教育所急需学习的。就苏联中等专业教育而言，主要学习的优点有：第一，培养目标明确，计划性强并有一套完整的制度和措施保证计划的实现。第二，重视理论与实际的结合，在教学中既讲授作为一个技术员所必须具备的基本理论知识，又安排一系列的实践性教学环节，如实验、实习、课程设计和毕业设计等。第三，十分重视教学质量的考核与检查。这些经验都被我们用来学习和借鉴，对办好学校起了很大作用。正如张时超校长在建校10周年时所说：为了有效地提高教学质量，培养合乎规格的建设人才，这期间在教学中我们认真地贯彻执行了"积极向苏联学习"的方针，吸取了许多有益的经验，对提高教育质量起了重要的作用。①

对于学校来说，学习苏联办学经验的主要收获有：

第一，完成了各项教学实践性环节的建设。苏联专家来校前，原有的几个实习车间基础薄弱，设备残缺不全，实验室、研究（陈列）室不但数量不足，而且有的是有名无实。苏联专家来校后，与有关人员共同制订计划，先后建立与充实了实验室、研究（陈列）室，基本上满足了教学需要。1955年，航空工业局给学校拨款，拟修建学生宿舍到教学一大楼的水泥路，看到实验设备不能满足教学需要，苏联专家就向学校领导建议先买设备，泥沙路暂时还能走，好钢要用在刀刃上，学校采纳了苏联专家的意见，于是，一台台实验设备购入学校，学生有实验设施，教学环节日趋完

---

① 《十年来的学校工作（1952—1962）》，南昌航空大学档案馆电子档案，1962-永久-0008-005。

善。① 在车间建设方面,从1956年初开始,专业实习可在校内进行。1957年教学实习结合生产实践,提高了教学质量,还为国家生产了10万元的产品。因此,可以说,当时学校的各车间、实验室、研究(陈列)室,几乎全部都是在苏联专家们的直接指导下建立起来的。另外在苏联专家的建议和指导下,先后成立了各种科学技术研究小组84个,并在1956年6月开了一次全校性的科学技术报告会,收到良好效果。②

第二,健全了各种教学文件与教学制度,有力地推动了教学工作迅速走上正规化。据统计,苏联专家先后给全校师生作了各种专题报告20次,与学校有关同志一起研究修订了教学计划14份,编写和审定的各种教学大纲、生产大纲共计38份,审编的专业教材、讲义、实验说明书21种,③1955年底基本定稿。这样就使整个教学工作有章可循。还建立与健全了各项教学管理制度,如教学工作计划的制订、教学质量的保证与检查等共10余种,并完备了各种必要的教学表格。

第三,改进了教学组织领导和教学方法。通过向苏联专家学习,加强了各项工作的计划性,健全了必要的会议汇报制度,改进了校务会议的组织领导方法,提高了会议质量。在教学方法上,给全体教师作了17次关于教学过程、讲课技巧与加强授课思想性的专题报告,推行了苏联有关保证和提高课堂教学质量的一套经验。这些经验尽管还有值得推敲的地方,但对当时还缺乏教学经验的大多数教师来说,是很有启发和帮助的。对课程设计、毕业前生产实习与毕业设计及答辩等教学工作,专家除作专题报告和解答问题外,还拟定大纲,选择课题,指导教师做练习设计。在学生实习与进行毕业设计时,经常到场,包括到东北各厂检查指导。答辩前,组织了答辩示范,详细介绍每个步骤与细节。在专家的帮助下,通过第一届毕业生的实践,学校领导及教学人员初步熟悉了毕业实习、设计与答辩的

---

① 中国教育报刊社:《漫游中国大学丛书——南昌航空大学》,重庆大学出版社2008年3月版,第58页。
② 王天成:《苏联专家给予我校的帮助》,《南昌航校》报,1958年11月6日第4期第2版。
③ 王天成:《苏联专家给予我校的帮助》,《南昌航校》报,1958年11月6日第4期第2版。

组织工作。

第四，培养了专业教学领导人员和师资。1955年下半年起，学校同专家一起制定了培养各专业教学管理干部和师资的计划，指定专人跟随专家学习。通过共同研究工作，执行专家建议，请专家讲课、解答问题等方式，向专家学习业务及组织领导教学的方法。先后经专家直接培养的专科正副主任8人，专业教师10人，这些同志都成为学校教学中的骨干。苏联专家不仅关心学生的实践教学，还十分注重对教师教学能力的培养。年轻教师周晓春苦于设备课难教，专家斯波鲁焦尼就与他共同研究如何组织教学内容，如何理论联系实际。经过指导，周晓春老师在当年学校经常组织的公开课上讲得很成功，获得领导、学生的一致好评。[1]

应当说，当年学习苏联经验是正确的，成绩也是主要的。1955年6月23日，学校召开1955年第五次校务会，专题检查和研究向苏联专家学习情况。学校和各学科领导一致认为，苏联专家来校半年，学校在教学工作上有进展，修订教学大纲、教学计划、改进教学组织领导；推动了研究室、实验室、实习车间等各方面工作；甚至在基本建设和清洁卫生方面都有很大"收获"。[2] 1958年10月30日，校领导张时超、牟桂本、张本禄等联名致感谢信给离华返苏的斯波鲁焦尼和吉林两位专家及其家人，信中写道：苏联专家在学校所做的一切，"都为我们学校的进一步发展打下了坚实的基础。我们学校所获得的许多成绩当中，都有您的一份心血在内"。[3] 言辞恳切，字字动情。

不过，在向苏联学习中，也有一些教训。

首先是在思想观念上存在业务政治化的过"左"行为。在向苏联学习之初，提出了"一边倒"的口号，这是由当时新中国受西方封锁、唯有苏联等社会主义国家愿意帮助中国这一特定的历史条件决定的，是全国教育

---

[1] 中国教育报刊社：《漫游中国大学丛书——南昌航空大学》，重庆大学出版社2008年3月版，第58页。
[2] 《1954—1955年校务会议记录》，南昌航空大学档案馆电子档案，1955-永久-0019-001。
[3] 《给苏联专家的贺信》，《南昌航校》报，1958年11月6日第4期第1版。

系统普遍面临的历史背景和国际环境。学校在一份总结报告中就一再强调，"培养教师必须强调向苏联学习，这样才能使教师深入体会苏联科学技术及教育原则的先进性和优越性，树立正确教学观点，掌握新教学方法，使教学工作得到良好效果"。[①] 问题在于，学校在向苏联学习中，违背教育规律，把它作为一个政治任务来对待，认为只有苏联的才是社会主义的，因而是完全正确的。这就堵住了我们"古为今用、洋为中用"、学习一切先进国家、博采众长的渠道。同时，在工作中不适当地提出"彻底地贯彻苏联专家的建议""贯彻专家建议是党性问题"等，而没有提出要从学校的实际出发，实事求是地运用苏联经验。学校1954第四次校务会议在研究欢迎马上到校的苏联专家时指出："应毫不犹豫地向专家学习，要有高度的政治感情。向专家学习是切实任务，是政治任务，必须是明确的政治态度。"[②] 后来随着中苏关系的恶化，又把苏联的经验一律斥之为修正主义的东西。这再一次暴露学校在重大问题上"政治挂帅"的过"左"行为。

其次，学习苏联经验的实践过程中存在的主要问题是结合我国实际不够，有时存在着单纯模仿、生搬硬套的偏向，摒弃了我们自己办教育的有益经验。表现在教学计划和教学内容方面，在学制3年的情况下，仍然套用苏联4年制的教学计划，既没有认真研究苏联的教学计划，也没有充分考虑我们的实际情况，基本上是简单地把苏联教学计划照搬过来加以浓缩，各门课的教学内容也采用了类似的办法。这种做法最终造成学生学习负担过重，教学质量受到了影响。在教学方法方面，照搬了苏联的"综合授课法"，把一堂课机械地分成了几段，在讲课时又基本上是注入式；在教学实践上是教师的指导过于具体和死板，忽视了对学生自学能力和创新能力的培养。

综上所述，我们学校从学习苏联经验这段历史来看，得出很重要的经

[①]《1953—1954年教学工作总结报告》，南昌航空大学档案馆电子档案，1954-永久-0001-003。

[②]《1954—1955年校务会议记录》，南昌航空大学档案馆电子档案，1955-永久-0019-001。

验，那就是注意借鉴国外发展教育事业的正反两方面的经验。50年代初，学校全面向苏联学习，尽管存在结合自己实际不够，某些方面有生搬便套的现象；但通过学习苏联，为学校提供了一整套经验，促进了学校的建设和发展。当前在新技术革命条件下，科学技术的发展对教育产生着重大影响，发达国家在教育事业方面的经验尤其值得学习和借鉴。加强对外交流，必将促进学校教学、科研水平的不断提高。当然，这种学习和借鉴必须从我们的实际出发，不能照搬，要着眼于走出具有中国特色的社会主义现代化办学道路来。

无论如何，苏联专家对学校的发展产生了巨大的影响，而这种影响最直接的就是熏陶和培育了学校的优良教风。主要体现在：

第一，治学严谨、求真务实。严谨朴实、理论联系实际、一丝不苟的教风在汉口创校时即已初步形成，苏联专家来校后，言传身教，这一教风进一步夯实。

苏联专家来校不久，就深入株洲331厂了解学生生产实习情况。专家组组长斯波鲁焦尼询问电炉旁的一位实习同学："零件在电炉中热处理的过程中，如果电炉的电阻丝突然断了，该怎么处理？"这是生产中可能遇到的实际问题，但当时刚从俄语专科学校毕业的翻译陈惠娟由于对工科专业术语单词的掌握量不够，不知专家讲的是什么。看见翻译小陈满脸疑惑的样子，斯波鲁焦尼拿起粉笔在地上画出一个个相连的圆圈，陈翻译立即兴奋起来，翻译说："啊，弹簧，弹簧！"在一旁的同学都哈哈大笑起来，因为他们明白了，苏联专家讲的不是弹簧，而是电阻丝！斯波鲁焦尼通过这件事适时地教育师生："学习光啃书本是不行的，要理论联系实际，要与生产实际相结合。"这个笑话成为昌航历史上的一个美谈，流传了许多年。它从侧面向同学们启示了一个事实——苏联专家非常重视工程实践。[1]

苏联专家平易近人，求真务实，勇于承认并改正错误。1956年暑期，外国专家局安排苏联专家去青岛度假。返校时，专家吉林提出希望乘海轮

---

[1] 中国教育报刊社：《漫游中国大学丛书——南昌航空大学》，重庆大学出版社2008年3月版，第57页。

从海路经上海回校,随同的翻译廖万林老师马上向学校汇报了此事。学校领导考虑到此时上海国民党特务活动猖獗,表示此事事关苏联专家安全,要请青岛市委根据海上形势定夺。廖老师请示青岛市委后,向吉林说明不能从海路返校并解释了原因。吉林有些不高兴地说:"我是参加过卫国战争的老兵,难道我还怕死吗?"第二天,廖老师到吉林休息处正要向他做进一步的解释,吉林抢先说道:"小廖,我要向你道歉,昨天我的态度不太好。我只考虑了我个人的感受,没有站在组织的高度考虑问题,请你原谅,我还是听从组织的安排。"廖老师十分惊喜,他没想到吉林专家这么快就转了弯,深深被其海纳百川、勇于纠错的胸襟所感动。①

第二,以身作则,忘我工作。总体而言,苏联专家给教风带来的影响是多方面的,除了治学严谨、一丝不苟之外,还有诲人不倦的忘我精神。库德列绍夫到学校后,肺病复发,但仍然不顾白天劳累,加晚班。每当学校领导和医生劝其休息,他笑着说:"谢谢中国同志对我的关怀,不过我是来这里工作的,不是来这里休息和疗养的。"吉林年龄较大,在苏联时就患了心脏病。当时南昌天气很热,吉林不太适应,心脏病经常发作,有时面色发白,右手写字,左手按住心膛,实在支持不住,才躺在沙发上休息一下,又继续工作。有一次由于劳累过度,在沙发上晕了过去。就是这样,他也不肯休息。他说:"我决心要与我这个不听话的心脏作斗争,要在恶劣的气候条件下锻炼我的身体。"斯波鲁焦尼也是这样,经常在假期还带着工作任务去完成。② 因此,学校党委牟桂本号召"学习专家国际主义和艰苦朴素的工作作风"。③

第三,言传身教,诲人不倦。苏联专家要求教师既要有较丰富的知识和业务水平,更要为人师表,走进课堂要衣冠整洁。苏联专家十分注意在细节中体现教书育人的原则,他们认为教育是潜移默化的,教育要从点滴

---

① 中国教育报刊社:《漫游中国大学丛书——南昌航空大学》,重庆大学出版社2008年3月版,第60页。
② 王天成:《苏联专家给予我校的帮助》,《南昌航校》报,1958年11月6日第4期第2版。
③ 《1954—1955年校会议记录》,南昌航空大学档案馆电子档案,1955-永久-0019-001。

小事做起。欧阳慧老师是清华大学毕业的高才生，他讲授力学课时，不仅普通话字正腔圆，板书工工整整、条理清楚，而且授课内容深入浅出，同学们易于理解，因而深受同学欢迎。有一天，苏联专家去听欧阳慧老师的课，他们也认为讲得不错，但是美中不足的是欧阳慧老师上课前没刮干净胡子。苏联专家狠狠地批评说，教师要为人师表，走进课堂就应衣冠整洁、有礼貌，给同学以健康向上的感觉。从此，学校的教师上课时都很在意自身衣着形象，甚至有的老师在口袋里放一把小梳子，走进教室前要对着教学楼里的镜子梳理一下。

为人师表不仅仅体现在课堂上，还体现在其他许多方面。他们在生活上关心关爱师生，为师生排忧解难，在这点上苏联专家作出了表率。在昌航，苏联专家与许多老师结下了深厚的友谊，苏联专家对师生都非常客气，并与许多老师结下了深厚的友谊。周晓春老师爱人生了双胞胎，因为母乳不足，周老师家请了位奶妈。为了小孩健康安全，需要让奶妈体检。但离学校最近的医院是铁路医院，那有十多里路远，一条弯弯曲曲的小路没有公交车。周晓春老师家没有自行车，整个学校也没几辆自行车，要去还真不方便。得知这一情况，苏联专家立刻提供他们的专车。[①]

苏联专家不仅是工科方面的专家，在教学楼里西装革履、穿戴整齐，而且在许多方面都流露出人文魅力。苏联专家来校以后，本来就很活跃的学校文体活动更加丰富多彩了。在专家的带动下，学校每周六晚上都要组织舞会，通过舞会，师生们不仅增进了相互的了解和友谊，还培养了开朗的性格和温文尔雅的绅士风度。联欢晚会上，专家们和来中国探亲的斯波鲁焦尼夫人，经常背诵普希金、马雅可斯基等人的诗，令人赞叹不已。

苏联专家兴趣、爱好非常广泛。一次，专家吉林出差路过上海，在他下榻的锦江饭店旁有家古董经销店，吉林对其中一匹元代的铁马爱不释手，他看了又看，感到做工精细，造型栩栩如生。买吧，要86元钱，这在当年可不是个小数目。吉林与售货员还价，但经销店是国营的，一口价

---

① 中国教育报刊社：《漫游中国大学丛书——南昌航空大学》，重庆大学出版社2008年3月版，第60页。

格。离开了上海,但吉林始终对这匹铁马念念不忘。后来再次经过上海时,他放下行李的第一件事就是直奔古董经销店,买下了那尊铁马。苏联专家对艺术、对美、对人生乐趣的追求深深地感染了学校的师生。直至今日,虽然是一个工科院校,但昌航却有不少人喜爱文艺活动,在全省的各类书法、绘画、集邮、音乐、舞蹈、收藏大赛上屡次获奖,学校工会也是全国高校获得荣誉证书最多的工会之一,这大概也得益于苏联专家的言传身教吧。

学校在1954—1955学年工作总结中说,由于苏联专家卓有成效的工作,"初步改变多数教师管教不管导、教书不教人的错误思想,各学科各专科对此问题做了认真的讨论,重视了讲课的思想性,有的教师以身作则,如注意衣冠整洁,注意行为、态度要好,以影响学生,这是很重要的"。[①]

在苏联专家耳濡目染的熏陶之下,昌航"治学严谨、诲人不倦"的优良教风逐渐形成。2002年建校50周年所编校史写道:苏联专家的言传身教,"这对培养一支学习刻苦、教学认真、讲究文明礼貌的教师队伍起了很好的作用"。[②]

总之,自1953年决定把校址建在南昌,1954年8月迁校南昌以来,至1957年底,经过三年零九个月的时间,大体上完成了基本建设任务,学校也进入稳定、发展阶段,这期间,学校已走向正轨,各项工作均取得了很大成就,稳步发展。

二、调整动荡时期:坚守热爱航空、矢志不渝教风

1958年,昌航同全国其他各行各业一样,贯彻社会主义建设总路线,处在"大跃进"的形势之下。1958年至1960年,学校进入"改革、跃进阶段",掀起了教育"大跃进"和教育"大革命"运动,坚持政治挂帅,

---

[①] 《1954—1955学年中南第一工业学校工作的总结》,南昌航空大学档案馆电子档案,1955-永久-0001-003。

[②] 孙一先:《南昌航空工业学院史》,航空工业出版社2002年9月版,第9页。

大力开展了"学、比、赶、帮"的群众运动。1958年执行"一、四、七"制,即一学年放假1个月、劳动4个月、教学7个月。虽然后来有所调整,但是它依旧片面强调教学与生产劳动的联系,严重忽略了基础理论课教学,忽略了教师的主导作用,把教育改革当成了政治运动来搞,不少做法违背了教育规律,损害了教师的积极性,教育质量也下降了。

1961—1966年5月期间进入调整提高阶段。这期间,开展了一系列的工作,调整了专业设置,延长了修业年限,由三年增至四年,坚持"以教学为主""质量第一",加强教学管理、师资队伍建设、教材建设、加强"三室(研究室、陈列室和实验室)"和图书馆建设,推进教学改革,改进教学方法,贯彻"少而精"的原则,学习和运用郭兴福教学法,逐步扭转了教学工作的混乱局面,取得了成效,教学质量又有所提高。通过历次政治活动和系统的马克思列宁主义教育,通过校内外的业务进修和教学实践,多数教师的政治、业务水平都有了很大的提高。[①] 学校对教师进行了艰苦细致的战争观念、国防观念、质量观念的政治思想教育,进行了阶级教育,开展了"两忆""三立"运动,即忆阶级苦、忆民族苦,立国防观念、立共产主义劳动态度、立组织纪律观念,进一步加强了国防工业职工的责任感与荣誉感,教风得到进一步提高和发扬,学校的各项工作欣欣向荣。

"文化大革命"期间,学校的教育教学活动受到极大的干扰,正常的教育教学活动秩序被打乱,师队伍受到严重冲击,大批教师被批斗、下放到分宜县、东乡县等地农村插队落户,一支经过十几年的努力建立起来的干部和教师队伍被瓦解了。1969年6月,学校改为国营赣江机械厂,教育教学活动基本停止。一个经过多年艰苦奋斗,苦心经营而逐步发展起来的、在当时具有相当的规模、较好的基础和较高的教学水平,在全国中等专业学校中有较大影响的老牌航空学校,转瞬间弦歌中断,面目全非,在经历改厂、并厂、迁厂之后,教师队伍解体,教学设备损失散失。建校以

---

① 《十年来的学校工作(1952—1962)》,南昌航空大学档案馆电子档案,1962-永久-0008-005。

来广大教职员工历尽艰辛建设起来的教学设施，除一部分设备、仪器用于工厂生产外，几乎全部被毁弃，损失之惨重令人痛心。

1972年，根据航空工业的需要，恢复学校。为适应办学办班需要，学校调回下放农村插队的教师、教学管理人员和干部，对多年从事教育工作的专业人员，基本上安排在原工作岗位。重建了必要的教学组织，配备了专业教师和基础课教师。通过努力，1973年，学校有教职工1098人，其中教师127人。各专科、各教研组都重新修订了教学计划、教学大纲，重新修订印发了学生学习、生活暂行规定、学生考勤等制度。1973年春季，实现了招生进校，但"文革"尚未结束，党的知识分子政策无法落实，下放在农村的一部分教师得不到归队，师资和教学设备问题严重，加上中专毕业生工资待遇问题悬而未决，只能办两年制技工班。

教师队伍重新开始建造，教风也在恢复培养。复校3年，虽有"四人帮"和极"左"思潮的干扰，影响了教学和生产的正常进行，但由于广大教职工的办学热情很高，与"四人帮"的倒行逆施不断进行了一些斗争，教学方面仍取得了一些成绩。尽管受到"文化大革命"的冲击，学生培养质量普遍受到影响，但仍涌现了一批敬岗爱业、潜心学习、勤奋工作，为航空教育、航空工业建设和其他各行各业建设作出突出贡献的教职工和优秀毕业生。为航空工业努力奋战多年的一支教育队伍正在慢慢聚拢，良好教风正在逐步恢复。

粉碎"四人帮"后的一年多时间里，学校的科研环境和条件有所改善，但是，一些教师排除万难，完成了较大革新和科研项目多项。吴纯素等研制成功的铝合金普通阳极化新工艺，可以免去旧工艺所必需的冷冻设备，保证膜层质量稳定。这项研究成果取得较好的经济效果，获1978年全国科学大会奖。1976年10月13日，学校焊接专科研制的微束等离子弧焊机制造成功后，得到第三机械工业部高度重视，该日批准先试制两台，待审定合格后投入批生产，并拨给试制费1万元。1977年张仁甫等研制的WLH-60微束等离子弧焊机，由301所等单位于同年11月鉴定批准定型。谢丕纲等又研制成多脉冲加热集成元件电焊机控制箱。这两项成果均获

1978年江西省科学大会奖。

"文化大革命"结束后,中国航空工业进入一个新的发展时期,面临的主要问题是航空工业与世界先进水平的差距越来越大,科技后继乏人。1977年9月3—13日,第三机械工业部在北京召开航空工业院校工作会议。会议提出,从航空工业教育事业的发展需要考虑,现有基础比较好的南昌、沈阳、郑州三所航空工业学校,可改为大专院校。10月19日,三机部发文指出:拟将南昌航空工业学校改为航空高等院校,已报国务院审批。

一个大治快上的新局面正在教育战线形成。学校抓住机遇,努力领导教职员工着手筹划办学院的各种准备工作。1978年初,学校对全校师生员工进行了改办大学的目的和意义的教育,号召大家统一认识,统一行动,齐心协力,办好大学。学校以再次创业的精气神开展了一次伟大征程,"广大教职员工,在大好形势鼓舞下,解放思想,奋发向上,积极创造条件办好学院"。①

由中专改建为大学,师资队伍需要调整、补充与提高。学校采取培训和调入两种措施。1977年12月,为了适应改学院的需要,学校向三机部请示举办师资培训班,拟抽调80~100名教职工,按学历高低分甲、乙两班进行培训。1977年10月24日,学校向江西省第三机械工业局报告,请批准调回在"文化大革命"中下放后调往省内外其他单位的教师29人。同时发动群众,通过各种渠道,了解能胜任高等学校教师工作,本人要求调来的人员名单及情况,供学校选择商调。该年,学校教职工达到1184人,其中教师132人。1978年,教职工为1192人,其中教师190人。这样第一学期(全部是基础课)的授课教师和辅导教师都已安排落实。主讲教师都是由经过挑选、在学校比较有经验的老教师来担任。教务处还组织了数学、化学、外语课的公开试讲和评议,校领导亲自参加。同时,学校还举行了外语、工程、数学等短训班,选派了30名教师到兄弟院校进修,此

---

① 《关于编制一九七八至一九八五年发展计划的报告》,南昌航空大学档案馆电子档案,1978-永久-0010-012。

外，学校还通过请第三机械工业部支持等方式，解决干部和教师缺乏的问题，为后来干部及教师的补充打下了基础。

1978年4月1日，经国务院批准，决定在全国恢复和增设55所普通高等院校，其中南昌航空工业学校改建为"南昌航空工业学院"，设置航空锻造、航空铸造、航空焊接、航空材料及热处理、航空金属腐蚀与防护、航空机械加工等6个专业，学制4年。面向全国招生，实行第三机械工业部和江西省双重领导，以第三机械工业部为主的领导体制。自1978年7月1日启用新印章。学校从此步入第二次创业时期。

全体教职员工在原有中专教育的基础上按照本科教育的要求，发扬优良的工作作风，攻坚克难，在不到一年的时间内，扩充了师资、改善了教学设施等条件，基本上满足了教学的需要，顺利完成创建学院任务，迎接新学校新同学的到来。

第三节　再次创业时期：凝练治学严谨诲人不倦的教风

1978年4月1日，经国务院批准，南昌航空工业学校改建为"南昌航空工业学院"，学校从此步入第二次创业时期。学校树立了"以培养人才为中心，以提高教学质量为主要任务"的办学指导思想。[①] 为适应高等教育发展要求，学校采取措施，进一步合理调整已有的教师队伍，补充新生力量，在普遍提高的基础上择优重点培养，加强职称评定，实行工资改革，改善教师待遇，为培养良好教风创造基本条件。教师们为适应本科教学和科研需要，努力学习，刻苦钻研，通过各种方式充实自己，提高业务水平。

---

① 张本禄：《南昌航空工业学院第一届教工代表大会工作报告（讨论稿）》，南昌航空大学档案馆电子档案，1980-永久-0024-054。

一、"加速师资队伍的建设"

学校高度重视教师队伍建设，清醒地认识到，办好学校的关键是有一支又红又专的高水平的师资队伍，一支较强的师资队伍"至少要有两代人"，要有学科带头人，在学术上要有较高的造诣和建树，"对此，我们要有战略眼光，决不能等闲视之"，为此，学校提出"要加速师资队伍的建设"。①

1978年10月，学校开学后，认真学习和贯彻党的十一届三中全会和省委常委扩大会议文件精神，"把工作的着重点转移到建院教学上来"，使全院干部，特别是党委领导同志首先从思想上、作风上"来一个大转变"。② 学校采取了有效措施，补充和加强了教师队伍，把有经验的老教师放在教学第一线，以他们为主，加强集体备课，开展观摩教学和评议，认真进行辅导，激发了学生勤奋学习的积极性，保证了教学质量不断地提高，打响了"第一炮"。③

1980年9月，学校对全体教师进行了一次全面的排队分析，通过分析，找准切入点，提出了有针对性的培训计划和措施，严格要求，打造过硬教师队伍。一是抓教师的"四定"，即定任务、定要求、定时间、定工作量。二是推行教师工作量制度。三是建立教师业务档案。学校采取了"送出去、请进来"和结合工作在职提高等办法对教师进行培训。为适应形势要求，服从学校安排，仅1979年至1982年，就有76人外出进修充电，其中基础课教师50人，专业课教师26人。同时学校根据需要进行重点培养，选拔优秀的青年教师到重点大学研究生班学习，或脱产学习外语，争取出国深造。1982年，先后选送尚保忠、谢丕纲等3名优秀教师到

---

① 张本禄：《南昌航空工业学院第一届教工代表大会工作报告（讨论稿）》，南昌航空大学档案馆电子档案，1980-永久-0024-054。
② 《一九七八年工作总结及一九七九年工作要点》，南昌航空大学档案馆电子档案，1978-永久-0010-018。
③ 《关于我院开学前准备工作情况的汇报》，南昌航空大学档案馆电子档案，1978-永久-0011-006。

美国、英国进修学习，同年还选派基础较好的孔德谆、张桢等 2 名教师出国进行学术活动或考察。1983—1985 年，学校又选送了余学进、甘克正等 4 名教师出国进修。此后学校又陆续派出了王凤翔、吴纯素、黄懋衡等 10 余位教师赴国外交流或研修。这些教师珍惜机会，如饥似渴地学习和工作，不负众望，后来都成为学校的教学和科研骨干。

  为了提高教职工的文化素质，适应办大学的要求，学校还先后开办了教育心理学、企业管理、航空知识、青工文化补习、机械制图、电工、金属材料、热处理、数学、英语、日语等 15 个学习班，还选送部分人员到外单位培训，有的参加函授学习。据统计，至 1991 年学校有 70% 以上的教师参加了各种类型的学习和进修。可见当时学校教师学习之风的浓厚。

  当时青年教师已占全部教师的一半以上，他们是学校的未来，其能力和精神面貌决定着学校未来前途。学校采取措施加速青年教师的成长，如开办青年教师培训班，实行中老年指导教师制度、新开课教师审批制度、试讲制度和青年教师岗位培训制度，努力改善他们的工作和生活条件，对优秀青年教师破格晋升。有 10 名青年教师担任教研室主任、副主任，个别青年教师担任了系部主要领导。学校以老带新，一批批青年教师脱颖而出，为良好教风的养成夯实了坚实基础。

  经过改建学院后 10 余年的努力，学校师资队伍人数翻了一番，教师爱岗敬业，刻苦工作，业务素质和精神面貌也提升了很多，在人才培养和科学研究等方面取得了可喜的成绩，涌现了一批先进个人。如企业管理教师李梅林，积极钻研业务和参加学术活动，热情为外单位讲课及进行科技咨询，1985 年被评为江西省"优秀教师"。1986 年，季玮、姜俊华被航空工业部授予"优秀教师"称号。1989 年，邹盛根、许德丰被评为 1989 年"全国优秀教师"。1990、1991 年，余欢、杨向宇被评为省"优秀青年教师"。1991 年，付铭旺、陈敏被航空航天工业部评为"优秀青年教师"。1991 年，冀殿英被评为"全国优秀教师"姜俊华、匡壁民获全省高校"教书育人先进个人"称号，匡壁民还出席了中共中央宣传部、国家教委、全国教育工会召开的高校教书育人座谈会等。据统计，1983—1991 年，有

22 位教师获得国家教委、航空工业部或航空航天工业部、江西省教委的各级荣誉或称号,有 5 人次被评为学校"劳动模范",79 人次被评为学校"优秀教师",14 人次获"教书育人奖",78 人次被评为优秀党员。

二、"抓教学质量就像武松打虎,浑身是劲"

为培养严谨教风,学校以提高教学质量为主要任务,加强了教学管理,提出"抓教学质量就像武松打虎,浑身是劲"。① 改建学院后,学校在教学管理上较快地完成了从中专到大学的过渡,明确了培养目标,逐步健全了加强日常教学管理的规章制度,逐步完善了教学计划、教学大纲等教学文件,学籍管理走向制度化,并根据变化的实际需要,不断调整和改革教学管理方式,保证了教学的质量。主要采取了以下措施:

一是修订教学管理细则。1980 年,学校修订《试行教育部〈高等学校学生学籍管理暂行规定〉的实施细则》《考试、考查工作暂行条例》等 9 项规章制度,严格执行升留级制度。从 1978 级到 1981 级共招收学生 1357 人,其中因成绩不合格退学 5 人,留级 45 人次,首届学生中作结业分配的有 3 人。这些措施的实施,对稳定与整顿教学秩序,克服纪律涣散现象,促进学生认真学习起到了积极的作用。

二是逐步建立健全教学管理机构。通过院、系、教研室 3 级加强对课程教学的全面管理,制定了新开课教师试讲制和审批制、青年教师培养的指导教师责任制、教师听课制、集体备课制、考试试卷质量及成绩分析制、学生作业登记检查制、教学法活动考勤制等一系列加强教学管理、控制教学质量的制度,并不断进行教风治理,整顿学习纪律,狠刹考试作弊风,加强执行规章制度的严肃性和自觉性。

三是成立考试工作组,严格考试管理。每学期坚持进行期中教学检查和部分专业的统测,及时发现和解决问题。以教研室自行检查为主,系(部)协调督促,学校重点检查的办法进行。1986 年将 8 门主要基础课程

---

① 《一九七八年工作总结及一九七九年工作要点》,南昌航空大学档案馆电子档案,1978-永久-0010-018。

16种试卷同时送北京航空航天大学、西北工业大学,请专家评估,专家评价较高。对公共课、基础课实行统一命题、统一阅卷、统一评分标准,还适当采用部内重点高校和复旦大学、上海交通大学的试卷进行统测或抽测评估。通过经常地进行教学检查,不断改进和严格教学管理,使整个教学工作能够较有条理地进行。

四是采取多种形式,重点抓好课堂教学质量和青年教师的教学质量。在之前观摩教学基础上,从1989年开始组织院、系两级观摩教学评比,设立"观摩教学奖",仅1989—1990年就组织了76门课的观摩教学。1991年9月,举办首次优秀教案展览,全校共有66名教师参展,300多名教师参观,26位教师获得"1991年度学院优秀教案奖",其中青年教师有16位。

学校通过严格的教学管理和师资队伍培养,保证了教学质量,锻炼了青年教师。孙晔青老师回忆说,她是1975年从南京航空航天大学飞机空气动力学专业毕业,被分配到昌航工作。在初入昌航的六年半里,主要工作是帮助主讲老师批改作业、给学生辅导答疑、主讲习题课等。那时对青年教师的培养要求十分严格,从助教转为主讲教师,要经过指导老师和教研室推荐、由各级学术委员会的老师听课、评讲等层层考验和把关,程序十分严格复杂。在这段时间,她给多位老师,如邹盛根、曾子杰、曾奕彪、王凤翔等知名教授当过助教,受益良多,不但学到了许多知识、教学方法、讲课技巧和不同的教学风格,还学到了老教师们的精益求精、一丝不苟的教学品德和敬业精神。助教生涯持续了近7年,直至1982年终于成为主讲教师,"站上了自己心心念念已久的三尺讲台"。① 正是因为有此严格的管理,精心的培育,奠定了孙晔青深厚的教学基础,使之逐渐成长为学校德才兼备的著名教授。孙晔青是昌航千百个"治学严谨,诲人不倦"青年教师的缩影。

通过加强教学管理,学校的教学工作逐步走上正轨,教育质量逐步提

---

① 孙晔青:《四十余载昌航人,一生教育情难舍》,《传道授业话昌航》,江西高校出版社2017年10月版,第126-127页。

高。1984年3月，为全面了解新建航空院校的教学质量，航空工业部教育司组成教学质量检查组，对改建学院后的教育教学质量进行检查。检查组认为学校教学质量符合工科本科教育的要求。学校重视学生毕业后的质量跟踪调查，并根据调查情况及时调整教学计划等。学校分别于1982年和1986年组织了两次质量调查。调查结果显示，学校的教学质量是比较好的。

总之，改建学院后，通过大量引进、调整充实、培训提高、提高待遇等措施，初步建立起一支较好的专任教师队伍，基本满足了从中专到大学转型这一时期的教学、科研工作需要。广大教师敬业爱岗，刻苦钻研，教书育人，树立了良好的教风。

三、"做建设社会主义精神文明的师表"

为进一步树立良好教风，学校在制度上严格规范教师的行为规范。在1981年6月改建学院以来的首届教工代表大会第一次会议上，全体教职工代表认为，全校教职员工必须以高度的政治责任感，努力加强自身的道德修养，为青年学生作出榜样和楷模，真正地做到"为人师表"，为此，特向全校教职员工发出《做建设社会主义精神文明的师表——给全院教职员工的倡议书》6条，倡议主要内容如下：

一、积极投入到"学雷锋树新风""五讲四美"的活动中去，无论是领导还是教师，工人还是干部，都要以身作则，为人表率，凡是要求学生做到的，我们教职员工要首先做到。

二、全院各部门、全院教职员工必须紧紧地围绕着"培养人才"这一最根本的总任务来从事各自的工作，做到管教管导，严谨治学，诲人不倦。

三、要满腔热情地看护学生，大力支持配合学生思想政治工作以及其他各项有利于身心健康的活动的开展，积极地创造条件，使学生有更多的可能在德、智、体各个方面都得到充分发展，正确地引导他们走又红又专的道路。

四、各级干部要深入群众，深入实际，调查研究，实事求是，讲求实效，提高效率，廉洁奉公，不徇私情，杜绝走后门等不正之风。

五、全体职工要急教学之所急，想教学之所想，勤奋工作，发扬风格，讲求质量，精益求精。

六、在青年教工中，要提倡讲理想、讲共产主义道德情操，讲事业心，讲责任感，要把主要精力放在工作上，莫让年华付水流，要鼓励他们做青年学生的排头兵。①

在这份倡议里，提出教师要管教管导，"严谨治学，诲人不倦"，这是社会主义精神文明建设下广大教职工的自发倡导，为建立良好教风奠定了指导思想，也奠定了教风的基本内涵。

1984年10月，学校制定了《南昌航空工业学院创建文明学院公约》10条，并经学校第二届工会会员代表大会通过，要求教师"管教管导，为人师表，优质教学，培养合格人才"。② 1987年，学校制定《关于加强社会主义精神文明建设的十条措施》，提出要在教职工中开展"热爱昌航，热爱本职工作"的教育，把共同理想、学校的目标和每个师生员工的岗位职责、人生的追求结合起来。每年教师节，都要隆重地表彰一批为实现学校的奋斗目标作出突出贡献的先进单位和先进个人，用他们的先进事迹向师生员工进行具体的生动的理想教育，不断增强师生员工为振兴昌航而作贡献的事业心、责任感和自豪感。学校的社会主义道德建设，要从加强职业道德教育入手，开展党政干部形象、教师形象、服务人员形象、工人形象、社会主义大学生形象的讨论。通过讨论使教师明白应该勤奋刻苦、治学严谨，教书育人，为人师表。《十条措施》提出要认真抓好教师的教风建设，指出课堂教学是教学的基本形式，教师严谨的治学态度，良好的教

---

① 《做建设社会主义精神文明的师表——给全院教职员工的倡议书》，南昌航空大学档案馆电子档案，1981-永久-0089-009。
② 《南昌航空工业学院创建文明学院公约》，南昌航空大学档案馆电子档案，1984-永久-0019-007。

风,主要表现在精心组织和讲授教学内容,最大限度地提高教学效果上。良好的教风,还表现在教师对学生的严格要求上。"严师出高徒",要把"严"字贯穿到每一个教学环节中去,对迟到、旷到的学生要批评教育;不合格的作业应退回重做,不交作业的要提出警告;不按规定预习的不允许参加实验;实验报告要按一定格式写,不合格的要退回重写;考试要按大纲要求全面复习,要认真命题,防止分数"贬值";监考要严格,发现舞弊要坚决制止;评卷要严肃认真,绝不能无原则地送分。教师如果没有一个严谨的治学态度,就谈不上严格要求学生,就做不到"严"得合理、有效。① 在这里,再一次详细地强调了"治学严谨"的教风。

进入20世纪90年代,适应全国高等教育和学校自身发展需要,昌航高度重视和加强加快了以校风为核心的精神文明和校园文化建设,抓教风建设是其中一个核心内容。

1990年1月16日学校制定并颁发《南昌航空工业学院教师行为规范》,被称为"教师行为规范十二条":

一、热爱祖国,拥护党的领导和社会主义制度,坚决抵制一切违背四项基本原则的言行。

二、努力学习马列主义、毛泽东思想和党的路线、方针、政策、不断提高自己的政治觉悟。

三、热爱教师职业,热爱昌航,勤奋工作,不追逐名利。

四、教书育人,对学生严爱结合,不放任自流。

五、治学严谨,对业务精益求精,不得过且过。

六、理论联系实际,不轻视社会实践。

七、顾全大局,服从工作需要,不片面强调个人志趣。

八、珍惜国家财产,不铺张浪费。

九、关心集体,不做有损于集体的事情。

---

① 《下发〈关于加强社会主义精神文明建设的十条措施〉的通知》,南昌航空大学档案馆电子档案,1987-永久-0001-004。

十、团结互助，不闹无原则纠纷。

十一、注重仪表，文明礼貌，不邋遢，不粗俗。

十二、严格执行管理规章，不自由散漫，不自行其是。①

"教师行为规范十二条"强调和贯彻了"治学严谨，诲人不倦"的教风，它的制定和执行，在学校产生很大影响，有力地推动了教风的提高。1990年11月，刘荣光院长在向航空航天工业部本科教学工作评鉴专家组汇报学校"办学思路"时说：从来都是严师出高徒，学生只会感激严格要求的老师，因为只有严格要求，才会使他们终身受益。从广义上讲，只有不严格的"老师"，没有不听话的学生。②

学校结合校风建设专题活动，加强了教风建设。1990年全省开展高校校风建设检评，趁这股东风，学校开展了校风建设专题活动。1990年3月27日，颁布《关于开展社会主义精神文明建设活动实施办法》，要求教师"忠诚党的教育事业，教书育人"。③ 1991年3月，制定《校风建设实施方案（试行）》，把教师教书育人工作作为重要工作。1991年底，学校正式制定并下发《教书育人、管理育人、服务育人工作暂行条例》，这是对1986年制定的《关于教书育人的规定》和1989年制定的《关于管理育人，服务育人的暂行规定》总结、概括和提高，特别对任课教师、班主任教师、党员教师、马克思主义理论课和思想教育课教师的教书育人的职责和要求进行了明确的规定，要求每个教师都应当全面理解和正确认识自己在培养"四有"人才中的重要地位和作用，"增强教书育人的自觉性、主动性和责任感"。④ 1990年，学校广泛开展了评选"十佳"三育人活动，评

---

① 《南昌航空工业学院教师行为规范》，南昌航空大学档案馆电子档案，1990-长期-0018-001。

② 刘荣光：《关于"办学思路"的汇报提纲》，南昌航空大学档案馆电子档案，1990-永久-0007-029。

③ 《关于开展社会主义精神文明建设活动实施办法》，南昌航空大学档案馆电子档案，1990-长期-0010-002。

④ 《关于印发〈南昌航院教书育人、管理育人、服务育人工作暂行条例〉的通知》，南昌航空大学档案馆电子档案，1991-长期-0038-016。

<<< 第三章 八字教风：治学严谨、诲人不倦

选自1986年以来在教书育人、管理育人、服务育人某一方面有突出成绩者。评选范围包括：在教师（含物资生产处实习教师）、实验员（含实验工）中评选教书育人先进个人6名，在校、系党政管理干部中评选管理育人先进个人2名，在总务处、图书馆等直接与间接为学生服务部门的工作人员中评选服务育人先进个人2名。通过弘扬"十佳"的育人先进事迹，在全校产生了较大的影响。1991年6月，学校又组织了"三育人"先进评比工作，评出了一批先进个人，其中，匡璧民、姜俊华被评为江西省教书育人先进个人。匡璧民同志参加了全省分片巡回演讲，效果良好。12月初他出席了全国高校教书育人座谈会。

学校深化教育教学改革。1992年1月2—4日，学校召开了改建学院以来的第一次教学工作会议。会议总结和回顾"七五"期间教学工作情况，讨论和制定"八五"教学计划。要求全校上下"团结一致、艰苦努力，继续提倡和发扬一流工作精神，一流教学态度和一流服务水平，继续坚持社会主义办学方向，把德育放在首位，坚持以本科教育为主，……从严治校，培养优良学风和校风，大力提倡教书育人、管理育人、服务育人"。[①] 1993年5月18日学院召开了第二次教学工作会议，研究和讨论深化教育教学改革，培养良好教风和学风，加强师资队伍建设等问题。陈立丰院长作了《深化教育教学改革，狠抓教风学风建设，不断提高教学质量》的报告，指出："以质量求生存，以特色求发展，应当成为我们口号。如何进一步办出我院的特色，提高我院的教学质量、科研水平，培养出大批合格的社会主义事业建设者和接班人？我想莫过于在全院倡导一个刻苦钻研、治学严谨、执教认真、诲人不倦、教书育人的优良教风，并在全院培养一个实事求是、勤奋好学、民主团结、不断进取的优良学风，在全院形成一个优良的育人环境。"要求在新的历史条件下，全校教职工要继承发扬学校"从中专时期到大学期间几十年形成"的"勤奋、文明、自强、求实"的八字校风。"在这方面作为教师的责任更为重大。不仅要教好书，

[①] 陈立丰：《坚持方向，深化改革，发扬特色，努力提高教学质量》，南昌航空大学档案馆电子档案，1991-长期-0039-007。

还要在传授知识的同时育好人,要以身作则,对自己要学而不厌,对学生要诲人不倦"。① 在这里,陈立丰院长提出了优秀教风的表述,即"刻苦钻研、治学严谨、执教认真、诲人不倦、教书育人",我们姑且把它叫作"20字教风"。

1993年9月29日,学校制定并下发《关于进一步提高我院社会主义精神文明建设水平的若干措施》,指出在新形势下,着力培养"团结自强,拼搏向上"的昌航精神,树立良好的校风、教风和学风。在教风建设方面,学校提出和倡导"刻苦钻研,治学严谨,执教认真,诲人不倦,教书育人"的教风。这是对陈立丰院长在第二次教学工作会议提出的"20字教风"的确认,学校第一次把这一教风写进党委的决定,提出明确的教风内容,并且做了解释。学校认为"教风建设可以影响和带动学风建设,是优良校风建设的关键之'风'"。②

1995年11月20日,学校党委制定并颁发了《关于进一步加强校园文化建设的若干意见》,提出并倡导"治学严谨,诲人不倦"的八字教风。③这既是学校对教风的倡导,也是对建校以来学校全体教师员工,主要是专任教师教书育人过程中形成的一种精神和风气的凝练和褒扬。至此,学校关于教风的凝练和表述基本定型和确立下来。为什么这么说,我认为有这几个原因。

第一,实现学校1995年度党代会提出的"进一步推进校风建设"的需要。《中国教育改革和发展纲要》确定,到2000年高等教育发展目标是:"规模更加适当,结构更加合理,质量和效益明显提高。"1995年是"八五"计划的最后一年。1995年2月学校年度党代会上,党委提出全校工作的基本思路和总体要求是:以提高教育质量、提高办学效益为目标,

---

① 陈立丰:《深化教育教学改革、狠抓教风学风建设不断提高教学质量》(1993年5月18日),南昌航空大学档案馆电子档案,1993-长期-0030-002。
② 《关于进一步提高我院社会主义精神文明建设水平的若干措施》,南昌航空大学档案馆电子档案,1993-永久-0013-004。
③ 《南昌航空工业学院关于进一步加强校园文化建设的若干意见》,南昌航空大学档案馆电子档案,1995-永久-0027-003。

以深化改革和加强党的建设为主要措施，努力实现学校《1994—1955年关于〈中国教育改革和发展纲要〉的实施意见》中提出的各项要求。为了实现两个"提高"的目标，1995年度党代会提出全校要重点抓好以下3个方面的工作：一是全面贯彻教育方针，全面提高教育质量；二是进一步深化改革，努力提高办学效益；三是认真贯彻十四届四中全会精神，扎实抓好党的建设。要实现这3个目标，没有良好的校风是不可能的。学校认为，良好的校风对于全面提高教育质量有着极为重要的作用。所以，学校在这一年集中对学校的校风，包括干部作风、教风、学风进行了研究、探讨和凝练。在这次党代会报告中，我们可以发现，对此前提出的"勤奋、文明、自强、求实"八字校风和1993年提出的"实事求是、勤奋好学、民主团结、不断进取"的优良学风做了同样的表述，但对干部作风和教风并未作出表述，说明还在探讨之中。党代会对教风建设提出了要求，指出"教师优良教风的形成要靠院、系（部、处）领导干部的带动。院级干部和中层干部都要勤奋工作，廉洁自律，讲究效益，关心群众，多办实事。不论在管理工作和教学科研工作中，都要为教师作出表率。同时，各级领导干部对职工要严格要求，严格管理，对于违反校规校纪造成不好的，要教育严肃处理"。[①] 可见，学校对教风建设是很重视，也是严格要求的。

第二，是为了实现1995年"教学质量年"目标的需要。全面提高教育质量，是社会主义市场经济条件下提高学校竞争力的关键所在。教育质量是学校的生命线。提高教育质量的核心问题是提高教学质量，而提高教学质量关键要有一支作风优良的教师队伍。学校抓住了高等教育发展的机遇，在办学规模方面上了一个台阶。但是，在办学规模以较高速度发展的同时，必须重视已经或将要暴露出来的问题，否则，必将造成教学质量的滑坡，影响人才培养的质量。为了提高全员质量意识，认真提高教育质量，学校把1995年确定为"教学质量年"，3月24—30日召开了第三次教学工作会，认真分析学校教育工作状况，研究深化教学改革，加强教学管

[①] 孙一先：《以两个"提高"为目标，努力做好九五年工作——在一九九五年党代会上的报告》，南昌航空大学档案馆电子档案，1995-永久-0019-007。

理，全面提高教学质量的措施，并开展了一系列的活动，取得了较好的效果。通过"教学质量年"活动，学校进一步明确和端正办学指导思想，稳定规模，优化教学结构，加强师资队伍建设，强化教学过程管理，走内涵发展为主的道路。通过活动的总结，特别对教师队伍建设的要求，提出了"治学严谨，诲人不倦"八字教风建设的内涵。

1996年4月，在第四次党代会上提出要大力培养和倡导"治学严谨、诲人不倦"的教风，同年11月颁发的《南昌航空工业学院"九五"期间精神文明建设规划》再次对"治学严谨、诲人不倦"的教风做了确认。

第四章 八字学风：勤奋好学、实事求是

学风的好坏关系到校风的好坏，影响学校的教育培养质量。1952年，学校工作总结明确指出："我校是一所重要的国防工业学校。它的任务不是别的，唯一的是教好与学好，假如教不好与学不好，那就等于全部工作的失败。但是要求教好与学好又必须发挥教员、学生与全体工作人员的创造性和积极性，这二者是分不开的。"[1] 航建校伊始，就非常重视学风的培育，抓早抓好。由于首届学生绝大部分是转业军人，为培育良好学风，学校在正式开学之前就召开校务会议，制定了特殊的礼节制度：首长报告上下课均需由值星员喊立正坐下；室内见首长，见部门负责同志、辅导员、教师等应先喊报告而后进；在任何地方学员找负责同志谈问题时，均需行以一定的礼节（穿军服、制服行敬手礼，穿便衣行鞠躬礼或点头礼）；外出人员必须服装整齐清洁。[2] 从礼节文化开始，细致入微，外化于行，内化于心，一个好的学生行为文化逐渐形成。

学生的主要任务是学习，为搞好学习工作，学校对学生加强了管理，制定了制度，从严要求，从高规范，校务会议制定了"模范学员"的8项条件，包括严格遵守各项制度；学习积极；积极参加政治学习，认真自觉地改造思想；深入钻研；苦学苦练，迎头赶上；尊重教师和辅导员；作风

---

[1] 《一九五二年年终工作总结》，南昌航空大学档案馆电子档案，1952-永久-0001-006。
[2] 《校务会议关于当前工作的指示》，南昌航空大学档案馆电子档案，1952-永久-0001-002。

正派；积极经常地参加文娱活动和爱国卫生运动。① 学校在建校伊始，尚未正式开学，就高标准严要求，制定并执行"模范学员"的8项条件，体现了学校对校风、学风建设的重视，为优良学风的培育建立了良好的导向。

学校党、团组织积极引导，严格教育，采取多种措施加强学风建设。学校团委大力进行"意志性格"与"良好学风"的宣传，"端正学生的学习态度，培养良好的学习风气"。团委提倡的"意志性格"是："意志坚强、性格开朗、思想活泼、勇敢乐观、不怕困难、富于理想、勇于创造"。提倡的"良好学风"是："刻苦钻研、独立思考、虚心学习、联系实际"。② 这是学校首次对学风内涵进行的完整概括。

1958年，学校制定了《南昌航校课堂规则》9条和《南昌航校学生守则》10条，要求学生热爱专业，爱护班级和学校的荣誉，努力学习政治、时事和各门课程，积极参加社会活动和义务劳动，不断提高自己的政治觉悟和文化及科学技术知识水平，做到身体好、学习好、功课好、品行好，准备为祖国为人民服务。③ 对推进学风建设起了很好的规范作用。

在学校的大力倡导和推动之下，昌航优良学风逐渐形成，创造了"首届精神""迁校精神""勤工俭学精神""国防精神""文体精神"等优良学风，代代相传，直至80年代升为本科后，依然学风很浓，"学在昌航"是最直接最准确的评价。在学校毕业留校工作，分管多年学生工作的原南昌航空工业学院副院长夏立先回忆说："说到学生的学风，可以说前几届学生到学校来学习那种刻苦认真是现在这一代学生难以想象的。升格本科院校后的第一批学生……经过10年的锻炼恢复高考后，对他们来说这是一个难得的求学机会，因此他们是非常珍惜的，对知识的渴望是如饥似渴的，用这样一个形容词来表述一点也不过头……当时学校要求夏天早晨六

---

① 《校务会议关于当前工作的指示》，南昌航空大学档案馆电子档案，1952-永久-0001-002。

② 《团委向首届团员代表大会的工作报告（草案）》，南昌航空大学档案馆电子档案，1956-永久-0017-002。

③ 《南昌航校学生守则》，南昌航空大学档案馆电子档案，1958-长期-0018-007。

<<< 第四章 八字学风：勤奋好学、实事求是

点钟起床，六点半在大操场集中做早操，但大部分同学六点半以前连早饭都吃好了，做完操就直接背着书包去教室了。"①

进入 90 年代后，学校对昌航的优良学风开始集中讨论和凝练。1993 年 5 月 18 日学校召开了第二次教学工作会议，陈立丰院长指出："如何进一步办出我院的特色，提高我院的教学质量、科研水平，培养出大批合格的社会主义事业建设者和接班人？我想莫过于在全院倡导一个刻苦钻研、治学严谨、执教认真、诲人不倦、教书育人的优良教风，并在全院培养一个实事求是、勤奋好学、民主团结、不断进取的优良学风，在全院形成一个优良的育人环境。"② 在这里，他把学校优良学风概括为"实事求是、勤奋好学、民主团结、不断进取"，我们姑且把它称作十六字学风。

1993 年 9 月 29 日，学校颁发的《关于进一步提高我院社会主义精神文明建设水平的若干措施》指出，要认真培养"实事求是、勤奋好学、民主团结、不断进取"的优良学风。这是对教学工作会议上提出的十六字学风的确认。在《若干措施》里，学校认为，学风是校风的重要组成部分。学风的优劣很大程度上决定着教学质量的高低。因此，我们要把学风建设作为教学管理工作和思想政治工作中的基本建设来抓。为此，学校提出加强学风建设的 5 条措施：从抓考风考纪入手加强学风建设；加大教学和教学管理改革的力度，引进竞争和激励机制，充分调动学生的学习积极性；坚持从严治学，严格学习生活纪律，严格学籍管理，为建立良好的学风提供制度上的保证和条件；抓好典型教育，每两年开展一次"优良学风班"和"十佳学生"的竞赛和评比活动，同时组织编写学生违法违纪的典型案例，从反面教育学生；认真开展健康有益、丰富多彩的课余活动，促进优良学风的形成。③

---

① 夏立先：《五十二载今回首，半个世纪昌航情》，《传道授业话昌航》编写组：《传道授业话昌航》，江西高校出版社 2017 年 10 月版，第 20—21 页。
② 陈立丰：《深化教育教学改革、狠抓教风学风建设不断提高教学质量》，南昌航空大学档案馆电子档案，1993-长期-0030-002。
③ 《关于进一步提高我院社会主义精神文明建设水平的若干措施》，南昌航空大学档案馆电子档案，1993-永久-0013-004。

大学特质文化的传承和创新：南昌航空大学的实践探索 >>>

　　1995年2月23日至24日，学校召开年度党代会，孙一先书记在报告里指出，要进一步推进校风建设，大力倡导"实事求是、勤奋好学、民主团结、不断进取"的优良学风。并且认为，学生的优良学风的形成要靠教师在每个教学环节为人师表，严格要求，严格管理。要加大教学管理的力度，严格学籍管理，加快竞争激励机制形成的步伐。① 在这里再一次提出和确认了十六字学风。但是，9个月之后，1995年11月20日，学校党委颁发了《关于进一步加强校园文化建设的若干意见》，把十六字优良学风进一步凝练概括成"勤奋好学，实事求是"的八字学风。② 这样的凝练更加简练、精确，易学易记，同时统一规范，对应"治学严谨、诲人不倦"的八字教风，"勤奋、文明、自强、求实"的八字校风、"团结自强、拼搏向上"的八字昌航精神以及"廉洁、奉献、务实、进取"的八字干部作风，形成八字体文化谱系。

　　"勤奋好学，实事求是"的八字学风是"首届精神""迁校精神""勤工俭学精神""国防精神""文体精神"等昌航学习文化精神的集中体现和高度概括，体现了昌航学子一以贯之的优良学风。下面，对这一些精神做一些简要叙述，这些概念的提出只是一家之言，不一定准确，但不妨抛砖引玉，供大家一起探讨。

第一节　首届精神

　　现在回过头来看70年前，首届学生的确是昌航的骄傲。他们留给昌航的记忆，不仅仅是他们是首届学生，是"大师哥大师姐"，而且是优良学风渐起的原点。首届学生有这么几个特点。

---

① 孙一先：《以两个"提高"为目标，努力做好九五年工作——在一九九五年党代会上的报告》，南昌航空大学档案馆电子档案，1995-永久-0019-007。
② 《南昌航空工业学院关于进一步加强校园文化建设的若干意见》，南昌航空大学档案馆电子档案，1995-永久-0027-003。

第一是基本素质，特别是政治思想素质非常好。

学校起初招收（当时称作"接收"）他们时特别强调思想政治素质。为了保证培养的质量特别是政治质量，根据航空工业局的指示，首届学生从中国人民解放军和人民志愿军干部、战士中选拔。1952年5月，第二副校长张时超主持并亲自参加了第一届学生的招收工作。学校组织了一批干部和教师分赴中南军区所辖豫、鄂、粤、赣、湘、桂6个省军区，根据条件招收现役军人，确定录取后即作转业办理。接收小组始终坚持原则，"注意了政治条件"，首先审查学生的政治条件，政治条件合格后，再审查文化、身体和年龄条件，并进行口试和个别谈话，"所有接收的学生，基本上合于局所规定的条件"，共录取627人，加上后来由学校工厂工人中转入学习的2人，共计629人。629名学员中，有党员27人（其中女性3名），团员358人（其中女性56名），党团员占学员总数的61.2%。[①] 这些学生"政治条件一般是好的，绝大多数参加了一年半二年以上的革命工作，少数参加了3年以上的革命工作"，经过了抗美援朝、"镇反""三反"等运动，"有了一般的政治觉悟"，[②] 政治思想素质总体是不错的。

第二，纪律性强，特别能吃苦。

汉航创建时，条件相当艰苦，在汉口没有搞大规模校园基本建设，而是利用中南空军司令部工程部修理厂（311厂）作为临时校园，工厂非常狭窄，配有几栋矮小的厂房、器材仓库、少量宿舍及其他附属设施。把修理厂的厂房和器材仓库用2米多高的墙分隔开来，改建为12间教室，另外还改建了实验室、图书室。教师备课室、干部办公室多是利用原来车间的办公室、库房等改造而成。建设了两栋新宿舍，另外用库房当临时学生宿舍，一间库房住数十人。原有的加工车间改造成实习工厂，正好可用于金工实习。学生食堂是临时建的一间茅草房，一切都是勤俭节约，因陋就简。

招来的这些首届学生成分是比较复杂的。地主、富农、官僚家庭者

[①] 《接收学生的总结报告》，南昌航空大学档案馆电子档案，1952-永久-0001-001。

[②] 《一九五二年年终工作总结》，南昌航空大学档案馆电子档案，1952-永久-0001-006。

大学特质文化的传承和创新：南昌航空大学的实践探索 >>>

229 名，占学员总数的 36.5%，商人家庭者 41 名，占学员总数的 6.5%，中贫农、工人、手工业者、自由职业者、小地主出租者、小贩、城市贫民等 359 名，占学员总数的 57%，① 所以他们虽然都是知识分子，但一半以上是劳动者家庭出身，又经过部队革命教育和锻炼，军人朴实忠诚的作风带到了学校。而且，这些学生特别能吃苦。据首届学生回忆，1952 年 6 月初，第一批到达武汉的学生是广州部队来的 117 名年轻军人，适逢六一儿童节，到达汉口时，车行之处，彩旗招展，充满喜气洋洋的节日气氛，像是欢迎这些年轻军人开始新的征程。之后，从河南、湖北、湖南、江西、广西等地部队的军人也相继抵达。入校之初，学生们都参加建校劳动。当时朝鲜战争尚未结束，"为防止细菌战的蔓延"，学校时常要大搞卫生、打蚊蝇、除杂草。第一副校长李旭动员大家爱劳动、搞卫生时说："卫生就是爱国，爱国就是卫生。"② 这句话给同学们留下非常深刻的印象，也培养了他们良好的习惯。

1952 年，首届学生一进校，就响应学校号召，开始"劳动建校"。全校师生员工在校园内披荆斩棘，挖土丘，平水坑，美化校园，开辟体育场地。学校的环境逐步得到改观，师生朴实能干的习性也在进一步形成。1954 年 8 月迁校南昌，又赶上了"劳动建校"。在校 3 年，除了学习，基本都是"劳动建校"，还要下工厂教学实习、生产实习，劳动成了他们学习和生活的一部分，也正是在这种劳动中，锻炼了他们的吃苦耐劳、不怕困难的品格。1954 年 6 月，学校在《1953—1954 年教学工作总结报告》中是这样评价首届学生下工厂实习的："提高了阶级觉悟，加强了劳动观点：在实习中，学生们成天与工人同志在一起，亲自体验到工人同志不怕艰苦，辛勤劳动和大公无私的精神，以及所表现的高度组织性和纪律性，都受到了深刻教育。"③

---

① 《接收学生的总结报告》，南昌航空大学档案馆电子档案，1952-永久-0001-001。
② 陈宇鸣等首届学生：《回忆在汉口航校的日子》，夏立先：《岁月情深：昌航六秩回眸》，南昌航空大学校庆办公室编印（内部版），2012 年 10 月，第 2 页。
③ 《1953—1954 年教学工作总结报告》，南昌航空大学档案馆电子档案，1954-永久-0001-003。

第三，勤奋好学，实事求是。

提起军人，特别是革命军人，你可能会想象到他们身上一定具有这些特征：勇敢顽强、吃苦耐劳、机智果断、牺牲奉献、团结执着，以及自尊自信、严肃活泼、注重礼仪、绝对服从、严守纪律等。昌航首届627名学生是从中国人民解放军和人民志愿军干部、战士中选拔出来的，他们是军人中的优秀分子。据当时的调研分析，"绝大多数学员的求知心是非常之高的，因而学习情绪是饱满的、向上的，这是基本的与依靠的方面"。① 那么问题来了，你是不是认为，既然他们是优秀军人，军人所具备的所有特性在他们身上都会充分体现，那么他们再来到汉口航校，不就顺风顺水、轻松自如，很快成为老师心目中的好学生吗。但事实是，情况没那么简单。

矛盾总会有两面性。人会随着环境的变化而变化，也会随着身份的转变而转变。首届学生来到汉口校园，依然军装着身，军歌嘹亮，排着整齐的队伍上教室、下寝室、去食堂，军人的优良特性依然如故，没有丢弃。但是，现在他们转业了，已不是军人，而是学员，是学生。他们具备军人的优秀特性，但是还缺乏学生的一些基本特性，甚至还缺少学生的一些基本要求，因而总会存在一些缺点，或者说不足之处。

刚进校门的首届学生有哪些缺陷？

首先一个，文化水平普遍达不到攻读中专的门槛水平。招收的629名首届学生文化水平普遍不高，而且参差不齐，有高中肄业的，但大多数为初中毕业生，甚至有读到初中二年级尚未毕业的，② 加上参军打仗，初中学过的数理化知识遗忘不少。1951年，国家原本是计划在汉口办一所专科学校，招收高中毕业起点的学生，但在那个年代，高中生源严重不足，只接收到4名"相当高中毕业程度"的学生，最后转送到南京航专，③ 汉口

---

① 《校务会议关于当前工作的指示》，南昌航空大学档案馆电子档案，1952-永久-0001-002。
② 陈宇鸣等首届学生：《回忆在汉口航校的日子》，夏立先：《岁月情深：昌航六秩回眸》，南昌航空大学校庆办公室编印（内部版），2012年10月，第2页。
③ 《接收学生的总结报告》，南昌航空大学档案馆电子档案，1952-永久-0001-001。

航专退而求其次由办专科改为办中专，这也是实事求是的无奈之举，不得不接收初中毕业起点的学生，但情况依然不容乐观。

第二，首届学员在刚入校时有些骄傲自满，尤其有些学员在政治上看不起教师，导致起初的师生关系不够融洽。据1952年9月的报告分析，一部分学员虽也愿意在此学习，但在思想中留有不少杂念，"如地位、待遇、婚姻、军籍；有些则是为好奇而来的；有的还傲慢自大、轻视领导、目空一切、自命不凡"。① 这种风气持续了较长一段时间。在1956年学校首届党员代表大会报告中如此写道："在党内和首届毕业生对教师曾经（在1954年前）有过一段不正常现象，较普遍地看不起知识分子，因而教学人员就不可能为教学服务，学生的学习成绩必然不良。"当然这一现象经过学校和同学们的共同努力，最后"大大扭转了这一错误思想"。②

首届学生基本来自军队转业的中国人民解放军和中国人民志愿军干部和战士，多是1950年、1951年参加军干校的青年学生，极少数人参加过解放战争，部分人还参加过抗美援朝。有的是部队的文化教员、宣传队员，有的立过功、受过奖，有的资历比较老，级别到了"连排级"，③ 还有的甚至曾经是首长的警卫、司机等，比如学校首任学生会主席、学生党支部书记孙长安是最早来到学校报到的，他曾是中南军区首长陶铸的司机，来校前是中南军区政治部汽车队队长。④ 温毅平、吴蕴聪、曹凤桐等都是学生会干部、学生党支部委员，这几个人年纪较大，在部队都是连级干

---

① 《校务会议关于当前工作的指示》，南昌航空大学档案馆电子档案，1952-永久-0001-002。
② 《中共南昌航空工业学校党委关于五四、五五年工作总结报告》，南昌航空大学档案馆电子档案，1956-永久-0001-004。
③ 陈宇鸣等首届学生：《回忆在汉口航校的日子》，夏立先：《岁月情深：昌航六秩回眸》，南昌航空大学校庆办公室编印（内部版），2012年10月，第2页。
④ 吴韬：《忆昌航首任学生会主席——孙长安》，夏立先：《岁月情深：昌航六秩回眸》，南昌航空大学校庆办公室编印（内部版），2012年10月，第5页。

部，因此在学员中受到尊敬，很有号召力。① 个别还做过营级干部。② 这些学生由军人突然转变为接受学校、教师管教的学生，一下子还是很不适应的。这样看来，当时的这些学员的身份转换是一个比较大的难题。据学校对首届学生入校后的思想情况分析，这600多名学生，有相当一部分是地主、富农、商人，甚至官僚家庭者出身，本人是小资产阶级知识分子，没有参加过劳动，在部队锻炼的时间也不长，参加革命工作一年以上两年以内者348名，两年以上三年以内者205名，三年以上者76名，参加五六年者是个别的。因而部分学生思想改造不够，围绕待遇、军籍、婚姻、前途等问题，暴露出各种各样的个人主义思想，赶不上新中国形势发展的要求。③

还有些学生骄傲自满，看不起地方。学校党委在1953年6月的一次职工会议上指出："部分学生对教员不够尊重，造成师生关系不好不够正常的现象。学生都是由军队转业来的干部，他们一般对教员的政治也是瞧不起的。如有的学生当面对教员说：'在业务上我可以听你的指导，在政治上那一套我懂得！'"④ 学校在《1953—1954年教学工作总结报告》里曾对首届学生的思想状况有一个较为深刻的分析，认为首届学生里有不少的人背着"老资格"和革命功臣的包袱。所以刚开学的较长一段时间里，"师生关系是不太好的"，有些学生是看不起甚至不尊重教师的。比如有的学生说："我们是人民解放军来的干部、战士，受革命的教育比你们（指教员）多得多"，因此在这届学生里曾产生这样一种论调："我们向你们学习科学知识，政治思想没可学的地方"。所以当时在部分学生里存在看不起教员的政治思想现象。的确，当时首批来校执教的教师，一部分是来自

---

① 陈宇鸣等首届学生：《回忆在汉口航校的日子》，夏立先：《岁月情深：昌航六秩回眸》，南昌航空大学校庆办公室编印（内部版），2012年10月，第2页。
② 王庆国：《岁月留痕》，夏立先：《岁月情深：昌航六秩回眸》，南昌航空大学校庆办公室编印（内部版），2012年10月，第14页。
③ 《接收学生的总结报告》，南昌航空大学档案馆电子档案，1952-永久-0001-001。
④ 《汉口航空工业学校党委员会关于反官僚主义在职工会议上的总结报告》，南昌航空大学档案馆电子档案，1953-永久-0001-003。

大学特质文化的传承和创新：南昌航空大学的实践探索 >>>

原国民党撤退大陆时的留用人员或从海外归国支援祖国航空工业建设的航空专业人才，一部分是刚刚从大学毕业分配来校的青年教师，政治思想、政治觉悟和受到的革命传统教育远不及这些学生。同时当时的一些学生年龄较大，最大的30多岁，比一些年轻教师还大。而一些教员也自感这方面不如这些学员，故只好单纯地当一名"教书匠"。[①]

上述两个缺点，对首届学生来说，还是比较明显的，这是影响他们走向进步和完成学业的重大障碍。不过，优秀的军人自有排除万难、争取胜利的自我修复功能，也有服从安排、文明待人的自然禀赋。

针对首届师生的特殊情况，学校采取措施，立即纠正和改变，并注意培育好的学风。

一是开展"文化补课"，形成查漏补缺、互帮互助的好风气。在开学前的7—9月，组织教师，为学生进行了3个月的"文化补课"。鉴于学生文化基础较差，学校从7月6日开始进行文化补课，集中补习初中数学、物理、化学等3门课程，目的在使学生的文化水平一般提高到初中毕业程度。通过文化补课，基本上达到了要求，为转入正规学习打下了较好的基础。补课阶段很快结束了。10月9日，汉航在一个临时改建的大礼堂里举行了开学典礼。学校正式开学了，首届学生也开始了更加紧张的正规学习。

二是在全校范围内开展"尊师爱生"活动，形成"尊师爱生"的良好师生关系。学校通过党、团、工会等组织利用各种机会，多方面地、广泛地对师生开展教育，在统一认识的基础上把"尊师爱生"活动着重放在"尊师"方面。学校号召教师和学生之间"三心换三心"，即教师以热心、诚心、耐心对待学生，学生以信心、恒心、虚心对待学习。为了改进教学，教师中经常开展教学研究，交流教学经验；学生中经常举行学习经验交流会，对学习困难的学员采取一对一帮扶的互助方法。师生之间一般每月座谈一次，交流对教与学的意见。这些做法，对学校初创阶段的教学工

---

① 《1953—1954年教学工作总结报告》，南昌航空大学档案馆电子档案，1954-永久-0001-003。

作起了促进作用,融洽了师生关系,保证了教学质量的不断提高,后来掉队的极其少数。

为了提高学习效率,克服学习中的困难,在加强教师讲授、思想辅导的同时,在学生中逐步组织开展了钻研学习方法的"找窍门"活动。首先从提高学习思想、端正学习态度做起,接着总结学习中的好经验,创造先进的学习方法。普遍订立了双人学习互助公约,在学习思想和方法上互相帮助,这样就提高了学生的学习信心,改进了学习方法,基础差的同学成绩普遍提高,对基础好的同学起了鼓励和推动作用,更上一层楼。教师在这个运动中也不断改进教学方法,有些教师创新了教学工具,比如制图组自制灯光晒图机,金工组用胶制金楔片在生物显微镜下看金相,代替金相显微镜。①

学校党委要求各学科、各党支部加强支部建设,做好思想政治工作,教育学生"树立艰苦朴素的学习作风并解决学习中的问题","正确解决师生关系"。焊工科学生曾因个别教师上课不够认真,埋怨学校不重视焊工科学生的学习,师生关系一度紧张。经党组织研究,发现主要问题是学生"如何端正学习态度,很好地尊敬老师的问题"。党组织对学生进行了耐心教育,使学生主动改变了对老师的看法,并通过课代表加强了与教师和教导处之间的沟通和联系,"这样在很短时间内就改善了这种不正常师生关系"。②

学校还组织各班师生召开座谈会,学生首先向老师表达学习态度和决心,交流学习上的经验,结合着提出教师在教学中的优点和缺点。教师则主动提出自己在教学中的体会和如何提高教学方法。通过师生互动,加强了交流,提高了教学效果。

三是开展"整顿校风校纪,加强纪律教育",形成遵守纪律的好风气。

---

① 《一九五二年年终工作总结》,南昌航空大学档案馆电子档案,1952-永久-0001-006。
② 《中共中南第一工业学校委员会 1953 年党组织总结报告》,南昌航空大学档案馆电子档案,1953-永久-0001-002。

学校党委把"整顿校风校纪,加强纪律教育"当作1953年重点任务来抓。① 学生会主席孙长安与罗次曾、张梦儒等学员"因违犯校风校纪,受到行政记过或警告",但他们在组织教育下,都能很快认识错误,积极地工作和学习,后来都撤销了处分。② 孙长安认真组织,积极配合,带领学生投入到尊师活动中,"提出向一切有知识的人学习,不懂就问,收到了良好的效果"。③

通过"尊师爱生"和整顿校风校纪的教育,"基本上纠正了过去师生某些不正常的关系与校风校纪的不良现象",④ 师生之间关系逐渐融洽起来。首届校友回忆说:"和老师的关系如朋友如兄弟,时常一起打球、闲谈,还互赠香烟。初期在课堂上有些人抽烟,老师也不干涉(后来学校要求不准上课抽烟了)。这个时期的师生关系颇为融洽,师生们都把它看成是共同完成祖国建设航空工业的嘱托,互相尊重和支持,以致后来形成了一种良好的校风。"⑤

四是开展减负增效活动,形成实事求是的好风气。可以自豪地说,首届学生是渴望学习并且如饥似渴地学习的,甚至放弃了休息,影响了身体。首届热处理专业学生吴韬回忆说:"52级新生对于理论学习非常重视,大多数人放弃了节假日休息,学习异常刻苦,一度病员增多。"⑥

首届学生胡健讲了一个小故事,足见首届学生的勤奋好学:"我记得在校学习时,全校教室的灯光夜里十二点前从未熄灭过,到处是琅琅读书

---

① 《中共中南第一工业学校委员会1953年党组织总结报告》,南昌航空大学档案馆电子档案,1953-永久-0001-002。
② 《中共中南第一工业学校委员会1953年党组织总结报告》,南昌航空大学档案馆电子档案,1953-永久-0001-002。
③ 吴韬:《忆昌航首任学生会主席——孙长安》,夏立先:《岁月情深:昌航六秩回眸》,南昌航空大学校庆办公室编印(内部版),2012年10月,第5页。
④ 《为送[培养学生顽强性与坚持性的自学能力总结报告]由》(1953年6月12日),南昌航空大学档案馆电子档案,1953-永久-0002-002。
⑤ 陈宇鸣等首届学生:《回忆在汉口航校的日子》,夏立先:《岁月情深:昌航六秩回眸》,南昌航空大学校庆办公室编印(内部版),2012年10月,第2页。
⑥ 吴韬:《忆昌航首任学生会主席——孙长安》,夏立先:《岁月情深:昌航六秩回眸》,南昌航空大学校庆办公室编印(内部版),2012年10月,第5页。

声。当时甚至连体育课都没有，后因在汉口悼念斯大林逝世的大会上，由于站立时间过长，我校方阵中不断有学生当场晕倒的事情发生，才引起了学校的重视并提出要加强锻炼，保证身体健康。从而才增设体育课，并添加运动器材，保证每天有一个小时的课外锻炼活动。"①1953年3月5日，斯大林逝世，3月6日，中国政府发布公告，自1953年3月7日起至3月9日在全国下半旗志哀。志哀期间，全国各工矿、企业、部队、机关、学校及人民团体一律停止宴会、娱乐。全国各地，包括武汉都举行了追悼活动。汉航的学生不断晕倒，说明了几个问题：这些学生曾经是军人，体质应该不会太差，只能说明，他们身体质变差了；体质变差的原因并不是因为他们营养不良。按当时的规定，首届学员因系军人转业的缘故，待遇不错，明显比下几届好得多。首届学生回忆说："首届学员的生活待遇是不错的，按国家规定调干生每月有30多元的生活津贴，每月伙食费只用12元。首届学员的食堂与其他下几届也是分开的，吃得比他们好一些，这是国家对我们的照顾。"② 比首届低两级的学生回忆说："这些（首届）学生在政治上和生活上均享有一定待遇。首先在学生用膳上是和我们分灶吃饭的。每日三餐，在他们的餐桌上，鱼肉蔬菜十分丰盛，就连早点也花样多多，他们实在是高人一等，叫人羡慕不已。"③ 因为首届生都是带薪的调干生，不会存在营养不良的问题，所以导致体质下降是因为学业繁重，精神紧张，学习过度。

但是，事与愿违的是，不是每一次努力都有回报。教学上和学生成绩还是存在不少问题，不幸的事实接踵而至。第一届学生第1学期结束即有23人因学习跟不上而调出工作，第2学期一门以上课程不及格的仍达25%左右，个别课程如理论力学不及格者达30%。1953至1954学年第1学期期中考试成绩也不够好，全校各年级不及格人数占该年级人数的比率很

---

① 胡健：《终生难忘的记忆——培养我成长的母校》，未刊稿。
② 陈宇鸣等首届学生：《回忆在汉口航校的日子》，夏立先：《岁月情深：昌航六秩回眸》，南昌航空大学校庆办公室编印（内部版），2012年10月，第3页。
③ 王庆国：《岁月留痕》，夏立先：《岁月情深：昌航六秩回眸》，南昌航空大学校庆办公室编印（内部版），2012年10月，第14页。

高，二年级占 28%，一年级占 18%。补考后二年级不及格的仍占 9.3%，一年级占 2.4%。①

经分析，产生上述情况的原因是多方面的：多数教师缺乏教学经验；开始使用的教材又多是根据苏联中等技术学校教学大纲编写的，苏联教学大纲规定是 4 年教完，我们 3 年就要教完，内容深浅不易掌握，实际形成教材内容偏深偏重；第一届学生都不是应届初中毕业生，文化程度参差不齐；当时抓学生的政治思想工作中会议较多，晚自习后找学生个别谈话过多。以上原因造成学生学习负担过重，尤其是开始讲授技术基础课如机械制图、力学、电工学后，学生更感困难，力不从心。学生回忆说："为了考出好成绩，或达到起码的及格要求，同学们都夜以继日地刻苦学习，有的星期天也不休息，全身心地投入到无边的学海当中。尽管如此，不少同学仍然赶不上教学进度的要求。有一位调干生，连留了两次级，整整读了 5 年，才拿到毕业证书。"② 基础较好的学生学习得较轻松，基础较差的常常跟不上，而他们又是不肯服输的军人，只有舍命一搏。由于学习高度紧张，学生体质下降。

为了解决学生学习负担过重问题，学校组织教师认真研究教学大纲，适当修改教材。明确了培养目标，强调在不降低培养目标，不损害教学内容的科学性、系统性的原则下，课堂教学着重讲基本的、主要的内容，"适当地减轻了教课分量"，同时在教师中交流教学经验，有步骤地改进教学方法，加强形象教学，这样，"大大地克服了学习中的消化不良现象"。③

学校为增强学生体质，纾解学生压力，开始重视文体工作，课外文体活动逐渐活跃起来。学校党委把"积极推动教学任务的顺利完成"当作 1953 年的重要任务，采取措施，"加强文体活动、锻炼身体"，适当地克服

---

① 《1953—1954 年教学工作总结报告》（1954 年 6 月 29 日），南昌航空大学档案馆电子档案，1954-永久-0001-003。

② 王庆国：《岁月留痕》，夏立先：《岁月情深：昌航六秩回眸》，南昌航空大学校庆办公室编印（内部版），2012 年 10 月，第 15 页。

③ 《中共中南第一工业学校委员会 1953 年党组织总结报告》，南昌航空大学档案馆电子档案，1953-永久-0001-002。

师生过度疲劳现象。① 首届学生是由军区部队抽调的青年知识分子，有的是部队的文化教员、宣传队员，加上学校一直以解放军三八作风作为校风，从而形成学校严肃而活泼的文体活动风格。首届学生诗歌朗诵小组在校内外多次获奖，活跃了生活。文工团也经常组织文艺活动，周末还有舞会。首届学生篮球校队命名为"铬钢队"，获得了当年武汉市篮球赛的第二名，迁校南昌后，在南昌曾战胜中南体院队。其队长马燕平后来成了我国长征系列火箭主体的设计者之一，还获有国务院政府特殊津贴奖。

五是开展"培养顽强性与坚持性的自学能力"的教育，形成科学独立的学习风气。1953年5月至6月，学校在学生中进行了"培养顽强性与坚持性的自学能力"的教育，在学习中，"用顽强性去克服学习中的各种困难"，要求学生以独立钻研为主，提高自学能力，"当日功课当日完毕，一周功课一周完毕，不拖拉，不欠账"，用"顽强性和坚持性去保证"学习，② 要严肃认真，一丝不苟，弄清每个概念，把知识真正学到手。上课时要集中思想注意听讲；课后搞好自修，有系统地复习功课，明确概念，明确重点；重视实验与实习，理论联系实际；掌握作息时间，劳逸结合，积极参加文体活动。通过"培养顽强性与坚持性的自学能力"的教育，初步建立了新的学习思想，"是一次学习思想上的革命，大多数同学从此更进一步端正了学习态度，提高了信心，明确了学习方向，初步树立了自学思想"，③ 基本上扭转了学生在学习中严重的"依赖思想"，"培养独立自学能力，提高学习效率"。④

同时，为鼓励学习，开学前补课时就建立了"优等生"制度，凡全部课程无3分（当时实行5分制），80%以上课程达5分者均可评为"优等

---

① 《中共中南第一工业学校委员会1953年党组织总结报告》，南昌航空大学档案馆电子档案，1953-永久-0001-002。
② 《为送［培养学生顽强性与坚持性的自学能力总结报告］由》，南昌航空大学档案馆电子档案，1953-永久-0002-002。
③ 《为送［培养学生顽强性与坚持性的自学能力总结报告］由》，南昌航空大学档案馆电子档案，1953-永久-0002-002。
④ 《中共中南第一工业学校委员会1953年党组织总结报告》，南昌航空大学档案馆电子档案，1953-永久-0001-002。

生"。此制度一直坚持到毕业,对"优等生"发放"优等生毕业证书",极大地鼓励了学生的学习干劲。

由于采取了一列的措施,逐步提高了教学质量,同时又调整调出了一部分学习确实困难的学生。因此,1953至1954学年第2学期,学生学习情况基本趋向于正常状态。至三年级,整体及格率达到97.5%,提高了44.4%。有18种专业课程100%及格,其余课程不及格者只有1%~2%。①之后,功夫不负有心人,首届学生除了一部分掉队调出学校外,大部分都顺利完成了理论课学习,在教学实习、生产实习、毕业设计中也表现出色,达到了毕业的要求。

这就是首届生,带着军人的荣耀走进校园,从不适应中及时调整,在繁重的学习中勤奋拼搏,严谨严肃的校园生活没有限制他们蓬勃的朝气和对生活的热爱。所以,"第一届学员的航校生活是严肃、活泼、欢快、和谐"。② 他们身体力行地践行着一种学风,首届三班的班主任彭本善老师习惯性地把它叫作"团结紧张,严肃活泼"的学风,③ 实质上,它是解放军三八作风的一部分,国防航空情结一直深深烙印在莘莘学子的文化骨子里。

当然,还有很重要一点,那就是,首届学生的培养,除了体现勤奋学习的优良学风外,还充分体现了实事求是的精神。1952年5月,第二副校长张时超主持并亲自参加第一届学生招收工作时,由于时间紧,任务重,人手不够,招收对象分散,涉及中南军区所辖豫、鄂、粤、赣、湘、桂6个省军区,档案材料一时难以集中,录取时不可能按照规定的条件对学生进行深入审查了解,兼以未进行统一的文化考试,入校后的思想变化,因此入学后的学生从招生条件来说有一些是不符合的,这给后来的培养造成很大的挑战。正是因为这一原因,学校直接将汉口航空工业专科学校改为

---

① 《1954—1955年校务会议记录》,南昌航空大学档案馆电子档案,1955-永久-0019-001。
② 陈宇鸣等首届学生:《回忆在汉口航校的日子》,夏立先:《岁月情深:昌航六秩回眸》,南昌航空大学校庆办公室编印(内部版),2012年10月,第4页。
③ 彭本善:《难忘的岁月——回忆建校初期的岁月片段》,夏立先:《岁月情深:昌航六秩回眸》,南昌航空大学校庆办公室编印(内部版),2012年10月,第8页。

汉口航空工业学校,从专科主动降为中专,这体现了学校实事求是的精神,讲求实际,不浮夸,不图慕虚荣,不好大喜功。这也是学校忠厚朴实个性的写照。

在对学生培养上,面对首届生的实际情况,采取最广泛的方法、最大限度的努力,最真诚的帮助,能挽救一个是一个,能拉一把是一把。同学们也竭尽了最大力量,付出了最大的辛劳,能死磕一天是一天,能学一天是一天。但是,毕竟先天条件有限,入学后的淘汰率还是很高的。1952年入学时学生共有629人(包含学校工人中转入学习的2人),后来检查出严重疾病并送回原部队者17名;文化程度过低不能随班学习,经请示航空工业局另外分配工作者23名;长期闹情绪坚持不学习,经请示航空工业局被开除者1名;开小差1名。这样,至1952年底,由起初的629人减少至587人,①淘汰率近6.7%。此后两年,不断有学生调离学校或留级,直至毕业设计环节,优胜劣汰法则还在残酷地延续着。有420名学生参加毕业设计答辩,答辩以后的成绩是:5分158人,占37.8%;4分210人,占50%;3分51人,占12.1%;2分1人。这就意味着,直至最后环节,还有1名惨遭淘汰。实际上,学校认为,"这样的成绩是优良的。通过毕业设计证明了我们第一周期的教学工作是成功的。在420个学生中除1人外,其余均已经国家专家资格审核委员会决定授予了施工技术员的资格,可以胜任工作"。这样,学校"胜利地完成了第一届学生的培养工作"。②

1955年8月16日,学校举行首届毕业生毕业典礼,只有419名毕业生实行了工作分配,仅占入学人数的66.6%。这也就意味着210名首届生调离了学校或留级,总淘汰率超33.3%。从留级来看,据1954年9月召开的本学期第一次校务会汇报,首届学生进入三年级后,因此前有3门课不及格而将留级者29人,470人中有187人参加补考或无不考考资格,通过参加补考仍不及格者10人,总计39名学生将留级。此前二年级已有16人

---

① 《一九五二年年终工作总结》,南昌航空大学档案馆电子档案,1952-永久-0001-006。
② 《1954—1955学年中南第一工业学校工作的总结》,南昌航空大学档案馆电子档案,1955-永久-0001-003。

111

留级,初步估算,首届学生大约有55人留级。① 一届学生中有超过三分之一的学生被淘汰,这个数字是十分惊人、触目惊心的,也是令人十分惋惜、刻骨铭心的。当然,首届生被调离学校,原因很复杂,有的是因为身体出现疾病而送回部队;有的因为学习成绩不好被迫调离;有的是因为学业压力大,力不从心,主动要求调离;有的是基于航空工业保密性强的特点,对学生的政治审查较为严格,很多同学因为历史和家庭背景、社会关系等原因不适合分配至航空战线而调离学校。对此,首届学生胡健回忆说:"我记得,当时政治审查非常严格。有两百人左右因家庭出身、社会关系问题,被调出学校,也有一些同学因家庭社会关系有问题,虽然没调出学校,也每日处于惶恐之中,怕哪一天会轮到自己离开,因此在毕业典礼时毕业生仅有四百左右。"② 这既反映了当时航空战线的历史现实,也反映了学校和学生严肃严谨的校风和实事求是的态度。

我们常说,大浪淘沙,留下来的都是精华。不管怎样,629名首届学生,他们为自己为学校为军人的荣誉一起努力过,一起拼搏过,他们创造了辉煌,留下了灿烂的痕迹,依然是闪耀的一道光,他们取得的成绩也是有目共睹的。这届毕业生中有党员171人,占其学生40.68%,最后拿到优等生毕业证的有24名,党员占13名。③ 他们在汉口时,学校改名中南第一工业学校,迁校南昌时依然未改,他们给这块带有"第一"字样的校名增添了光彩,并把这块牌子印在毕业证上。他们一毕业,学校改名为南昌工业学校,半年后,1956年2月,又改名为南昌航空工业学校。

1955、1956、1957年毕业了三届学生,学校1958年初的总结报告指出,"学校环境是优美的,教室与教学各种设备是齐全的,运动场所是宽广的,在教学上理论联系实际、培养专业思想是注意的。在当地党委与团委领导之下,几年来曾组织过学生参加各种政治活动和政治学习,并组织

---

① 《1954—1955年校务会议记录》,南昌航空大学档案馆电子档案,1955-永久-0019-001。
② 胡健:《终生难忘的记忆——培养我成长的母校》,夏立先:《峥嵘岁月》未刊稿。
③ 《中共南昌航空工业学校党委关于一九五四、一九五五年工作总结报告》,南昌航空大学档案馆电子档案,1956-永久-0001-004。

过学生参加过各种义务劳动。由于以上的各种措施，所以培养出来的学生多数是思想品质是较好的，业务能力是能胜任的，从一、二、三届毕业生分到工厂和其他单位来看，一般均能担任本专业工作，有的学生成了先进工作者，有不少学生成了技术员中的骨干，还有少数学生担任了科室与车间的领导职务。"[1] "从目前的航空工厂热加工系统中来看，绝大部分的中级干部多半为我校毕业生"具体来说"320、410、112、111、122、331等工厂来看，这些工厂的热加工系统中的中级技术干部，几乎全是我校毕业生，并且一般均能胜任工作"。特别是第一届毕业生，"工作能力较强，在工作中有一定的方法来完成任务，不少人是现在工作岗位上的骨干，如有的担任冶金副科长，工具科副科长，施工室主任，车间副主任，主工艺员及工长等职务，同时还担任了党团及工会的工作"。第一届学生来自部队转业军人，有一定的经验，相对第二、第三届毕业生，"独立工作能力"要强一些。[2] 除此之外，第一届学生还有进取心强，肯钻研，进步快的特点。[3] 这是对首届学生在学校学习和社会工作方面的客观肯定和最佳褒奖。

所以，我们说，首届学生开局良好，他们开创了一种精神，我们姑且把它叫作"首届精神"，它包含着勤奋好学、实事求是、拼搏向上、乐观进取、永不言败等精神。它是学校优良学风的一部分。

第二节　迁校精神

20世纪50年代，开发和建设大西北成为国家的战略之需。1956年首批交通大学师生由上海奔赴西安，义无反顾投身祖国大西北建设。到1959

---

[1] 《1952—1957年南昌航空工业学校几个主要问题的简要总结》，南昌航空大学档案馆电子档案，1957-永久-0003-001。
[2] 《1952—1957年南昌航空工业学校几个主要问题的简要总结》，南昌航空大学档案馆电子档案，1957-永久-0003-001。
[3] 南昌航空工业学院院史编委会办公室编：《南昌航空工业学院院史（1952—1985）》，内部刊，1987年9月，第65页。

年，历时4年，迁校总人数达15000余人，迁至西安的交通大学主体部分定名为西安交通大学。这就是交大西迁事件。2005年12月6日，经西安交大党委会议审议批准，交大西迁精神概括为"胸怀大局，无私奉献，弘扬传统，艰苦创业"16个字。60多年来，"西迁精神"激励和鼓舞着一代代知识分子坚持走在时代的前列，勇当开拓者，不断取得一个又一个成就。

与西安交大类似的，我们学校也有一次伟大的迁校事件，也创造了一个伟大的迁校精神。略有不同的是，交大是由发达的上海迁至欠发达的西安，我们是由九省通衢的大武汉迁至相对落后的南昌；交大是由东往西北迁，我们是由长江之滨的西部上游往东迁至鄱湖之滨。但共同之处，都是为了国家国防战略需要。

一、迁校原因

1953年2月，汉口航空工业学校改名为武汉第六工业学校，9月17日，又改名为中南第一工业学校。"中南一校"为什么要东迁至南昌？这首先要从服从国家航空工业战略布局说起。

中华人民共和国成立前夕，毛泽东在政协第一届全体会议上的开幕词中指出："我们将不但有一个强大的陆军，而且有一个强大的空军和一个强大的海军。"1949年11月11日，人民空军诞生了。1950年，空军和重工业部曾经单独或联名先后5次向中央报送关于建设航空工业的意见。1951年4月17日，中央人民政府人民革命军事委员会和政务院颁布《关于航空工业建设的决定》，标志着新中国的航空工业诞生了。4月18日，中央发出通知，决定成立重工业部航空工业管理局，负责航空工业建设。4月29日，正式批准航空工业局成立，局址在沈阳，1952年4月5日迁至北京。

中华人民共和国建设前期，国家提出第一个五年建设计划。尽管百业待兴，但中央果断作出在"一五"期间优先发展航空工业的战略部署。这一方面是抗美援朝战争和加强国防建设的急需；一方面也是考虑到航空产

<<< 第四章 八字学风：勤奋好学、实事求是

品技术密集的特点和航空工业对其他相关工业的带动效应。根据新中国一穷二白的国民经济基础和国家财力条件，政务院和中央军委就航空工业建设做出了两项重大决策，一是由修理走向制造的方针；二是自力更生、争取苏联援助建设的方针，并提出"3~5年出飞机"的任务目标和战略部署。

国家确定优先发展航空工业的指导方针后，党政军有关部门和地方政府在艰难的条件下对航空工业的经费保障、人力补充、航空器械试制等方面给予了有力的支持。中共江西省委书记陈正人和省政府主席邵式平转达江西省委的意见："要人给人，要物给物"，"南昌是八一起义的地方，武装夺取政权的第一枪是在南昌打响的，新中国自己制造的第一架飞机也要出在南昌"。邵式平亲自兼任南昌飞机修理厂建厂委员会主任。[①] 全国广大职工和民工政治热情空前高涨，都以能参加新中国航空工业的建设为荣，抱着强烈的事业心、责任心和自豪感、紧迫感，不怕困难，不怕牺牲，信心百倍，在艰苦的生活和工作条件下，忘我地投入劳动。

1951年至1957年，是新中国航空工业创建、打基础和初步发展的阶段。在中央政府正确的方针指导、全国人民大力支持和全体航空人的努力之下，经过不到5年时间，就实现了由修理到制造的过渡，并开始了自行设计飞机的尝试，提前、超额完成了国家的第一个五年计划。在这一阶段，航空工业一面建设工厂，一面培养人才。将接收空军和兵工局的18家工厂整合、兴建为早期的"六大修理厂"，其中包括南昌飞机修理厂（代号321，后改称320）。当时的江西省委书记陈正人和省政府主席邵式平亲自过问工厂的改扩建工作，邵式平还自告奋勇，出任320厂建厂委员会主任，经常亲临第一线指导，仅用4个月就在国民党撤退时破坏了的飞机厂旧址上开始修理飞机。江西省党政领导对航空工业的大力支持和320厂较好的基础设施，成为后来中南一校迁址南昌的重要原因之一。国家还调整、建设了一批高等院校和科研机构，组建起了一支年轻而生机勃勃的，

[①] 《南昌航空大学校史》编写组：《中国航空工业大事记（1951—2011）》，航空工业出版社2011年4月版，第6页。

115

包括党政领导、工程技术人员、管理干部和技术工人的队伍。全行业职工意气风发，艰苦创业，勤奋工作，奠定了中国航空工业的初步基础。这一阶段，以被誉为航空工业的"黄金时代"而载入史册。正是在这个航空工业发展的"黄金时代"，航空教育也迎来了发展的大好时机。

中国航空工业由全国各方支援，调集人才，组建创业队伍，这是国家采取的应急措施。然而，现有的航空技术人才远远不能满足蓬勃发展的航空工业建设的需要。人才短缺成为阻碍航空工业建设的关键问题之一。重工业部航空工业局遵照周恩来总理"下决心自办航空院校"的指示，确定了"在抓生产的同时抓人才培养"的方针，也就是建厂同时建校，边生产边培训。

1952年，航空工业局先后召开了4次教育工作会，形成了层次鲜明的高、中、初三级航空技术教育方案：高级（大专院系）由中央教育部办（后改由第二机械工业部办）、中级（中等专业学校）由国家航空工业管理局办、初级（技工培训班）由工厂办（技工培训班升格为技工学校后仍依托工厂，但由航空局统一领导，局办厂管）。另外辅以在职员工培训。

教育部为支持航空工业建设，在1951年进行高等院校院系调整时，最先进行调整的是院校的航空系，以培养高级航空人才。1952年第二次大规模调整时，将清华大学、四川大学、北京工业学院的航空院系合并，建立北京航空学院（简称"北航"）；将南京大学（原中央大学）、交通大学、浙江大学的航空系合并成立华东航空学院，1956年由南京迁至西安，1957年与西北工学院合并，组成西北工业大学（简称"西工大"）。此外，国家航空工业局于1952年在南京创办南京航空工业专科学校，由511厂改建，1956年4月升格为南京航空学院（简称"南航"）。这样，就形成了北航、西工大、南航三大航空院校鼎立的航空工程高等教育格局。

1951年9月17日至22日，航空工业局在沈阳召开全国五大飞机修理厂第一次厂长会议，确定立即兴办航空教育的方针，研究了《中级技术人员教育计划》和《初级技术人员教育计划》，决定创建南京、北京、哈尔滨和汉口4所航空工业专科学校，四所学校都是依托各航空工厂建设，并由各航空工厂开办技工训练班。南京航空工业专科学校由511厂改建,北京航空工业专科学校靠近211厂建设,哈尔滨航空工业专科学校设在空军1厂旧址,汉口航空工业专科学校由311厂改建——这是今日南昌航空大学的源头。这4所学校立即开始筹建。

航空工业局当初将航空教育基地设在武汉,出于几个方面的考虑。

一是解放初期,武汉是中南地区党、政、军首脑机关所在地,也是中南地区六省(河南、湖北、湖南、江西、广东、广西)政治、经济、文化、科教和交通运输的中心。从1949年5月至1955年4月,武汉先后为中原临时人民政府、中共中央华中局、华中军区、中共中央中南局、中南军政委员会、中南行政委员会、中南军区所在地。因此,作为国防、航空性质的汉口航空工业学校选择在中南局、中南军区所在地,便于领导和管理。

二是当时南京、北京、哈尔滨和汉口4所航空工业专科学校都是依托各航空工厂建设,并由各航空工厂开办技工训练班,这是国家航空工业战略布局的需要。由中国人民解放军中南空军司令部工程部修理厂改建的武汉311厂条件尚可,便于改厂建校和学生参观学习。

三是还有一个荆楚"飞天文化"上的原因。"天上九头鸟,地下湖北佬"这句民间俚语一方面反映湖北人精明睿智、胆大心细、敢作敢为,另一方面也说明湖北也是充满飞天梦想的古老地域。楚庄王曾说自己"三年不飞,飞将冲天;三年不鸣,鸣将惊人"。屈原的《离骚》《九歌》《天问》皆可谓登天之作。"仙人已乘黄鹤去,此地空余黄鹤楼。"作为荆楚大地经济文化中心和黄鹤楼所在地的武汉,其飞天梦想之深可想而知了。

但是,当时的布局没有考虑到学校周边地理环境和学校的长远发展,随着中共中央组织体制的变更和国家航空工业布局的调整,汉口航空工业学校的建校条件的弊端性逐渐暴露出来。

第一,武汉市的党政地位调整。1949年武汉市解放后,由中央人民政府直辖。1949年5月,中共中央中原局改为中共中央华中局12月底,改为中共中央中南局,领导河南、湖北、湖南、江西、广东、广西6个省委,机关驻武汉市。1950年2月,武汉市在行政上由中原临时人民政府改由中南军政委员会领导,中南军政委员会驻汉口。1953年1月中南军政委员会撤销,改为中南行政委员会,武汉市由中南行政委员会领导,并为其驻地。从1949年到1954年的近5年时间里,武汉是中央人民政府直辖市,是中南区党政机关驻地。这段时期,武汉市党政地位空前提高。1954年4月,中央政治局扩大会议决定撤销大区一级党政机构。武汉市并入湖北省建制,改为湖北省辖的省会城市。11月,中共中央中南局宣布结束,中南行政委员会也根据《中央人民政府关于撤销大区一级行政机构和合并若干省市建制的决定》宣布撤销。这样,武汉作为战略上的地位下降。

第二,汉口航校旧址缺乏办学条件。学校1958年2月的一份报告基本指出了迁校原因:"学校原设于汉口硚口区,系国营311厂改建而成,1952年在汉口招生开学,俟因该地势低洼,地基发展受限,且原有建筑不合学校需要,经四局决定,迁往南昌市重新建设,因邻近国营320厂,一方面能取得厂里各方面的联系帮助,一方面利于学生进行生产实习,嗣经选定南昌市东南郊湖坊乡附近33万平方米的地区为校址。"[①]具体来说,武汉311厂原来修理发动机的任务也因厂址狭窄,无发展前途,改由株洲331厂担任,武汉市又没有航空工业主机制造厂,不便于学生参观实习;原址处于东面京汉铁路堤和武汉女子中学、西面博学男子中学、南面硚口区水厂和北面张公堤的四面包围,范围狭小,既不利于保密又无法向四围扩大发展;而且原址处在一个小盆地,地势低洼,若遇洪水,学校将被淹没;原有学校用房大多为工厂的厂房改建而成,不符合办学条件。学校另择校址建设已成为当务之急。

学校对于新校址的选择非常重视,提出两种迁校方案:一种是从节约经费的角度出发,就近迁到武昌珞珈山和东湖之间一块依山傍水的空地上,与武汉大学比邻;另一种是从方便学生实习角度出发,认为迁往南昌320厂附近较好。两种方案争执不定,之后上报航空工业管理局拍板。

---

① 《1952—1957年南昌航空工业学校几个主要问题的简要总结》,南昌航空大学档案馆电子档案,1957-永久-0003-001。

<<< 第四章 八字学风：勤奋好学、实事求是

1952年8月7日，第二机械工业部成立，航空工业局划归二机部领导，为二机部第四局。为了学校的进一步发展，航空工业局在1952年底召开的基建会议上，时任二机部部长兼航空工业局局长的赵尔陆上将一锤定音，确定将学校迁到南昌。1953年1月30日，航空工业局通知学校："关于你校搬家问题，现已正式决定搬至南昌，请即进行筹备，派人前往南昌选择校址及与当地人民政府接洽，做好一切准备工作，以便开始筹划。"[1]

二、新校址的选定和筹建

决定迁校后，学校高度重视，张时超副校长立即带人到南昌选择校址。事实证明，迁校南昌的抉择是非常正确的。

一是江西这块红土地有一定的航空工业和航空文化基础。1934年2月国民党政府在南昌筹设第二飞机修理厂。1934年3月，国民党迁航空署于南昌，5月改称航空委员会。1935年，国民党在南昌设立南昌航空机械学校，当时的航空界精英钱昌祚任校长，王士倬任教育长。南昌航空机械学校不仅培养了大批机械师，还开办了高级机械班。1935年，国民党与意大利4家航空公司在南昌合办中央南昌飞机制造厂（后称空军第二飞机制造厂）。抗日战争结束后，国民党将航空研究院由成都迁到南昌，院址与第二飞机修理厂在一起。1949年后，中国人民解放军空军接收了国民党的飞机修理厂，并将其改建成320厂，成为建国初期的六大飞机修理厂之一。

二是江西的党政领导高度重视航空工业的建设和发展。江西的党政领导张开双臂，欢迎来自航空战线的新主力军。江西省人民政府主席邵式平亲自过问学校选址工作，江西省主管文教的副主席黄先当即表示可以把原国民党中正机场的飞机库棚（后来八一广场东北面的八一礼堂）让给学校。但是此地虽有航空背景，但离市中心太近，不利学生学习。

关于南昌选址，航空工业局有一个总体意见。1953年2月9日，航空工业局批复学校："前经会议决定你校迁往南昌，靠近320厂。地址由你

---

[1] 《关于搬家问题的复函》，南昌航空大学档案馆电子档案，1953-永久-0003-002。

119

校派人至 320 厂，请其协助并由学校负责，进行校址选择。"① 这样，学校的选址工作围绕 320 厂附近进行。通过实地勘察，张时超副校长对以下 5 个地点的优缺点做了比较：

1. 320 厂南面的熊家坊地区，其优势是地势较高，交通方便，离 320 厂近，面积广阔，有发展余地，电源供应容易，但主要缺点是离 320 厂的飞机滑行道太近，同时考虑到该厂的发展问题，江西省政府主席邵式平不同意选此处作校址。

2. 徐家坊、军区医院附近，公路与铁路交叉点西北面京家山地区，这里交通便利，离市区和 320 厂都近，主要缺点是范围只 400 亩，发展余地小，且在城市建设规划中拟修的一条公路通过该地区。

3. 青云谱山上一片地区，这里地势高，面积广，能发展，环境幽静，宜于学习，但山包多，建筑困难，据城建局称，光平整山包就得费时一年左右。

4. 南昌大学（现江西师范大学青山湖校区）北侧的青山湖地区，这里地势较低，交通不便，当时出入该地区要经过一座桥，桥基桥面都需由学校出资修整。

5. 东郊肖坊乡第二交通路以北地区，这里地势很高，据当地人民反映，历史上从未被洪水淹过，其地势开阔，有发展余地，排水、接电都较方便，而且处于 320 厂北面，离厂较近，土质比熊家坊还好，缺点是池塘较多，交通不便，离城区较远。

经过反复研究和对比，并征得各有关部门的同意，最后决定在南昌市东郊第六区肖坊乡（即现湖坊镇肖坊村）第二交通路（即现解放路）以北地区（即现学校上海路校区）建校。

1953 年 2 月基建科及所属 23 人，由李世启科长带领迁至南昌。这 23 人中，有党员 5 名，团员 4 名，群众 14 名，是一支团结精干的团队。2 月 26 日，经南昌市人民政府城建局同意，学校第一期征用土地 450 亩，并发

---

① 《为答复你校迁南昌事》，南昌航空大学档案馆电子档案，1953-永久-0006-001。

给使用土地许可证明书。随即开始测量土地。据传，当年选地的人扛着竹竿向四面辐射行走，竹竿上挂着三角红旗，走累了，把竹竿插进泥土，圈内就是校园。就是这样用竹竿圈出来的校园，成为当时江西省占地面积最大的一所中等学校，着实令其他学校啧啧称羡。

不过，校址的选择仍缺乏预见性，当时没有考虑到距离320厂飞机跑道太近，且飞机起降方向朝向学校，随着航空技术的发展，喷气飞机的噪声，给学校教学工作带来严重干扰，飞机每次起落瞬间，讲课都要被迫停顿下来。当然，这一缺陷现在已经不存在了，320厂（现在的航空工业江西洪都航空工业集团有限责任公司）已整体搬迁至瑶湖航空城。

新学校的建设，按照第二机械工业部计划任务书的规定的设置6个专业、学生人数2400人的规模进行设计，遵循先教学后福利的建设方针。广大建设工作者发扬航空人战天斗地的精神，克服种种困难，加快了速度。1953年2月下旬开始测量土地，4月7日探测工作全部完成。3月31日与江西省建筑工程局工程处签订设计合同，4月10日完成草图设计，4月中旬订立总体合同，5月25日完成设计。1953年4月30日，航空工业局以（53）四校字第117号文正式批准同意学校的选址："你校四月二十日报告悉。关于校址问题，同意设在肖坊附近第二交通路以北地区，至土地购置及有关各项准备工作应即迅速进行。"[①]

1953年8月2日，开工典礼的鞭炮声在肖坊的建设工地上炸响，它标志着新校址的基建工作正式破土动工了。

整个基建工作进展迅速。学校的基建科成立不久，是个年轻的队伍，缺乏经验，技术人员少，力量不足。为加强跟地方政府和建筑单位的联络，基建科在南昌市上营坊23号附8号设立城内办公室。他们战天斗地，克服种种困难，同时得到江西省、南昌市党委和省财政委的重视与支持，以及市政建设部门给予大力协助，通过甲乙双方全体职工的努力，基建工作得以顺利进行。1953年全年建筑工程共计完成18767平方米，其中住宅

---

① 《同意校址设在萧坊附近第二交通路以北地区》，南昌航空大学档案馆电子档案，1953-永久-0006-003。

建筑面积7839平方米，投资额158.64万元。除水电等附属工程因计划批准较晚，全部建筑工程都已如期完成。

1953年12月下旬，学校与中南研究院签订各项设计合同，开始1954年基建工程。1954年是个特殊的年份，3—6月，江西连绵下雨，学校通往市区的第二交通路建筑工程修建缓慢，直到6月20日才修建完成，而且部分路基还很不好。这给运输材料和搬运机器等造成很大困难。市区通往学校工地的水电安装也很缓慢，上水道检修预计也要到11月间才可完成。在没有自来水的情况下，基建科不得不修建一座临时木水塔，打井汲水。1954年上半年完成了4136平方米的教学大楼等建筑。学校的一份报告说："江西各级党委及领导机关，对我校帮助是很大的，我校基建科亦做到了密切依靠了当地党委与政府，今年甲乙双方关系有很大改善，基本上达到团结，已开之工程，进度很快，估计在八月间迁校，除用水是一大的困难需一定的时间解决外，其他问题尚可逐步克服。"①

不过，也有一些小遗憾。在开始动工时，由于工作上的失误，将南北坐标定错，偏西19°30′40″，造成学生食堂和两栋家属宿舍方向不正，影响布局。另外，先建的一栋教学大楼房屋面积分配不合理，每间教室面积太小，只有45平方米，只能勉强挤坐30个学生。但总的来说，建筑质量是好的，工程进度是快的，为1954年暑期迁校并按期开课创造了条件。

三、在抗洪抢险中迁校

1954年4月13日，学校成立了迁校委员会，安排组织学校由汉口迁往南昌的各项工作。原计划1954年8月下旬开始将学生、职工迁至南昌，9月上旬迁移家属。但航空工业局指示学校在1954年8月底以前完成迁校任务，以确保1954级新生按时在南昌入校。结果，"迁校计划提前"。② 学

---

① 《1953—1954年教学工作总结报告》，南昌航空大学档案馆电子档案，1954-永久-0001-003。
② 《中南第一工业学校一九五四年度基建工作总结》，南昌航空大学档案馆电子档案，1954-永久-0006-001。

校上下，师生员工顾全大局，总体上是支持迁校工作的。学校也想方设法解决教职工的一些实际问题。当时，不少教师、职工要求把在其他单位工作的爱人调来本校工作。这是当时的实际困难。由于学校要迁到南昌，有不少教职工的爱人在汉口纱厂或其他单位工作，非常不方便。一份报告说："有的家庭全要靠自己照顾，一方面在学校工作，一方面兼做农业生产，如到南昌，家庭在武汉，自己到南昌去，所得工资照顾不了家庭困难，如带家属去也维持不了，这些实际问题我们提与南昌市委联系，是否可将在汉口工作之干部之爱人到南昌安置适当工作，对于实在有困难不能去南昌的同志，尽量与此政府交涉介绍适当工作。"①

1954年5月，学校研究了迁校计划及具体安排，6月正式开始迁校。学生方面，第一批搬迁的是工具专业，他们跨越高筑的堤岸，由汉口轮渡到武昌，再由武昌乘火车去株洲331厂，实习完成之后再由株洲坐火车到南昌。② 教工方面，最先搬迁实习工厂和教务处，暑期开始全面搬迁。

当时，迁校的整个工作十分艰难。1954年，整个长江流域突遭百年不遇的特大洪水的威胁，波及几个省市，运输工作繁忙，但在各方面的大力支持下，全校师生员工及家属听从指挥，服从安排，一方面响应中共武汉市委"战胜洪水，确保武汉安全"的号召，坚持5个昼夜，在硚口区汉江堤上筑堤防洪，防汛抢险。洪水未退，航校奉命调出33名学员到天津支援教育战线工作；③ 一方面做好搬迁的各项准备工作。

按原计划，全校师生乘火车去南昌，但由于洪水泛滥，铁路中断，学校不得不临时决定兵分几路，水路不通走旱路，旱路不通绕水路。

第二届毕业生钱光宙、陈玉秀记述了走水路的一批师生迁校历程：

---

① 《中南第一工业学校一九五四年干部工作计划》，南昌航空大学档案馆电子档案，1954-永久-0003-007。
② 陈宇鸣等首届学生：《回忆在汉口航校的日子》，夏立先：《岁月情深：昌航六秩回眸》，南昌航空大学校庆办公室编印（内部版），2012年10月，第4页。
③ 陈宇鸣等首届学生：《回忆在汉口航校的日子》，夏立先：《岁月情深：昌航六秩回眸》，南昌航空大学校庆办公室编印（内部版），2012年10月，第4页。

1954年夏天的一个清晨，师生员工数百人登上了沪申线上航行的轮船"江安号"。这是一艘客货混装的大型轮船，底层是货仓，上三层是客舱，从二等舱到五等舱和统舱，能容纳旅客2000千人左右。学生们自然坐的是最便宜的统舱。随着汽笛一声长鸣，轮船缓缓离开码头，驶向江心，在波涛汹涌，水流湍急的长江，迎着初升的朝阳启航了。举目西眺，雄伟的黄鹤楼渐行渐远，消失在茫茫江面，别了，黄鹤楼！别了，武汉！

洪水期间，江面宽阔，行驶在大江大浪中的巨轮依然平稳异常。船上活动空间很大，船头船尾上上下下都可自由走动，舒适度远胜汽车、火车等交通工具，唯一的缺点就是速度缓慢。同学们在统舱打开随身携带的草席，席地可坐可卧，舒适感也不亚于有等级的仓位。清晨看东方日出，傍晚观红霞映江，晚上赏两岸灯火，船尾螺旋桨卷起的浪花，吸引着成群的江鸥低空追逐，盘旋绕飞，形成一道独特的风景线，令人过目难忘。①

实际上，当时洪水滔天，形势险恶。但在钱光宙、陈玉秀两位校友的笔下，却是如此轻松愉悦，只把它当作一次旅行，体现了师生们不畏艰险的乐观主义精神。

8月初，1952级、1953级800多名学生和部分教职工乘轮船行至九江时，因上不了岸又顺势乘船驶往上海。经过三天两夜的航行终于顺利到达上海，在上海市北中学借宿休整，课桌当床，铺着席子过了一夜。第二天，在上海闹市区南京路一带，走马观花，当晚登上上海至南昌的火车，经浙赣线开往南昌。途中一段铁路被淹，若隐若现，火车在车站人员手势指挥下缓缓而行，终于穿过了洪水漫漫的危险路段。第二天下午，终于结束了这一次有惊无险的长途奔波，到达目的地南昌。

另一批在外地实习的学生和职工也从株洲、九江等地辗转至南昌。7月15日，职工家属抵达南昌，至8月6日，全校教职工和两届学生终于克服重重困难，胜利完成了迁校工作。

再一次创校，再一次面对艰辛，拓荒的前辈们有汉口历练的经验，更

---

① 钱光宙、陈玉秀：《从武汉到南昌——忆建校之初》，夏立先：《峥嵘岁月》未刊稿。

有战胜困难的勇气和信心。新一轮的"边学习边建校"的生活又开始了。当时的新校址有大小水塘20多个,坟堆乱岗随处可见。这的确是一个独具匠心而又充满国防、航空气息的校园。校园的正门朝南敞开,正对着320厂宽阔的飞机跑道,整个校园设计成一个巨大的停机场。每天,320厂的飞机不停地起飞降落,校园上空划过一道道美丽的云线。清晨,军号吹响,学员们迅速起床、洗漱、整理内务,然后集合跑向操场,早操的号子响彻晴空;上课了,一队队整齐的队伍走向教学楼;课余,到处是欢声笑语,清理建筑垃圾,拔除杂草,平整篮球场……俨如一支不穿军装的部队,给这片荒郊野地带来了勃勃生机!虽然没有现代化的施工机械,但创业者们硬是靠手挑肩扛,日夜施工,以航空人特有的速度建设着新校园。至1957年,学校建设基本完成,基建总投资为524.3万元,房屋建筑面积按每学生17平方米计算,共计建筑面积为4.08万平方米。一个崭新的校园横空出世。

1954年,开始了学校搬迁至南昌的第一次招生,共招生505人,在校学生达到1280人。9月4日,学校举行搬迁南昌后的第一次开学典礼。张时超副校长在典礼上面对三届学生,深情地说:"一年半前这里是一片农田,而现在却建立起了高楼大厦并使我们能按时开课。这些成绩是由于当地政府、党及全体同志的努力的结果。"[1] 从此,学校就在这片红土地上安上了新家。

原汉航的房屋建筑、水电设备等固定资产,通照二机部1955年2月10日电报指示,全部移交给部属第十局752厂接管使用,总值302万元。交接工作在部属中南办事处监督下进行,1954年8月21日开始,8月25日结束。从1954年9月1日起由752厂管理使用。汉口航校自此成为昌航人的记忆。

这就是昌航历史上的迁校史,全体师生员工一起团结奋斗,齐心协力,完成了波澜壮阔的迁校任务。1956年3月23日召开的首届党员代表

---

[1] 《1954—1955年校务会议记录》,南昌航空大学档案馆电子档案,1955-永久-0019-001。

大学特质文化的传承和创新：南昌航空大学的实践探索　>>>

大会上，牟桂本书记提到这次迁校历史时说："五四年汉口防汛，为了保卫全市人民生命财产安全，全校师生员工都踊跃地投入斗争，曾两个夜晚到堤上挑拾沙土。建校、选校任务的完成，基建科、实习厂、总务处大部分党员同志发挥了很大积极性。"①

选校、建校、迁校历时一年七个月，完成了一个壮举，体现了昌航师生一种胸怀大局，服从命令，乐观向上，艰苦创业的精神，这种精神，我们可以把它称之为"迁校精神"或"东迁精神"。

这是20世纪50年代的一次迁校历史，实际上，半个世纪之后，昌航历史上还有一次迁校历史，那就是由上海路校区，西迁至前湖校区，只不过这是一次同城的迁址，严格意义来说，它是一次扩校运动。

1999年以来，随着学校各项事业的发展和办学规模的不断扩大，上海路校区已不能满足学校发展的需要，必须扩大校区以寻求更大的发展空间。2001年学校作出建设前湖校区的科学决策。2002年12月26日，新校区开工奠基仪式在南昌市红谷滩施工现场隆重举行。前湖校区的建设者们在时间紧、任务重、客观条件十分艰苦的情况下，战严寒、斗酷暑、抗"非典"，克服重重困难，于2003年9月如期完成第一期工程建设任务。9月26—28日首批新生3000多人入驻新校区。10月7日，前湖校区举行了隆重的开学典礼。

2004年，体育训练馆、二期学生宿舍、教学楼二组团、标准田径场（看台）、教师过渡房、学生二食堂、图书馆、教学楼三组团、大学生活动中心等先后开工。2005年在建和新开工项目达30多万平方米，任务繁重而艰巨，是前湖校区建设的关键年。基建岗位上的干部、职工继续发扬"艰苦奋斗，不怕困难"的精神，克服了3期工程项目繁多、投资渠道复杂、外部干扰增多、管理难度加大、管理成本提高等困难，确保3期各项工程的顺利进行，全年共完成竣工面积近20万平方米，建成道路3000多米，布置管线20000多米，绿化面积45000平方米，完成投资2.5亿多元。

---

① 《中共南昌航空工业学校党委关于一九五四、一九五五年工作总结报告》，南昌航空大学档案馆电子档案，1956-永久-0001-004。

2006年6月,图书馆、行政中心、外专楼、海军学院楼、校园中心绿化景观建设等全部竣工并交付使用。7月底,四期学生公寓竣工并交付使用。9月底,教学三组团、逸夫楼相继竣工并投入使用。至此,一个占地2250亩,建筑面积近60万平方米的现代化新校区已经基本建成。

2006年8月10日,学校本部从上海路校区向前湖校区搬迁。8月底,除离退休处、成人教育学院、科技学院、校医院以外,学校管理部门和教学院系主体部分均已进驻前湖校区。9月1日发布《关于南昌航空工业学院本部迁址的函》。

这样,又一场迁校运动顺利完成。它同样体现了昌航人胸怀大局,服从命令,乐观向上,艰苦创业的精神,另外还体现了昌航人守正创新,追求卓越的精神,构成学校"迁校精神"的一部分。

第三节 勤工俭学精神

劳模精神、劳动精神、工匠精神,是我们这个时代所极力培养的。所谓劳动精神,是指崇尚劳动、热爱劳动、辛勤劳动、诚实劳动的精神。时代呼唤劳动精神,劳动精神推动着时代发展。在20世纪五六十年代,"教育与生产劳动相结合"写进了党的教育方针,并纳入国家宪法之中,全国各类学校把学生参加生产劳动作为一项主课,除了组织学生下厂下乡参加工农业生产劳动外,有条件的学校,还可以自办校办工厂和实验园地,有计划地组织学生参加工农业生产劳动进行教育。昌航在这方面也是个先进佼佼者,走在全国学校的前列。

首届学生入校后,汉航就把"劳动建校"的口号"响亮提出来",并认为这样有三个好处:"1.劳动的本身就是件很有益的体育运动和很好的思想改造。2.可节省国家开支。3.改造了环境卫生。"[①] 由于学校还在建

---

① 《校务会议关于当前工作的指示》,南昌航空大学档案馆电子档案,1952-永久-0001-002。

设之中，他们立刻卷进"劳动建校"的热潮。1954 年 8 月迁校南昌东郊，校园初建，首届和后面几届学生又赶上了"劳动建校"。据刚从汉口迁校来南昌的第二届毕业生钱光宙、陈玉秀回忆他们初入南昌校区的情景：

　　学校地处荒郊，四周稻花飘香，恰似一方稻田包围的孤岛。校园里瓦砾碎石遍地，杂草丛生，路面坑洼不平，显得异常凌乱。生活用水用的是井水，取水方式古老，一根粗大的竹竿做杠杆带动吊桶取水。到南昌稍事休息后，同学们立即投入到校园的清理整治，铲除杂草，修整地面。因为参加武汉防汛，期末考试是到南昌后进行的，当时采用的是抽签口试为主的方式，一个班的口试通常由上午一直进行到晚上，老师劳累，学生紧张。[1]

　　他们在校 3 年，除了学习，基本都是"劳动建校"，除此之外，他们还要下工厂教学实习、生产实习，所以，可以说劳动本身成了他们学习和生活的一部分。1954 年，学校的一份总结报告指出，通过工厂教学实习、生产实习，"提高了阶级觉悟，加强了劳动观点。在实习中，学生们成天与工人同志在一起，亲自体验到工人同志不怕艰苦，辛勤劳动和大公无私的精神，以及所表现的高度组织性和纪律性，都受到了深刻教育。"[2] 为培养学生的劳动观念，学校组织学生参观农业合作社，参加社会劳动，"植树、种向日葵、修公园、帮助群众割谷等"。[3] 学校团委致力于培养学生严守纪律，"文明行为、艰苦朴素、热爱劳动、爱护公共财产的优良品质"，组织开展各种义务劳动。学校团委 1956 年的一份首届团员代表大会总结报告指出，"广泛地组织了社会活动与劳动实践，加强了理论与实际联系。自 1952 年以后，团内社会活动就日益增加，例如最近两年来我们种植了部分的向日葵、蓖麻，帮助学校除野草，整理环境卫生，收集了近千斤的废

---

[1] 钱光宙、陈玉秀：《从武汉到南昌——忆建校之初》，夏立先：《峥嵘岁月》未刊稿。
[2] 《1953—1954 年教学工作总结报告》，南昌航空大学档案馆电子档案，1954-永久-0001-003。
[3] 《中共南昌航空工业学校党委关于一九五四、一九五五年工作总结报告》，南昌航空大学档案馆电子档案，1956-永久-0001-004。

铁，帮助附近农民秋收、积肥、扫盲、开展文娱活动，以及除四害，搞课外研究小组等"。①

1958年3月中央发布的《关于开展反浪费反保守运动的指示》指出，要打掉学生娇气、骄气和依赖公家包下来的思想，树立勤工俭学、刻苦学习的优良风气。之后，和全国各类学校一样，昌航很快掀起了勤工俭学的高潮。

1958年4月26日，学校发出的《关于在学生中开展勤工俭学活动的决定》提出："实行勤工俭学的目的是在于贯彻毛主席所提出的培养有社会主义觉悟的、有文化的劳动者的教育方针，使教育与生产相结合，理论与实际相结合，体力劳动与脑力劳动相结合，以进一步提高教学质量，并获得一定的经济效益，保证学校自给自足。"②学校做了声势浩大的动员，在开展教育革命的同时，学生中的勤工俭学活动迅速全面地开展起来。在校学生有1606人，在动员下放劳动锻炼时，全校青年学生99.8%都报了名，用大字报、决心书表示了自己的态度。全校建立了各种勤工俭学活动小组239个，参加活动的人数达到全校学生总数的93%。③

学生勤工俭学的主要途径是参加工农业生产。学校集中一切可能集中的力量，搞好校办工厂和校办农场的生产，保证生产任务的完成或超额完成。在这场勤工俭学活动中，学生开展了以下几个方面的勤工俭学活动：利用各专业车间、实验室，制造和加工各种产品，例如制氨、油漆、焊接日用品、锻造农具等；协助校办农场完成农业生产任务，及时供给肥料，管理全校树苗等；从事手工工艺劳动，比如缝纫、木工、电工、织毛线、描图等；搬运粮食、煤炭和承包一些基建工程的土方；从事理发、洗衣、补鞋等服务；校内外的各种义务劳动。时间上保证学习、劳动、休息三不

---

① 《团委向首届团员代表大会的工作报告（草案）》，南昌航空大学档案馆电子档案，1956-永久-0017-002。

② 《关于在学生中开展勤工俭学活动的决定》，南昌航空大学档案馆电子档案，1958-永久-0003-005。

③ 《南昌航空工业学校整风运动的总结》（1958年），南昌航空大学档案馆电子档案，1957-永久-0002-002。

误，学习、劳动两推动，原则上每周4~6小时。

为了搞好勤工俭学活动，学校除了进行广泛的宣传和思想动员外，在组织上也采取了一些措施，成立了以总务副校长张光庭为主任的勤工俭学委员会，办公室专职人员2名，各专科成立了分会，各班都成立了领导小组。

学校的勤工俭学活动，主要抓了工业和农业的生产。学校占地很大，原有一个较大规模的校办工厂，又利用校内空地开垦了校办农场。在这次勤工俭学活动中，具有得天独厚的条件，很好地发挥了作用。学校经过挑选，将600多名学生下放到校办工厂、校办农场，参加生产劳动，他们是勤工俭学的主力。同时组织其他学生有计划地安排一些时间到校办工厂、校办农场劳动，使得人人能够参与。

通过勤工俭学活动，把原来仅供教学实习用的工厂变成了也能直接创造物质财富的校办工厂。1958年，通过师生们的共同劳动，校办工厂的生产突飞猛进，全年共制造红旗鼓风机211台，两吨化铁炉46套，牛头刨床63台，大小水泵400套，以及煤气机、汽车零件、转炉、虎钳、扳手、铰链、划线盘等小型机械、日用五金产品30多种，创造的总产值达118万元，这个数字比1957年提高了近20倍！

下放到学生农场的107名学生，其中一半以上来自上海和其他城市，有不少人没有打过赤脚，有的连黄瓜、梨瓜苗也没见过，就是来自农村的学生，也没有人正式独立参加过农业生产。但是，他们迅速在校内开垦荒地117亩，种上12亩稻子、51亩黄豆、57亩蔬菜瓜果等，还饲养了439头猪。[①]

在校学习的学生，则利用每周一下午和其他一切可以利用的课余时间，成立了230多个勤工俭学小组，从事着竹具、木具、墨水、粉笔、胶水、订书机、牙刷、牙膏、去污粉、抛光膏、刺绣、印染、焊接、修补、

---

① 《南昌航空工业学校整风运动的总结》（1958年），南昌航空大学档案馆电子档案，1957-永久-0002-002。

第四章 八字学风：勤奋好学、实事求是

描图、缝纫、补鞋、文具、小型机械加工、运输、基建等 50 多种生产和劳动。①

学生还参加了"大跃进"运动。1958 年 8 月，社会主义建设总路线公布后，全国的"大跃进"运动轰轰烈烈。昌航全校师生也很快融入这个运动，整个暑假都未离开学校，迅速办起了大小卫星工厂 50 多个。9、10 月间组织大炼钢铁，成立了"转炉炼钢大队"，基本成员是学生，干得热火朝天。除此之外，每天还要抽出 7 个班的学生 300 人，去好几里之外的 320 厂，支援修飞机跑道。每天红旗招展，队伍进进出出，浩浩荡荡，好不热闹。

1958 年的勤工俭学还是属于运动式的，到了 1959 年，学校将学生参加生产劳动和公益劳动时间纳入教学计划，劳动成了必修课。1960 年学校实行教学、生产劳动、科研三结合，教师、工人、学生三结合，学校、工厂、科研机关三结合，学生下工厂、农场劳动是培养环节的必需部分。1960 年 2 月，学校又停课 16 天，参加计划外的劳动。同年，按省委通知，为支援钢铁生产更大的"跃进"，学校组织师生员工去南昌钢铁厂筑路一月有余，3 月 27 日至 4 月 29 日间，共挖土方 3.79 万立方米，停课 1 个多月。据统计，1960 年全年，学生参加工业劳动、农业劳动和社会公益劳动时间有 4 个月左右，有的班劳动时间多达 24 周，这个强度是十分之大的。

来自上海的 1958 级学生陈善钧回忆了在班主任胡祥采老师带领下赴南昌钢铁厂参加劳动的情形：

1958 年的"大跃进"年代，南昌市政府在学校东边的罗家集新建南昌钢铁厂。市里的机关、学校、部队都要参加平整场地义务劳动，低洼地要填平，多余的淤泥用火车运走。当年没有机械化设备，搬运土方只能靠人力。那次劳动适逢是初冬雨季，沥沥细雨下个不停，工地成了泥浆池，给劳动增加了难言的困难。

进入工地，江西籍同学挑着满担的湿泥，悠着扁担飞跑，光着脚上火

---

① 《蓬勃开展的勤工俭学活动》，南昌航空大学档案馆电子档案，1958-永久-0003-005。

车跳板，湿滑的泥浆对他们没有一点影响。上海同学的差距就显现出来，缺少劳动锻炼，肩不能负重，泥浆里掉鞋、滑倒，更不敢爬300毫米宽、坡度超过30度的跳板……胡老师对眼前的困难早有预案，给同学们创造一个参与锻炼的机会。第一，出发前，他为大家准备油布、油纸，保护我们随身带的被褥不被打湿。第二，我们休息的地方，是一座没有完工的厂房，胡老师组织大家在地上铺稻草，可安全舒适睡觉的床就成功了，给我们很大的鼓舞。第三，组织农村来的同学做草鞋，克服脚下打滑的问题。数量虽然不多，解了燃眉之急。第四，合理分工，女同学装土，上海男生少挑些，江西男生多挑些。第五，鼓励大家勇敢上阵，强调互相帮助，团结奋斗。

在胡老师的精心指导和带领下，同学们劳动热情十分高涨。肩膀压肿压破了，没有一人吭一声；在冬天里，江西同学都光着脚飞跑，上海同学光脚穿草鞋奔跑；跳板上沾满了泥，同学们互相搀扶，互相保护，避免了意外事故的发生。累了、伤了、病了，谁也不愿退缩。劳累一天的同学们晚上很快就进入梦乡，但有几个女生她们很晚才睡，一直在为男同学洗衣服。艰苦的劳动，把同学们的心拧在一起，同学的友情胜似兄弟姊妹之情。这次劳动让我们学会直面困难，磨炼坚强意志，是我们获得的最大收获。是啊，我们的进步，老师的亲切关怀和帮助，深深地埋在我们的心中。[①]

这段回忆让我们既可以领略那个火红的年代青年学生的乐观、豁达与激情，也可以领略昌航师生之间的关心、帮助与友爱。严格来说，这还是一群孩子，初中毕业来学校读书，大部分还没满18周岁，就经受了这么多的劳动磨砺，实属不易。

学校的勤工俭学活动符合当时的国家形势要求，师生热情都很高，劳动生产干劲足，创造的财富大大超出了计划。学生的干劲"一般胜过教职工"，由于在同类学校中表现非凡，荣获南昌市1958年上半年评比单项优

[①] 陈善钧：《回眸在母校的岁月》，夏立先：《峥嵘岁月》未刊稿。

势红旗奖。① 1958年12月,江西省有关部门选择在昌航召开了全省工业学校勤工俭学现场会。1958年昌航被评为南昌市文教系统先进单位,校办工厂的代表还出席了江西省先进代表大会。1960年,学校参加了全国文教群英会。这些成绩和荣誉都是昌航师生辛辛苦苦干出来的。

总的来说,学校开展的勤工俭学活动是适应全国形势的需要,有其积极意义,主要是:第一,增强了学生的劳动观念,转变了一部分学生轻视工农、轻视体力劳动的思想。改变了资产阶级的"万般皆下品,唯有读书高"的旧观点和旧思想,使学生"建立了工农感情"。有学生说:"大小便、垃圾这些脏东西、臭东西,过去是掩鼻而过,现在非但不感觉脏和臭,而且是生活中不可缺少的宝贝了,在它们后面隐藏有稻花、黄豆的芳香。"② 第二,为国家创造了一定数量的物质财富,弥补了国家对学校投资的不足。1959、1960年,学校除实现行政费用完全自给自足外,还分别结余资金150万元、307万元。第三,使学生掌握了工业生产的一般操作技能,促进了理论与实际相结合。在工厂中锻炼的学生一般可以做简单的工件,进步快的在生产效率上可以赶上三级工。学生黄顺蒂改进车刀,提高生产效率四倍,学生周福林还设计了一个自动电焊机。③ 此外,还增强了学生体质,健康水平较以前有所提高。

学校在总结建校10周年成绩时指出,从1952年到1962年,"组织师生参加生产劳动,锻炼了思想,丰富了实际知识,并且为国家增加了产品,节约了资金"。10年来,在全体职工和学生的努力下,学校共生产各种机床995台,较大型的设备43套,总产值达到1950余万元,与此同时,广大师生员工紧密地结合教学生产,开展了科学研究工作和技术革新、技术革命运动,不仅提高了师生、职工的科学技术水平,而且为教学、生产

---

① 《南昌航空工业学校生产教师跃进工作补充总结》,南昌航空大学档案馆电子档案,1958-永久-0003-002。
② 《南昌航空工业学校整风运动的总结》(1958年),南昌航空大学档案馆电子档案,1957-永久-0002-002。
③ 《蓬勃开展的勤工俭学活动》,南昌航空大学档案馆电子档案,1958-永久-0003-005。

提供了一些必要的设备。①

但是，在那个"大跃进"时代开展勤工俭学活动，必然会出现一些不足之处。一是提出一些不切实际的口号，刮起了浮夸风、高指标。比如，1958年学校第三届党员大会关于勤工俭学的决议中提出：今后一年的生产目标是"工厂五十个，产品一百种，五十赶国内，十项超英美，指标翻一番，产值八百万"。② 在学校农场勤工俭学的学生"提出晚稻争取亩产一万二千斤，红薯由亩产二万斤跃为三万斤，梨瓜的亩产量由三千斤跃到五千斤，超过了当地农民的生产水平"。③

二是学生的劳动时数过多，理论教学时数被压缩，影响教育质量。比如，学校第九届的1958级学生与第三届的1954级学生相比较，理论教学时间由112周压缩到82周，而教学实习（生产劳动）时间却由14周增加到44周。理论课总学时数被压缩了28%。加上当时政治运动频繁，学校经常性地停课突击劳动，势必造成教学秩序混乱，使这一阶段的教学质量明显下降。学校对1958年的工作总结为此做了反思："在过去的一年中，特别是七八九十几个月当中，对劳动、休息、学习的时间安排欠妥当。如有时劳动了一天没休息，第二天就上课；有时虽然是利用星期天补课，但影响了学生的休息，效果不好；有时几种运动同时进行，如炼钢、教育革命、体育锻炼通过'四红'、文娱汇演、文艺创作等这样全面性的运动，往往有两三个同时或先后交错一起来，这样就使学生过分紧张，因而有些学生睡眠不足，有些学生干部夜晚十二点时后还不能睡。"④ "在1960年一年中，有的班次校内外劳动时间竟达五个月左右，一般的也都有四个月左

---

① 《十年来的学校工作（1952—1962）》，南昌航空大学档案馆电子档案，1962-永久-0008-005。
② 《中共南昌航空工业学校第三届党员大会决议》，南昌航空大学档案馆电子档案，1958-永久-0001-001。
③ 《南昌航空工业学校整风运动的总结》（1958年），南昌航空大学档案馆电子档案，1957-永久-0002-002。
④ 《党的教育方针的胜利——南昌航空工业学校1958年工作总结》，南昌航空大学档案馆电子档案，1958-永久-0021-009。

右……这都使教学工作受到一定的影响"。①

学校从汉口迁到南昌后，经过10多年的建设，各个方面都取得了较大的发展，也具有较大的社会影响力，有一定的口碑。学校的培养质量总体是比较高的。1963年5月，学校根据三机部教育局的指示，进行了一次专业调查。从1955年至1961年，学校共毕业了9届学生，据学校这次对毕业生培养质量的调查，工厂对这些毕业的学生基本上是满意的。一些工厂认为，南昌航空工业学校毕业生是工厂冶金系统的开路先锋。但相比较而言，第八届（1957年至1960年在校）、第九届（1958年至1961年在校）学生的质量较差，当然不是全部学生都比较差，也不是各个方面都比较差。造成第八届、第九届两届学生培养质量下降的原因是多方面的：一是新生入学的水平有所下降；二是"大跃进"教育革命造成教学管理混乱，教学秩序不稳定；三是勤工俭学活动造成教学内容变动多，劳动过多，削弱了基础理论的学习；四是师资平均水平下降；五是当时的群众运动不断，社会活动过多，而学校缺乏深入扎实的思想政治工作。

此外，还有一些客观因素影响了学校的教育教学。1958年学校处理因之前实行的"二部制"而造成的"洪峰"学生，结果对1956年春秋两次入学的2200多名学生，除了留下1300多人继续学习外，下放校办工厂和校办农场600多人，按学校与南昌钢铁厂1958年2月签订的合同，调给该厂200人。1959年至1961年这3年期间，我国经济发生严重困难，师生员工的身体素质普遍下降。1960年开始，学校曾一度发生较多的浮肿病患者。

1958年开始的勤工俭学活动虽然告一段落，学校的教育教学进入调整提高阶段，但是教育与生产相结合，理论与实际相结合，体力劳动与脑力劳动相结合的理念一直贯彻下去，学校的劳动教育的传统一直延续下去。

1966年5月至1972年4月，学校经历了"停课闹革命"、改厂、并

---

① 牟桂本：《高举总路线的红旗，为切实提高教育质量而努力——1961年10月25日在南昌航专第五届党员大会上的报告》，南昌航空大学档案馆电子档案，1961-永久-0001-002。

厂、迁厂的曲折过程，各方面都遭受到严重的破坏。"文化大革命"初期，学校试行半工半读，学制为4年。1969年停学办厂。1972年4月复校办2年制技工班，招生对象主要是经过一定劳动锻炼，具有初中毕业文化程度，年龄16岁至22岁，政治思想好，身体健康的"上山下乡"及回乡知识青年。毕业后由三机部统一分配，成为技术工人。从招生对象和培养目标来看，学生的劳动时间明显增多。

学校复校后，学校师生员工除了学习和大量的教学实习、工厂实习，还积极开展了建设人民防空工程，俗称挖"防空洞"。1972年12月，作为国防军工类院校的昌航，响应中央号召，开始在校内挖掘防空洞。按照南昌市革命委员会对构筑防空工事的要求，学校拟订了1973年至1975年构筑防空工事的三年规划。

挖防空洞可不是一件容易的事，比起以前的"劳动建校"还要艰苦。1973年开始，全体师生组成浩荡大军，开始了肩挑背扛的"挖洞"工程。半工半读的学生们，在学校"精打细算"之下，充分利用课余、节假日时间"挖洞"。下课铃声一响，等候在教室外的班主任老师就领着同学奔向工地。挖洞的艰苦是常人难以想象的，并且一挖就是一个月之久。对于刚入校的新生，挖洞成了考验毅力、磨炼意志的必修课。农村来的同学还算好些，那些来自上海、北京等大城市的同学可算是"遭了殃"。他们甚至连泥巴都很少见过，更不要说那些锄头铁锹、扁担箩筐了。显然，他们比来自农村的同学付出了更多的考验和艰辛，他们挑担的动作僵硬笨拙，扁担一头高一头低，怎么也保持不了平衡，慌乱中用手拼命去压高的那一头，用另一只手去提低的那一头，结果一个趔趄倒在泥土中，引来周围同学的哄堂大笑。这些来自大城市的娃，几乎没有经历劳动的苦，细皮嫩肉的手磨出了厚茧，柔弱的肩膀磨破了皮，鲜血直流，吓得一些女同学号啕大哭，但还得笑着坚持下去，以免被人认为革命性不够坚定。这真是苦中取乐！

经过全校师生的苦战，1973年除完成南昌市主干道10米深工作井1个和干道工程177平方米任务外，还完成校内人防工事162平方米。至

1976年底，4年共完成校内人防工程1485.5平方米。"文化大革命"结束后，又发动全体师生苦战6年，到1982年止，共构筑人防地道2355平方米，并基本能配套使用。

自从学校有了防空洞，防空演习时常在课间课余进行，尖锐的警笛响起时，师生一起整齐有序地进入防空洞，大家悄然无声，面色沉静轻松；解除警报的笛声响起时，大家又有说有笑地走出防空洞。

前人栽树，后人乘凉。学校不仅加强了人防工程的建设，还把它进行规划，以便充分利用。为贯彻平战结合方针，发挥人防工程在和平时期的作用，学校采取了一些措施：一是凡新开工建设的工程，必须是教学、生产、生活等方面平时用得上的。1979年，南昌市西湖区下达学校450平方米人防工程任务，学校根据当时教学的需要，挖了一个长宽各10米、高5米的地下室，作为电化教室兼会议室。二是改造和完善部分已有人防工程800平方米，其中阅览室单元840平方米，学生食堂副食品贮藏室40平方米，俱乐部840平方米，整个人防工程平时可用面积2250平方米，占总面积的52.7%。1979年，学校完成向摩托车总装车间送地道冷风降温的全部工程。1980年完成向学生食堂输送地道冷风的工程。1982年又完成向大礼堂输送地道冷风工程。

电化教室、会议室、阅览室、学生食堂副食品储藏室、俱乐部都在防空洞里，多么富有创意，也是因地制宜。南昌的夏天炎热，空气中到处弥漫着一股炙烤的味道。善于利用资源的昌航人，巧妙地想到了防空洞这现成的避暑资源。有一段年份，每当黄昏时分，同学们夹着草席、带着书，家属区的教职工及其家属扇着蒲扇、拿着凳、椅，悠闲地晃进防空洞。同学们在这里温习功课，老人们在这里大摆龙门阵，偶尔还有小孩子奔跑哭笑的声音……这防空洞简直就是"免费空调"！就连学生食堂、大礼堂和校办工厂车间也从这防空洞里抽调免费的冷气，巨型的管道口，喷吐着翻滚的冷浪。在那个没有空调的艰苦时代，防空洞给昌航师生们无尽的乐趣。

师生员工们享受着免费空调的时候，一定对当年那些含辛茹苦地挖掘

大学特质文化的传承和创新：南昌航空大学的实践探索 >>>

冷风地道的建设者们心怀感激。很多当年的建设者也常常会想起那段特殊的经历。1976届校友，曾任中国航空工业第一集团贵州安吉航空精密铸造有限公司党委书记的俞汉桥曾多次忆起当年学校组织学生挖防空洞的情景。起初，他认为只要把学习搞好了就行了，怎么也不明白学校为什么会安排他们去做那些事情。几年后，他才逐渐明白了个中道理，他说：

挖防空洞表面上看只是一项体力劳动，其实是对他们意志的一种锻炼。在昌航学习两年，不仅为我今后的成长之路指明了方向，同时也使我对人生和世界有了更进一步的认识和了解……在中专学校中，我可以毫不夸张地说，我们昌航是一流的，培养出来的学生也是一流的，我至今都为自己能进入昌航读书而感到骄傲和自豪。①

如今，电器空调设备早已普及到家家户户，钻防空洞已不再是昌航人取冷乘凉的主要渠道，但在这里发生的那段历史，那些故事仍为昌航人所津津乐道，而由那段历史演绎出的革命乐观主义精神更是在昌航人中代代相传。

学校的勤工俭学制度一直持续到90年代末，虽然没有像50、60年代那样"兴师动众"，但也是令昌航人回味无穷的。作者1996年来到学校工作，师生每周都有固定的劳动时间，有固定的卫生包干区，每周都要参加义务劳动。家属区每周固定一个早上，拔草、打扫卫生，人人参与。随着高考制度和市场经济的进一步推进，劳动教育在实践中逐渐淡化，普遍存在这样一种现象：在学校中被弱化，在家庭中被软化，在社会中被淡化，在研究中被虚化。有时可能打着"勤工俭学"的名称，但已经淡化了劳动的概念，代之以"物业公司""志愿者""主题教育"等新称呼。

尽管如此，勤工俭学在学校历史上，在校风、教风、学风建设上发挥了积极作用，也铸就了一种精神，包括艰苦奋斗、勤俭节约、积极乐观等

---

① 张屹竑：《黔之星——记七六届毕业生、中国航空工业第一集团贵州安吉航空精密铸造有限公司党委书记、副董事长喻汉桥》，沈国英、罗黎明：《奋飞》，航空工业出版社2002年9月版，第81页。

等，我们姑且把它叫作"勤工俭学精神"。

令人感到振奋的是，近年来，党中央对劳动精神的培育越来越重视了。2020年7月，教育部《关于印发〈大中小学劳动教育指导纲要（试行）〉的通知》将劳动素养纳入学生综合素质评价体系。相信"勤工俭学精神"将会在昌航焕发新的光辉。

第四节　国防精神

1958年9月初，锻冲专业的新生陆可君从上海来到学校报到，第二天，进入教学大楼，"团结、紧张、严肃、活泼"八个大字高挂在教学大楼上方。他说，这八个大字，"教育、激励、陪伴着我们直至毕业，至今还历历在目，永世不忘"。[①]

"团结紧张、严肃活泼"的校风统一挂在每个班每个教室的黑板的墙面上。这就是昌航人对国防建设的一种特殊情感，形成了自己的国防精神。从一般意义上来说，国防精神是人类在长期的国防实践和斗争中产生的一种社会意识。我们中华民族自古就有"御敌图存，尚武卫国"和"天下兴亡，匹夫有责"的传统国防精神，在抵御外侮方面发挥了极其重要的作用。在建立新中国的伟大斗争中，国防精神得到进一步发扬，建立了自己的人民政权。中华人民共和国建立之后，面对国内外复杂形势，西方国家亡我之心不死，以爱国主义精神为核心，包含革命英雄主义精神、民族自强精神、爱军习武精神、艰苦奋斗精神和无产阶级国际主义精神等内涵的国防精神形成一股巨大的凝聚力和向心力，在军事上转化为强大的战斗力，保卫政权，在经济上转化为巨大的生产力，建设国家。

[①] 陆可君：《难忘的一九五八年》，夏立先：《岁月情深：昌航六秩回眸》，南昌航空大学校庆办公室编印（内部版），2012年10月，第36页。

一、"三八"作风和"三大观念"的培育

昌航的前身汉口航空工业学校在抗美援朝的战火中诞生，国防精神与生俱来。航空工业是国防事业的一部分，是中国人民解放军空军和重工业部一起筹划而来的。汉航的首届学生从中南军区所辖6个省军区的中国人民解放军和人民志愿军现役干部、战士中选拔而来，确定录取后即作转业办理，成为通常所说的调干生。他们多是身着黄军装走进了校园，整个校园几乎就是一座军营，很多学员依旧穿着军装学习、生活。学校的校风、学风建设与国防航空特色紧密相连，一开始就把"三八"作风当作校风来培养。学生一入校，学校就对学生加强航空精神的教育，说明航空事业的重要性，指出"航空事业是为祖国、为人民、为世界和平服务的"，"国家和人民赋予我们的任务是多么崇高伟大"，鼓励同学们接受这一光荣任务，"以祖国利益也就是人民利益为重"。① 学校特意为这届学生制定了特殊的礼节制度：首长报告上下课均需由值星员喊立正坐下；室内见首长和部门负责同志、辅导员和教师时，应先喊报告而后进；在任何地方学员找负责同志谈问题时，如果穿军服、制服就要行敬手礼，如果穿便衣则行鞠躬礼或点头礼；外出人员必须服装整齐清洁。② 学校的国防文化就在首届学员的身上种下了种子。

1954年8月迁校南昌后，学校仍具有神秘的国防军工色彩，校门有士兵站岗，启用"南昌市十一号信箱"作为通信代码，这个号码在1953年基建处来到南昌勘探和建设校园时开始使用。③ 校内对学生实行半军事化管理，要排队去吃饭排队唱歌去教室上课。

20世纪60年代，学校开展了一场又一场学习解放军活动。1960年5月，在第四届党员大会上，提出要继承革命光荣传统，发扬"三八"作

---

① 《校务会议关于当前工作的指示》，南昌航空大学档案馆电子档案，1952-永久-0001-002。
② 《校务会议关于当前工作的指示》，南昌航空大学档案馆电子档案，1952-永久-0001-002。
③ 《告我校详细地址出》，南昌航空大学档案馆电子档案，1953-永久-0003-003。

第四章 八字学风：勤奋好学、实事求是

风，正式把"三八"作风作为学校的校风，全校迅速掀起一个学习、宣传和贯彻"三八"作风的高潮。1961年4月，在加强对学生的阶级教育和革命传统教育基础上，深入进行了"三大观念"，即国防观念、战争观念和为国防建设服务的观念的教育，以及"三八"作风的教育。培养"三八"作风的重点在于"形成一个心情舒畅、生动活泼的政治局面，培养努力学习，刻苦钻研的良好学风，发挥严肃、严格、严密的科学精神"。通过一年的国防观念和"三八"作风的教育，"师生员工的战争观念、国防观念和为国防建设服务的观念普遍有所加强，激发了作为国防工业职工的责任感和荣誉感"。[①] 1962年8月，学校着重加强了革命人生观教育和"三大观念"的教育，"明确树立国防观念，培养'三八'作风"。[②] 1963年3月9日，学校党委在学生中开展向雷锋同志学习，向"南京路上好八连"学习活动，"团结紧张、严肃活泼的新校风，得到了进一步的发扬"。[③] 1964年3月25日，为了更好地向解放军学习，进一步加强学校的思想政治教育工作，学校宣布成立党委领导下的政治部，全校再一次掀起了学习人民解放军，学习抗大的热潮。"贯彻'三八'作风之后，学生的组织纪律性已大大增强，团结紧张、严肃活泼的局面，正在逐步形成"。[④]

在学校的中专专科时期，国防精神逐渐扎下根。学校清醒地认识到，"我校是整个社会主义建设事业中的有机组成部分，是国防工业战线中的生力军"，对实现"为建立现代化的、强大的、独立完整的国防工业体系而奋斗"等任务"有重大的责任"，[⑤] 因此，必须在广大师生员工中加强

[①] 牟桂本：《高举总路线的红旗，为切实提高教育质量而努力——1961年10月25日在南昌航专第五届党员大会上的报告》，南昌航空大学档案馆电子档案，1961-永久-0001-002。

[②] 牟桂本：《中共南昌航空工业专科学校第五届委员会工作报告》，南昌航空大学档案馆电子档案，1962-永久-0001-002。

[③] 牟桂本：《中国共产党南昌航空工业学校第六届委员会工作报告》，南昌航空大学档案馆电子档案，1963-永久-0001-004。

[④] 牟桂本：《中共南昌航空工业学校第七届委员会工作报告》，南昌航空大学档案馆电子档案，1965-永久-0002-001。

[⑤] 牟桂本：《高举毛泽东思想红旗为达到全国同类学校最先进水平而奋斗——1960年5月13日在我校第四届党委大会上的总结》，南昌航空大学档案馆电子档案，1960-永久-0001-003。

大学特质文化的传承和创新：南昌航空大学的实践探索　>>>

国防精神的培养。1962年建校10周年，学校总结经验，第一条就是"必须深入全面地贯彻执行党的教育方针，坚持国防工业学校学生的培养目标"。① 此后，学校持之以恒抓国防教育，在1965年的第七届党员大会上形成了经验做法，主要是：第一，反复教育，启发自觉。第二，干部带头，为人表率。第三，经常培养，严格要求。在学生中重点是培养艰苦奋斗的作风，团结和活泼的风气，加强组织纪律性，注重文明礼貌，继续搞好内务整洁，坚持"四队两操"，使"三八"作风和国防精神"真正在我校发扬光大"。②

二、自训路上排头兵

学校改建成本科学院后，仍然延续了良好的国防氛围，继承了"三八"作风，并且守正创新，形成了在全国具有影响力的学生军训教官制度、班级管理员制度、海军国防生培养的"昌航模式"。

进入八九十年代以后，你会发现，在昌航校园的清晨，学生们列成一排排、一队队，在上军训课。而那些教官不是来自正规部队的士官，而是青春朝气又略带稚气的学生娃。

进入新世纪后，昌航对校园文化做了"十一五"计划（2006—2010年），要求校园文化建设"突出国防、航空特色，进一步弘扬昌航精神，培育优良校风、教风和学风"，在学风培养方面要求进一步彰显学校的"教育特色"，那就是"国学根底，军队作风，专业素养"，③ 其中的"军队作风"就是要对学生实行半军事化管理，培养学生忠于祖国、严格守纪、雷厉风行的军人作风。这是对1952年以来"三八"作风的传承和创新。

---

① 《十年来的学校工作（1952—1962）》，南昌航空大学档案馆电子档案，1962-永久-0008-005。
② 牟桂本：《中共南昌航空工业学校第七届委员会工作报告》，南昌航空大学档案馆电子档案，1965-永久-0002-001。
③ 《关于颁发〈南昌航空工业学院校园文化建设"十一五"计划〉的通知》，南昌航空大学档案馆电子档案，2007-DQ-11-YJ-005.019。

1978年4月，南昌航空工业学校改建南昌航空工业学院后，进行了一系列的教学改革，军事训练是其中最为闪亮的一环。匡璧民教授，是昌航1968届的毕业生，这位在昌航求学、任教，土生土长、家喻户晓的传奇人物，深得昌航国防教育的精髓，自创了"有昌航特色"的军事训练模式，并带着这种特色模式走出昌航，冲出江西，走向全国。

1978—1984年期间，昌航的学生军训依然沿袭传统的纯体力型的外场训练模式。1985年，从事军事理论教学多年的匡璧民匠心独运地提出集中与分散开设军事理论教学和军训相结合的改革方案，由昌航自己对学生开设军事理论课，有重点地对学生进行有关爱国主义、国防知识教育，并聘请15~18名武警官兵担任外场教员。这一军训模式一经推出，立即受到南昌军分区、江西省军区和南京军区等上级军事机关的高度赞扬，他们还建议向全国各军训院校推广普及。

1986年，学校高度重视国防教育，设立军事教研室，与武装部合署办公，在人、财、物、场地及课时等方面对军训予以倾斜。匡璧民深受鼓舞，通过对前10年军训之路进行回顾和总结，1989年又提出分散开设军事理论课，完全依靠学校自身的师资力量、教学设施、训练场地开展军训，将过去集中训练两周改为每周集中一天，延续一个学年的新思路。这一改革，使得学生在组织纪律、行为举止上有了一个良好的养成过程，学风大大提高。此法一出，好评如潮，江西省教委号召全省高校向昌航"看齐"，航空部专家称赞其"一枝独秀"。[①] 1991年，昌航在江西省教委、省军区组织的全省高校军训工作检评中名列第一，被誉为"江西省高校军训工作的排头兵"。1992年8月，昌航又被国家教委授予"全国高校军训工作先进单位"称号，光荣地名列全国十所非军训试点院校之首。

昌航的发展日新月异，匡璧民的军训改革方案也层出不穷。1993年，曾经在毕业后当过兵的匡璧民从美国西点军校的训练方法中找到了灵感。昔日，西点军校中只有正规的训练由教官负责，而一些日常琐碎的事情则

---

① 姚文滨：《自训路上第一人——记江西省教书育人先进个人匡璧民》，沈国英、丁群安：《昌航人》，航空工业出版社1997年9月版，第116页。

由高年级的同学负责管理低年级的同学。受此启发，著名的"匡氏自训法"诞生了，并在机械系试点。首批的8名品学兼优、军事素养过硬的高年级学生经过严格的培训成为学生军事教官，全权负责新生的军训、学习、生活和日常管理。这一实践于当年被江西省教委授予"教学改革一等奖"，并被国家教委授予"普通高校国家级优秀教学成果二等奖"，成为全国唯一的一项军事教学成果奖，并在多年内保持独一无二的地位。1994年老生带新生的自训方法在全校全面铺开。之后，每年暑期，选拔出来的几十名学生军事教官要到南昌军分区教导大队进行强化训练，骄阳似火，水泥地面温度高达50多度，学生军事教官依旧摸爬滚打搞军训，锻炼出了坚强的毅力和过硬的军事本领。训练合格之后，才可以带新生进行军训。这一自训方法由全国军训办公室向全国各高校推广。

"箫韶九成，凤凰来仪"。一时间，"匡氏自训法"名噪全国，前来参观取经的高校络绎不绝，前后多达几百人次。

时至今日，学生军事教官的选拔日益规范、激烈，成为军事教官是综合素质优秀的象征，也是一种荣耀。军事教官也成了学校一道亮丽的风景线，他们身着橄榄绿的行头行走在美丽的校园是何等引人注目。擦肩而过的一刻，同学们会不经意地说："那是教官！"言语中，流露出几分羡慕、几分敬佩和几分感激，因为他们都经历了教官们严格的训练，留下了深厚的感情和有趣的回忆。一张学生教官证，意味着成熟与稳重，意味着威严的目光，沉稳的行动，越来越多的优秀学子跃跃欲试，但那需要付出无比的艰辛。

"当教官只是一时的辛苦，不当教官却是四年的遗憾！"在昌航，学生们把竞选教官看得比考研还难，这需要高尚的思想品质，出色的组织能力，出众的沟通能力和优秀的学习成绩。经过层层筛选，通常是上百人中才能有一人最终竞聘上一个教官。

"匡氏自训法"发挥着无比的教育威力，它使严格的组织纪律、文明的行为举止、优良的学习风气在昌航校园逐渐养成。昌航不仅教给学生理论联系实际的专业知识，而且培养了他们吃大苦、耐大劳的坚强毅力和识

第四章 八字学风：勤奋好学、实事求是

大体、顾大局的集体主义精神。正如97222班陈清泉、刘恒两位同学所写的《致教官》中的一段："拼搏向上的精神于风雨中树起，纯洁真挚的友谊在无声间建立！通过军训的洗涤，我们学会了人生的敬礼！"昌航的学生，很多人最难忘的四年，还是昌航的军训。在许多作品和年终、毕业文艺演出中，军训题材的节目从未断线。他们难忘军训中的喜怒哀乐，难忘军训中的每时每刻，难忘军训中每一段小小的插曲。军训带给了他们无尽的欢乐和回忆。他们将这段绚丽的岁月永远都珍藏在心中。

除了军训，学校还非常重视对学生开展各种国防教育，开展了系列活动。1994年5月，学校举行首次升国旗仪式。训练有素的学生军训教官承担了这一神圣的使命，400余名学生列队参加了升旗仪式。此后，升国旗仪式定期举行，受到师生员工的好评和欢迎。

进入21世纪，"匡氏自训法"在昌航不断创新，发展成为军训教官兼任班级管理员制度。学校2006年年度教代会提出："形成学生教育与管理的校、院（系）、班三级学生教育与管理机制。"[1] 2006年4月，时任学工处处长的蔡江川与海军学院协商，向学校党委提交了《关于实施06级学生军训教官兼任班级管理员的报告》。建议学校从2006级新生开始，实行从二年级优秀大学生中选拔军训教官兼任班级管理员制度。学工处的这份报告很快得到了学校党委的认可和批准。基本做法是：第一，班级管理员带班期限为大一和大二两年。第二，带班期间军训教官和所带班级学生同住宿舍，加强行为养成。第三，除完成所带班级的军训任务外，主要利用业余时间开展这些工作：协助辅导员组织开展班级活动，比如，组织班级学生的早锻炼，晚自习，开展文体活动，参加校、院开展的主题教育和素质拓展活动；协助班主任做好班委选拔、班级评优评先和贫困生建档推荐等相关工作；及时向辅导员反馈学生遵守纪律情况。

军训教官兼任班级管理员制度的实施实现了学生管理工作和学生个人成长的"双赢"。首先，自2006年起，学校为每个新生班选拔一名学生担

---

[1] 《关于印发〈校长刘高航在七届二次教代会上的工作报告〉的通知》，南昌航空大学档案馆电子档案，2006-DQ16-YJ-006.001。

任军训教官兼班级管理员,他们把军人作风和严密的组织纪律性引入到班级管理中,促进了班风、学风和校风建设,学生违纪率和突发事件明显减少。军训教官兼班级管理员成长为学校学生管理的一支特色队伍和重要力量。从2006年起,每年迎新、学校更名升大学、教育部对学校办学水平评估、2000多名学生校外迎接奥运火炬等大型活动的学生组织工作,基本上是依托这支队伍来完成的,他们为加强和改进学校学生思想政治教育和管理工作发挥了重要作用。其次,班级管理员在带班过程中,自身综合素质也得到了锻炼和提高。以首届105名班级管理员为例:他们中有95人(90.4%)光荣加入了中国共产党;有37人(35.2%)担任校、院主要学生干部;有80人(76.1%)获得奖学金;有67人(63.8%)获省、校级荣誉表彰;有19人(18%)考取研究生;一次性就业率达10%,他们中不少人毕业走向工作岗位后,很快成长为单位的业务骨干和中层管理干部。[①]

学校实施军训教官兼班级管理员制度,收到了很大效果,也受到省教育厅领导的重视和好评。学校多次在江西省高校学生工作会议上做大会发言和经验交流。至今,学校仍然延续着这一制度,一批又一批的学生骨干在队伍中成长,既延续了学校的"三八"作风,弘扬了国防精神,也成为昌航学生管理工作和学生骨干队伍建设的亮点和特色。

三、海军国防生培养的"昌航模式"

进入新世纪,为加速军队高素质干部队伍建设,中国人民解放军决定依托普通高校培养军队干部。学校高度重视,抓住机遇,着力在培养国防生方面作出自己的贡献。2003年6月,教育部高校学生司、原总政治部干部部联合发文公布2003年从普通高等学校在校生中选拔国防生计划。学校在"测试技术与仪器"等8个专业中选拔60名本科二年级在校生为国防生。

[①] 蔡江川:《责任与自豪——我在学工处工作的那些年》,《传道授业话昌航》编写组:《传道授业话昌航》,江西高校出版社2017年10月版,第148-150页。

第四章 八字学风：勤奋好学、实事求是

2003年11月，中国人民解放军海军决定依托昌航选拔培养干部，海军政治部在学校设立了"中国人民解放军海军驻南昌航空工业学院后备军官选拔培养工作办公室"（简称"选培办"）。这样，从2003年起在学校开展选拔培养干部工作。

在全国数百所高校中，海军之所以单单选中昌航作为航空国防生培养的依托单位，原因主要有3个方面：一是因为昌航是江西省政府和国防科工委的共建高校，与我国的国防事业有着密切而悠久的历史联系。二是昌航长期为中国航空工业培养人才，航空专业教育特色鲜明，所培养的学生从事航空技术保障工作具有扎实的专业知识等多方面的优势；三是昌航每年都向海军部队输送了许多优秀的毕业生，他们在部队表现优秀，以他们良好的素质和扎实的专业技术能力，在海军中赢得了普遍的赞誉。其中一位优秀的毕业生代表是乔树国。

乔树国，辽宁省凌源市人，家境贫寒，1994年进入南昌航空工业学院电子工程系学习。他勤奋上进，获得过7次奖学金，有多项科技发明，其中《激光超声测距仪》受到团中央、中国科协和全国学联的联合表彰。1998年以优异的成绩毕业后，他婉拒了老师让他留校的建议，毅然在海军招生协议书上签下自己的名字，作为军队首批从地方大学选拔的人才走入蓝色军营。2000年9月7日在一次执行海上装弹任务时，弹体发生意外爆炸，担任北海舰队开封舰电子战分队长的乔树国，因抢救战友而壮烈牺牲。9月18日，北海舰队政治部批准乔树国为革命烈士，并号召全体官兵向他学习，某驱逐舰支队党委为其追记二等功。校友乔树国的光辉事迹强烈地震撼了昌航的每个师生员工。2001年3月26日，学校党委作出向乔树国烈士学习的决定，广大师生员工慷慨解囊，资助英雄家属。4月21日，学校隆重举行乔树国烈士事迹报告会，全校上下形成了向英雄学习的热潮。2008年8月3—5日，乔树国毕业10周年，学校副校长夏立先一行4人带着对烈士家属的牵挂，赴辽宁省凌源市亲切看望慰问乔树国烈士家属。2010年6月30日，学校在大学生活动中心礼堂隆重举办了以"告别的誓言"为主题的2010届毕业生庆典文艺演出，上演情景剧《蓝色梦，

军旅情》，再现了乔树国的英雄事迹，深深地感染了师生。

  为进一步推进国防特色，加强国防教育，培育国防精神，2004年5月，学校正式成立了国防生军事学院——海军学院，每年从高考中选拔录用国防生，共培养国防生1000余名，另培养士官生400余名。海军学院以先进的管理，严格的组织纪律，过硬的思想作风，优秀的专业教育培养着高素质的国防生，他们政治坚定，学习勤奋，内务达标，训练刻苦，一言一行争做昌航"标杆"，使昌航的国防生教育和培养走在全国高校的前列。2006年元旦，海军学院2005级四区队国防生陈杨炫与国际教育学院052221班郑俊两位同学在八一广场不畏强暴，智斗歹徒，被共青团江西省委员会、江西省学生联合会授予"见义勇为好青年"的光荣称号。2006年海军国防生030352班被教育部、团中央授予"全国先进班集体"荣誉称号。

  学校积极探索国防生培养模式，与海军精诚合作，把军方对国防生培养的需要和学校自身特色相结合，探索出了一条具有昌航特色的国防生培养之路，被誉为"昌航模式"，得到多家媒体的高度关注。2007年6月20日，由人民日报、解放军报、中央电视台等主要媒体的20多位记者组成的国防生培养工作先进事迹中央新闻单位采访团来学校参观采访，《南昌航空大学和海军驻校选培办构建"昌航模式"，开拓国防生培养新局面》的新闻报道很快出现在中央媒体，得到海军政治部主任李继耐的批示。2009年4月，海军确定南昌航空大学为国防生培养"三个衔接"试点单位。2009年10月9日，新华社《国内动态清样》第4089期以《海军联合高校培育国防生军人核心价值观》为题，报道海军和南昌航空大学联合对国防生开展当代革命军人核心价值观教育活动。对此，中国人民解放军原总政治部主任李继耐做了重要批示。同年10月14日，中共中央政治局委员、国务委员刘延东同志又作出重要批示。"昌航模式"再一次得到首长的肯定。2010年，教育部、总政治部联合下发通知，转发南昌航空大学培育国防生当代革命军人核心价值观的经验做法，在有国防生培养任务的高校中推广。

<<< 第四章 八字学风：勤奋好学、实事求是

由于工作突出，2010年，南昌航空大学国防生培养创新实验区获教育部批准成为"国家级人才培养模式创新实验区"。这个沉甸甸的荣誉是几十年来学校重视国防教育和国防精神获取的结果。

四、情系昌航，情系国防航空

我爱我们的航校！/她成长在革命的摇篮——江西；/她伫立在英雄的城市——南昌。/浩瀚赣江翻滚着金色的波浪，唱着"大跃进"的歌曲奔腾前进！/滕王阁的佳景千古传诵，多少诗人写下瑰丽诗章！/就在这英雄的美丽的土地上，我们的航校在壮大、在成长……/航校啊，你美丽的早晨！/灿烂的生活在沸腾，青春的火炬在燃烧。/高高的蓝天啊，我们的理想比你更崇高！/初升的太阳啊，我们的青春比你更美好……/航空事业壮丽的远景，像磁石一样吸引着我们年轻的心灵。/焊接的火花多么美啊，你象征着我们黄金般的前程！/铁锤的声音多么响亮啊，你传达出我们跳跃着的心声！/高炉冒出火舌多么壮丽啊，你表达了我们冲天的志气！/电炉内的温度多么炽热啊，你就像我们胸中澎湃的激情！/表面处理过的工件多么光亮啊，你照亮了我们纯洁的心灵！/我们爱我们的专业，我们要为祖国的航空事业发热发光！/我们爱抚育我们长大的慈爱的母亲，我们更爱教育我们成长壮大的航校！①

这是一首1958年刊登在校报上的诗朗诵，一时在昌航校园内广为传颂。它反映了一批批昌航学子热爱国防、热爱航空事业的心声。这些有志青年怀揣国防梦、航空航天梦，走进昌航，开始了寒窗苦读的校园生活，在这里感受着国防文化，形成了国防精神。他们热爱专业，刻苦攻读，又一批批地走出校园，毅然投身祖国美好的蓝天，献身于伟大的国防航空事业，创造了光辉业绩，书写了人生的华丽篇章。在这些人群中，涌现了一批又一批优秀校友，把国防精神一代一代传承和发扬下去。

1970年4月，我国第一颗人造地球卫星发射成功，之后，中国的航天

---

① 洪波：《我们爱我们的航校》，《南昌航校》报，1958年12月31日第9期第4版。

事业捷报频传，直至20世纪初，"神五""神六"载人飞船遨游太空，中华民族几千年的飞天之梦，终于成了现实！可以自豪地说，在这支托起"飞天之梦"的庞大队伍中，活跃着大批昌航人。这是一个优秀的群体，一个激情奔放、勇于奉献、富于创造的群体。他们把自己的青春洒在了祖国这片神奇的土地上，为祖国的航天事业奉献着自己的一生。

1957年1月，中国运载火箭技术研究院成立，来自祖国四面八方的航空人云集在荒凉偏僻的北京郊外，为飞天梦想的实现开荒拓土。作为为数不多的培养航空航天人才的院校，昌航将其优秀毕业生源源不断地输送到这里，从1955年的首届毕业生开始，1956年、1957年、1958年和后来的一届又一届毕业生，他们都成为新中国航天事业的开拓者和主力军。1958年8月，在"航天材料及工艺研究所"这支仅仅35人的筹建队伍中，昌航校友就有19人之多！

位卑未敢忘忧国！昌航校友初到研究院，还只是中专生，在这高精尖的科学领域里，在这强手如林的地方，似乎并不引人注目。但是，踏实勤勉的他们，凭借其动手能力强的良好的专业素养和吃苦耐劳的昌航精神，艰苦奋斗，顽强拼搏，秀出于林，脱颖而出，创造着一个又一个奇迹，获得了一个又一个殊荣。早期来到研究院的校友，几乎每个人都参加过我国第一枚导弹的仿制和第一代战略导弹的研制，都亮出了自己的绝技。

在第一枚导弹的仿制中，校友马燕平突破了气瓶生产关键技术及八大环形结构框形件生产工艺，自行设计专用设备和工装，试制出了合格产品，其后又填补两项国内空白，为此，他获得国家科技进步二等奖和政府特殊津贴。周辉、易湘鼎、周承俊、刘炎兴等昌航校友编制的《航天表面处理成套技术标准》，填补了我国航天工业表面处理技术标准的空白。我国第一枚导弹仿制成功后，国防部五院在科技人员中评选出了建院以来为数不多的第一批工程师，马燕平、周辉榜上有名。

校友付祥林、熊旺弟负责研制的大直径大截面钛合金型材框焊接工艺成功地用于东方红一号卫星，并获得1975年全国科学大会奖。邹受殷负责的镁合金和8毫米波导电镀项目均获得航天部科技进步二等奖。甘启光的

<<< 第四章 八字学风：勤奋好学、实事求是

"钛/铍氧平台大梁研制""钛/铍氧复合材料加筋壳研制"等两项成果获得航天部科技进步一、二等奖。宋定延参加研制的"试验通信卫星及微波控制系统"获得国家科技进步特等奖。此外，还有被称为"航天产品标准化工作奠基人之一"的任亭，荣获全国"三八红旗手"称号的许云霞、熊满如，被列入《航天名人录》的王全禹，获得国家金龙奖的李学明以及张明杰、杨松荣、熊国卿、夏连生、胡作钦、黄鹤健、柳蔓瑜、吴秀芳、王振、陈淑英、余柏森、万振媛、高良安、贾守信、罗远发、邓景云……在他们当中，还涌现出吴孝隆、朱广勇、陈钧武、郑世英等出类拔萃的研究员。他们所取得的科研成果，所做出的贡献非常突出。据不完全统计，在京的早期航天校友中，70%以上的人员获得过省部级3等以上的科技成果奖，73%的人员具有高级技术职称，44%的人员担任过处级以上干部，其中10%的人员担任过局级干部。① 这些昌航校友，为祖国的航天事业献出了毕生的精力，作出了巨大的贡献，获得了"航天事业创业者荣誉奖章"和证书。

　　中国运载火箭技术研究院的昌航校友只是一个缩影。其实，何止在北京，在东北、华东、西北、中南、西南的航空航天战线，到处都能看到昌航人的身影。他们当中相当一批人成为航空企事业单位的技术骨干或厂长、总经理、董事长等领导人，形成一支不可忽视的航空大军，为祖国的军工事业、航空航天事业作出了不可磨灭的贡献。学校始终坚持"立足江西、面向全国，服务地方、服务国防"的服务面向，在50—80年代，大部分的毕业生在国防、航空企事业单位工作。至21世纪初，随着学校多学科，特别是文科类专业的发展，从事国防、航空方面工作的比例有所下降，但仍有30%以上的毕业生进入航空、航天、船舶等国防系统以及海陆空三军和二炮部队。"全国劳动模范"、航空报国杰出贡献奖获得者罗群辉，首批"航空十佳青年"杨东升，空军十大杰出青年邓友明，在三峡大坝建设中作出贡献的欧阳印华、被授予"深蓝之剑"的某舰舰长樊继功，

---

① 杜逢开：《托起"飞天之梦"的昌航人——记我院毕业生在航天创业的日子里》，沈国英、罗黎明：《奋飞》，航空工业出版社，2002年9月版，第216页。

大学特质文化的传承和创新：南昌航空大学的实践探索 >>>

他们为校徽增辉，他们是昌航人永远的骄傲。昌航也因此获得"航空工业创建四十周年重大贡献单位"称号。中国科学院院士张钹在为昌航建校50周年题词时这样评价："航空人才的摇篮，红色土地的骄傲。"①

---

① 孙一先：《南昌航空工业学院史》，航空工业出版社2002年9月版，题词插图。

第五章 八字干部作风：廉洁、奉献、务实、进取

"政治路线确定之后，干部就是决定的因素。"昌航历来对干部工作非常重视，不断探索和总结干部队伍建设的经验，提炼干部作风。

1978年，学校由中专改建本科学院时指出："学院要大治，关键在领导。"[1] 为此，学校非常重视干部作风的建设。1981年，张本禄院长在一次学校党委扩大会议上指出："我们的全体干部特别是各级领导干部（包括院领导在内）一定要从维护党和国家威信、认真办好学院这个大局出发，切实改善领导，改进作风，为培养一个优良校风而努力。"[2] 1981年6月，学校召开改建学院后的首届教工代表大会，全体代表发出了《做建设社会主义精神文明的师表——给全院教职员工的倡议书》，其中第四条要求"各级干部要深入群众，深入实际，调查研究，实事求是，讲求实效，提高效率，廉洁奉公，不徇私情，杜绝走后门等不正之风"。[3] 学校党委注重机关工作作风的建设，1984年5月25日，作出《关于改进党政机关作风的八条规定》，具体而全面。1986年初提出"一个全面完成，两个明显

---

[1] 《关于编制一九七八至一九八五年发展计划的报告》，南昌航空大学档案馆电子档案，1978-永久-0010-012。

[2] 《认真贯彻中央工作会议精神，努力办好学院——张本禄同志二月十八日在院党委扩大会议上的讲话》，南昌航空大学档案馆电子档案，1981-永久-0012-004。

[3] 《做建设社会主义精神文明的师表——给全院教职员工的倡议书》，南昌航空大学档案馆电子档案，1981-永久-0089-009。

好转"的要求,其中要求机关工作作风要有明显好转。1986年第一次党代会上又作出了《关于加强党委自身建设的决定》的八项规定,作八个方面的表率。为此,学校开展了改进机关作风的检查评议。在提高对改进机关作风认识的基础上,制定了改进机关作风的规划,并认真抓了落实工作,取得了一定成效。1987年5月13日,学校在《关于加强社会主义精神文明建设的十条措施》中指出:"使党政干部明白应该公道正派,忠诚积极,勤恳服务,反对官僚主义、弄虚作假和以权谋私。"要抓好各级领导干部的工作作风建设,牢固地树立起"领导就是服务"的观点,"勤奋工作,爱惜人才,作风民主,讲究效率。各级党政干部对于全院校风的建设负有重要责任,首先自己要作表率,要求别人做到的自己要带头做到,不许别人做的事自己要带头不做;同时还要通过健全制度,加强管理,敢于负责,督促检查推动全院的校风建设工作。"① 1993年,学校把加强和完善民主集中制作为领导班子建设的核心内容,把勤奋务实、廉洁自律作为领导班子作风建设的重要课题,提出建设"团结、学习、勤奋、务实、廉洁"的领导班子的构想,② 要求按照"团结、学习、勤奋、务实、廉洁"的要求,努力建设好院系两级领导班子,③ 这样就对干部作风做了清晰的表述。同时又把八字校风和昌航精神的内容和要求进一步细化,具体为"勤奋廉洁,奉献团结,公道正派,务实仁爱,开拓进取"的干部作风。④ 1993年9月29日,学校制定《关于进一步提高我院社会主义精神文明建设水平若干措施》,提出要以"勤奋、廉洁、奉献"为基本要求,加强干部作风建设。⑤ 以上说明,学校对干部作风建设有很多探讨,但尚未形成

---

① 《下发〈关于加强社会主义精神文明建设的十条措施〉的通知》,南昌航空大学档案馆电子档案,1987-永久-0001-004。
② 《建设"团结、学习、勤奋、务实、廉洁"的领导班子》,南昌航空大学档案馆电子档案,1993-永久-0002-004。
③ 《南昌航院校风建设汇报提纲》,南昌航空大学档案馆电子档案,1993-永久-0013-005。
④ 《南昌航空工业学院校风建设总结检查报告》,南昌航空大学档案馆电子档案,1995-永久-0020-004。
⑤ 《关于进一步提高我院社会主义精神文明建设水平若干措施》,南昌航空大学档案馆电子档案,1993-永久-0013-004。

统一的表述。1995年11月，学校党委制定并颁发了《关于进一步加强校园文化建设的若干意见》，提出倡导和培养"廉洁、奉献、务实、进取"的八字干部作风。① 1996年4月，在第四次党代会上，提出要大力培养和倡导"廉洁、奉献、务实、进取"的干部作风。② 1996年11月18日，学校制定《南昌航空工业学院"九五"期间精神文明建设规划》，再次提出要倡导和培养"廉洁、奉献、务实、进取"的干部作风。③ 这是对八字干部作风的进一步确认。这样，干部作风的表述基本凝练形成。

第一节　开启第一次创业的领导班子

1951年12月，重工业部派干部开始筹建汉口航校，开始了艰难的第一次创业，历经几届班子，发扬党的优良作风，筚路蓝缕，奠基立业，取得不断发展。1958年起，学校被评为重点中专，1960年至1965年试办大专。但在"文化大革命"中，干部队伍遭到破坏，事业受阻。

一、奉献务实、勇于创业的首届班子

1951年12月，航空工业局正式决定将武汉311厂改建为汉口航空工业专科学校，并派干部到厂负责学校筹建工作，负责人是李旭。

李旭，1919年5月生，河南省偃师县人，1936年12月参加中国共产党，曾先后任县委宣传部部长、地委秘书长、县委书记、中共湖北省委直属总党委组织部部长等职。是一位久经考验，经验丰富的地级干部。1951年12月中共中央中南局组织部调李旭到311厂负责建校工作，而离第二年

---

① 《关于进一步加强校园文化建设的若干意见》，南昌航空大学档案馆电子档案，1995-永久-0027-003。
② 孙一先：《以新的姿态跨向二十一世纪——在中共南昌航院第四次代表大会上的工作报告》，南昌航空大学档案馆电子档案，1996-永久-0004-010。
③ 《关于印发〈南昌航空工业学院"九五"期间精神文明建设规划〉的通知》，南昌航空大学档案馆电子档案，1996-永久-0012-015。

大学特质文化的传承和创新：南昌航空大学的实践探索　>>>

开学只有 10 个月左右，时间紧任务重，可谓"临危受命"。

万事开头难。当时 311 厂的条件非常差，地方狭小，厂房简陋，师资短缺，最重要的是缺乏办学经验。按时完成这个艰巨的任务，就需要打造一支过硬的创业团队，需要一支作风过硬、能打胜仗的干部队伍。

为了适应 311 厂改为学校的要求，上级党组织给予了高度重视和积极支持，从 1951 年至 1952 年底，由中共中央中南局组织部和中南军区调来 27 名地、县（团）、区（营）级干部，其中男性 16 名，女性 11 名，包括地级干部 2 名（李旭和张时超），县（团）干部 6 名（5 男 1 女），区（营）级干部 7 名（男性），一般干部 12 名（2 男 10 女），抗日战争胜利前参加革命的 10 人。① 这样就组织了一支精干的队伍，负责学校筹建工作。

1952 年 2 月，中共中央中南局组织部调张时超来学校担任领导工作。张时超生于 1912 年生。他的到来对于学校是一个重大利好。第一，他是湖北隋县人，有较好的地缘关系。第二，他具有大学文化，在当时的干部里属于少有的知识分子，懂教育，对办学有利。第三，阅历丰富，能力出众。他 1938 年 11 月参加中国共产党，曾任中共江西宁都地委秘书长，也是一个老革命，地级干部。

1952 年 3 月 17 日，航空工业局任命李旭为第一副校长（缺正职），张时超为第二副校长。同时经中共武汉市委研究同意，由李旭、修春和、张时超、韦英、柏常青 5 位同志组成校党委，李旭任党委书记。为了加强党委的领导力量，1953 年 3 月，中共中央中南局组织部调牟桂本到校任党委副书记。

牟桂本，1922 年 11 月生，山东省栖霞县人，1941 年参加革命，1942 年加入中国共产党，曾任中共郧西县委组织部部长，县委副书记、书记。1953 年 3 月来校任党委副书记。1956 年 3 月学校召开首届党员大会，当选为党委书记。经中共南昌市委研究决定，学校党委常委由牟桂本、毕可

---

① 《一九五一年、一九五二年地方转来之干部之情况》，南昌航空大学档案馆电子档案，1952-永久-0002-001。

愿、张时超、陈景山、张光庭、张本禄等6人组成,牟桂本任书记。"文革"开始受到错误批判,1973年3月调离学校。

这样,1952年初,一支坚强有力、年富力强的班子组建起来了,各项工作紧张而有序开展。

为了加快建校工作,学校首先抓了组织机构的建立和调整。1952年3月至9月,设立了校长办公室、保密室、政治辅导处、教务处、总务处、基建科。政治辅导处下设组织科、政治思想教育科、保卫股。教务处下设教务科、教学实习工厂、图书室、教学研究室和实验室。总务处下设会计科、总务科、医务室。处的领导由中共中央中南局组织部调来的县级干部和中南军区转业来的团级干部担任。张时超兼任教务处主任,韦英任教务处副主任。修春和任政治辅导处主任,柏常青任政治辅导处副主任。9月12日,航空工业局批复,同意崔德祥任政治辅导处主任,10月14日又批复,同意赵一行任总务处主任。

学校非常重视干部队伍建设。1952年9月,正式开学之前,召开了校务会议,分析了当前干部存在的一些问题,把"加强干部领导工作"作为工作重点之一,认为"加强对干部的领导,统一思想、统一认识、统一行动已成当务之急了,否则办好教学工作是成大问题的"。① 为此,首先抓干部的学习,认为"学习是我们经常的中心工作,除此再没有其他比这更大的任务了",从学习中学到本领,从而达到统一思想、统一认识、统一行动的目的。第二是要"培养创造"一批模范,起带头作用。为此学校设定了模范单位条件和教师、学生、党团员个人模范条件。其中的模范单位条件包括"坚决执行上级决议和上级指示""密切联系群众""充分发扬批评与自我批评,坚持原则,发扬正气,坚决对一切错误思想作斗争,达到政治上的团结"。② 第三,建立各项制度并贯彻执行。学校认为"各种制度

---

① 《校务会议关于当前工作的指示》,南昌航空大学档案馆电子档案,1952-永久-0001-002。

② 《校务会议关于当前工作的指示》,南昌航空大学档案馆电子档案,1952-永久-0001-002。

的建立与贯彻是保证搞好教学工作，完成学习任务，加强与组织纪律观点与养成学校优良校风的必要步骤。我们应严格遵守，这种遵守，一方面是学校施以民主管理的方法，另一方面是建立在全体学员的自觉的基础上"。① 为此学校制定了各项制度，包括会议制度、保密制度、生活制度、请假制度、礼节制度和清洁卫生制度等。四是加强和改进领导方法，比如"明确职责"、掌握重点、"及时发觉和总结经验""发扬民主，走群众路线，建立责任制，提倡合理化建议，功偿过罚"、注意工作结合，特别要"注意团结问题"。②

通过建章立制，加强领导，学校各项工作紧锣密鼓地展开。第二副校长张时超主持并亲自参加了第一届学生的招收工作。校内基建后勤部门夜以继日对原有的厂房进行改造，除保留一部分作为学生实习车间外，其余厂房用两米多高的墙分隔为四至六间作为教室和实验室、图书室。人事、教务部门千方百计引进教师。一个月后，首批教师、学员就陆续进校，并对学生开展了为期3个月的"文化补课"。

1952年10月9日，学校在一个破厂房里举行了庄重的第一届学生开学典礼。从无到有，靠着干部职工的团结一心，勤奋工作，汉口航校的创建任务基本完成，教学活动有序进行。之后，广大师生开始了"劳动建校"。1953年，学校实现从社会招收学生282人，在校生达到849人。9月17日，汉口航空工业学校改名为"中南第一工业学校"，简称"中南一校"。

通过汉口时期两年的艰苦初创，各项建设初步发展。组建了学校党委，党组织自身建设得到加强，贯彻了党的知识分子政策；组建了思想政治工作队伍，设立了政治辅导处，建立健全共青团和工会组织，建立班主任制度；开展思想政治工作，稳定了思想，加强了团结；办学条件逐步改

---

① 《校务会议关于当前工作的指示》，南昌航空大学档案馆电子档案，1952-永久-0001-002。

② 《校务会议关于当前工作的指示》，南昌航空大学档案馆电子档案，1952-永久-0001-002。

善，教学组织和教学活动稳步推进，建立了11个学科委员会，公布了各专科正副主任名单，专业建设逐步走上了正轨；筹划和开展了南昌新校址的建设，为1954年8月迁校南昌后的进一步发展奠定了坚实的基础。通过汉口两年的发展，学校成为全国首批航空中等学校的佼佼者和培养航空中等技术人才的摇篮之一。

汉口航校刚刚创建，初步稳定，一年后，因为航空工业布局的调整和学校自身条件限制，国家航空工业局决定把学校迁至南昌。1953年1月30日，国家航空工业局通知学校，正式决定将学校从汉口迁至南昌，并指示学校立即进行筹备。全校上下顾全大局，坚决拥护。

再一次迁校、创校，对领导班子、领导干部和全体师生来说，是一个巨大挑战。领导班子不畏疲劳，勇挑重担，以对航空工业的无限忠诚和热爱，再一次扛起责任，说干就干，雷厉风行，张时超副校长立即带人到南昌选定了校址。1953年2月基建科及所属23人，由科长李世启带领迁至南昌，开启了新校园的建设工程。校领导多次到南昌看望慰问建设者们。经过一年多的建设，一座崭新的校园横空出世，确保了三届新老学生和教职员工顺利入校。

1954年4月13日，学校成立了迁校委员会，5月研究了迁校计划及具体安排，6月正式开始迁校。在学校周密组织下，全校师生发扬艰苦奋斗、不怕困难、团结奋进的精神，冒酷暑、战洪水、兵分几路，于1954年8月6日，顺利完成迁校南昌的任务。

二、稳定发展时期的好班子

（一）有口皆碑的好校长张时超

1954至1955学年第一学期开学后，教学等各方面的工作很快进入了正常状态。1954年至1957年，学校进入稳定发展阶段。在这个阶段里，学校负责人变动较大，第一副校长、党委书记李旭于1954年10月调航空工业局另行分配工作。1955年9月12日，航空工业局任命张时超为校长、李光为教务副校长（1956年3月调离），1956年7月20日任命张光庭为总务副校长，9月6日任命张本禄为教务副校长。学校于1956年9月撤销了教导处和总务处。

张时超自1952年来校任第二副校长以来，披坚执锐，冲锋在前，为汉口航校的创建和南昌新校的创建立下了汗马功劳。1955年9月起任校长，并任党委书记。1958年6月兼任江西工学院副院长，1958年12月至1959年9月任沈阳航空学院副院长，后该院停办仍回南昌航空工业学校任校长。1960年初调江西工学院任党委书记。

张时超是一个口碑非常好的校领导。在学生眼中，他是一个和蔼平凡、亲力亲为、没有架子的好校长。孔融让梨的故事在中国流传千古，这种礼让的文化，代代传承，成为中华民族的传统美德之一。发生在家属宿舍老三栋和教学五大楼里的让房故事，是这种传统美德在现代的延续，是一个昌航版的"孔融让梨"。但是，我们的让房故事背景更为复杂，饱含了更多更伟大的深情，又怎是一个简简单单的"让"字能够解释清楚的呢？

1954年8月，学校从汉口迁来南昌，为了给领导干部和苏联专家解决住房问题，学校盖了一栋三层住宅楼。1955年，学校师资一度十分紧张，学校便从首届毕业生中挑选部分优秀学生留校任教。这批毕业生留校后没有住房，学校领导决定，把刚落成的住房让给青年教师住，自己仍住在破旧的房子里。一时间，这"领导让房"的故事传为佳话。

1958年入校的陈善钧讲了一个刚入学报到时误把张时超校长当成"清洁工"的故事：

当年的张时超校长更是亲力亲为，丝毫不敢大意。他每天利用早晚的时间到新生宿舍区去看看，及时发现问题，就地解决问题。我在分专科之前，有幸在走廊里见到张校长两次。一次正面相遇，他对我微微一笑，当时我并不在意，也不知道他是谁；另一次是见到他远去的背影。当时，我不认识张校长，还把他当成了"清洁工"。

<<< 第五章 八字干部作风：廉洁、奉献、务实、进取

原来，张校长下基层从不张扬，他总是穿着洗得发白了的旧军装，花白的头发和胡茬也不刻意去修饰，脚下一双布鞋，但他精神矍铄，身板硬朗，慈祥和蔼。每次到学生宿舍时，他手里总是拿着一把笤帚，边看宿舍边打扫卫生，完全是一个普通劳动者的形象。

刚到的第一天，经过一宿的休息，我还没有驱散坐火车的劳累，晕乎乎地去洗漱。在走廊里我就见一个老头在扫地，相对一视时，他对我微微一笑，这是我到校后看到的第一个员工，感到很亲切，对学校为新生派清洁工打扫卫生，心里很感动。几天后，我认定的这位"清洁工"没有来上班，引起了我的好奇心。一打听才知道，他是我们的校长，是上过井冈山的老红军、老革命。我惊呆了，多么意外呀！一个校领导一点当官的派头都没有，他没有随员、没有长篇的讲话；衣着朴素、忠于职守；呵护学生、身体力行，伴随他的竟然只是一把笤帚。"清洁工"的形象顿时变得高大无比，极其强烈地刺激着我，对我的教育真是终生难忘！

张时超校长没有对我说过一句话，他却用自己的形象、行为和微笑，给我上了人生永远难以忘怀的第一课。①

在职工眼里，张时超是一个嘘寒问暖的好校长。20世纪50年代，学校到市区没有通公交，出行很不方便。张时超坐吉普车到市里开会，只要车里有空位子，看到路上有学校的职工时，就会叫司机立即停车，请职工上车，顺便捎职工一块进城。② 1958年，装配车间的文仙芝讲了一个张时超校长夜访食堂的故事：

晚上10点多，上晚班的工人在食堂吃晚饭。正吃着忽然听到身边有一个打招呼的声音，扭头一看，站在身边的是年过半百的张校长。张校长微笑着说："你们要多吃点，要吃得饱饱的才有劲干活。"张校长又问："吃

---

① 陈善钧：《忆师长》，夏立先：《岁月情深：昌航六秩回眸》，南昌航空大学校庆办公室编印（内部版），2012年10月，第28页。
② 孙一先：《做一个心里时刻装着师生员工的领导干部》，《传道授业话昌航》编写组：《传道授业话昌航》，江西高校出版社2017年10月，第4页。

得怎样?"有工人提到有时在后面的人没有菜吃时,张校长饶有风趣地说:"我去帮你们提意见!"于是张校长走到发菜的窗口向食堂工友们提起意见来了。之后,食堂的晚餐有了很大的改观。在张校长的带领下,全校干部都在关心职工,都在加班加点地干活。工人们说:"牟书记、陈厂长、张书记他们常常是深夜还在我们车间亲自动手做活"。①

1956年3月23日至3月28日,学校召开了首届党员大会,标志着学校党的生活的健康发展。经中共南昌市委研究决定,学校党委常委由牟桂本、毕可愿、张时超、陈景山、张光庭、张本禄等6人组成,牟桂本任党委书记。1956年至1965年1月,除1959年和1964年因故未召开换届党员大会外,共召开了8届党员大会,基本实现了年度党员大会的制度化、常规化。

在张时超、牟桂本等新一届班子带领下,学校取得长足进步。学校学习苏联办学经验,完成了各项教学实践性环节的建设,健全了各种教学文件与教学制度,有力地推动了教学工作迅速走上正规化。1956年学校实行"二部制",学校规模由2400人扩大为4800人。教职工人数由1953年的315人发展为1957年的582人,增长85%,其中教师由1953年的84人发展为1957年的200人,增长1.38倍。特别是,教师队伍的素质得到提高,经过几年的教学实践的锻炼,一支教学上的业务骨干已经形成。由于扩大招生,相应地扩大了学校基建规模。学校迎来了大发展和大调整时期。1958年3月25日,第一机械部确定北京、沈阳和南昌3所航空工业学校为重点中等专业学校。这表明,学校无论是办学规模,还是教学质量,都达到了较高的程度。

(二)齐心协力试办专科

1960年5月,学校第四届党员大会选举了第四届党委会委员,经中共南昌市委批准,牟桂本为党委书记。因张时超校长调离昌航,1961年5

---

① 文仙芝:《我们的校长》,《南昌航校》报,1958年11月20日第五期第一版。

月，第三机械工业部任命王洛夫（王刚）为校长。牟桂本书记和王洛夫校长"搭班子"较长时间，直至"文化大革命"爆发。这段时期，学校事业取得更大发展。

王洛夫，1924年5月生，山东荣成人，1940年3月参加革命，1941年6月加入中国共产党，曾任航空工业局科长、教育处副处长、处长，上海、成都、眉山航空工业学校校长。1961年5月，担任昌航校长。"文革"时期受到错误批判，1974年12月调离学校到西安航空工业学校任职。

1960年5月，学校召开第四届党员大会，党委书记牟桂本提出要继承革命光荣传统，发扬"三八"作风，正式把"三八"作风作为学校的新校风，并开展了声势浩大的宣传活动。为了加强党的领导，培养艰苦朴素的工作作风，学校党委及时作出了"关于进一步改进领导作风的决定"，建立了经常深入基层的工作制度，也带动了基层领导的工作作风。如，12科党支部为了改进领导作风，建立了"四一制"，即每人每周检查一次学生宿舍、一次学生食堂，进行一次家属访问和找一个人个别谈话，进一步密切了党与群众的联系。[①] 牟桂本在1961年10月25日召开的第五届党员大会上做了《高举总路线的红旗，为切实提高教育质量而努力》的报告，要求全体干部努力学习，不断提高思想水平、理论水平和政策水平；努力钻研业务，认真总结实际工作的经验，逐步掌握自己的工作规律，在工作中加强主动性、预见性；认真贯彻"党政干部三大纪律、八项注意"，切实改进工作作风和思想作风。号召领导干部一定要深入到教师中去、学生中去和职工中去调查研究，了解情况，发现问题，解决问题；一定要贯彻群众路线，有事同群众商量，和群众同甘共苦，一同克服困难，努力把学校办好。[②] 通过学校的党委对领导班子的建设，党委对学校工作的领导有了进一步的加强，"党委委员之间是团结的，全体委员对党所分配的各项工

---

① 《1959—1960学年南昌航空工业专科学校工作总结》，南昌航空大学档案馆电子档案，1960-永久-0011-009。
② 牟桂本：《高举总路线的红旗，为切实提高教育质量而努力——1961年10月25日在南昌航专第五届党员大会上的报告》，南昌航空大学档案馆电子档案，1961-永久-0001-002。

作还都是勤勤恳恳，兢兢业业地去完成的"。① 坚强有力的领导班子促进了学校事业的大发展。

1960年年初，第一机械工业部第四局制订《1960—1962年学校发展规划（草案）》，拟将原有学校中条件比较好的7所航校改为专科。1960年2月20日，一机部下发通知，决定将南昌航空工业学校等7所中等专业学校升为专科学校。文件中规定：学校升为专科以后，在最近几年仍保留中专部，继续培养中专生。北京、沈阳两校规模为5000人，西安、成都、株洲等校各为4000人，哈尔滨航校为2500人，昌航规模最大，暂定为6000人，其中专科部3000人，招收初中毕业生，学制五年；中专部3000人，学制三年及二年半，其中中专二年半制只有一个班作为试点。中专、专科总计每年招生1600人。从6月1日起正式更改校名。专科部暑期开始招生。要求学校尽早提出扩建计划，列入下一年基建任务。

1960年3月25日，一机部第四局确定北京、沈阳和南昌航空工业专科学校等学校为重点学校。1960年4月5日，第一机械工业部决定在部、局属专科（5年一贯制）、中等专业学校中，指定少数基础较好的学校作为部的重点学校，共指定重点学校13所，其中包括南昌航空工业专科学校。这表明学校经过8年的建设，在办学条件方面已具有较好的基础。

1960年9月13日，一机部第四局指示：鉴于目前国防工业迫切需要干部的情况，拟将已经升为专科学校的中专重新恢复为中专或以中专部为主，试办专科并保留专科学校校名的办法。学校经过研究，决定采取以中专部为主，试办专科，并保留专科学校名称的办法。1960年秋季，学校招收了5年一贯制专科学生2个班，共73人，其中焊接35人，热处理38人。1961年9月秋季，学校招收了3年制专科学生9个班，共计330人。

1962年8月20日，三机部对部属专科学校作出了调整决定。决定指出：各专科学校摘掉专科"帽子"，恢复中专建制，并从1962年开始停止

---

① 牟桂本：《高举总路线的红旗，为切实提高教育质量而努力——1961年10月25日在南昌航专第五届党员大会上的报告》，南昌航空大学档案馆电子档案，1961-永久-0001-002。

招收专科学生，集中力量办好中等专业学校。根据这一精神，学校决定，1960年9月入校的5年一贯制的专科二年级两个班学生共73人，从新学期开始改为中专4年制，1963至1964学年执行中专4年制教育计划，于1964年8月毕业；1961年9月入校的3年制专科9个班学生共计330人，按原计划培养。1963年6月22日，第三机械工业部给学校补发专科学校印鉴，用于与专科班有关的工作及对外联系，用至专科班学生全部毕业为止。1963年6月27日，学校发布"关于统一使用我校校名的通知"，自即日起校名定为"南昌航空工业学校"。最终，这批3年制专科9个班学生有210人于1964年8月毕业，82人于1965年2月毕业。南昌航空工业专科学校的名称于1965年8月撤销。

（三）"文革"动乱的烂班子

"文化大革命"开始时，学校党委书记是牟桂本，校长是王洛夫，他们分别于1956年、1961年任职。多年来，他们服从组织，遵守纪律，工作兢兢业业，认真负责，为学校的建设和发展作出了积极的贡献，但在"文化大革命"开始时就遭到残酷迫害。1966年8月15日，学校党委书记牟桂本被宣布停职反省，由原社教工作队负责人谢忠信接任党委书记，随即，学校党的组织受到冲击并陷于瘫痪状态。1966年12月，谢忠信随工作队撤离学校。

1968年7月17日，南昌市革命委员会批准成立南昌航空工业学校革命委员会，7月22日召开成立大会。"革委会"由27名委员组成，常委13名。"文革"前为原江西省监委监察处副处长，"文革"初期为省委原机关造反团的负责人之一的张秀峰任主任，李焕江（军代表）、刘曙滨（1968届学生）任副主任。下设办公室、政治部、教学生产指挥部、后勤部。原各专科与对口车间合并成立专业连队，全校共建7个专业连队。学校的行政也受到冲击并陷于瘫痪状态，王洛夫的校长之职，张本禄、张光庭、顾正道的副校长之职，周则胜的党委副书记之职均于1968年7月被撤销，此后的整个"文化大革命"期间，未任命校长。1969年10月17日，南昌市革命委员会政治部批复成立南昌航空工业学校革命委员会核心小组，成员3人，张秀峰任组长。

1969年学校停学办厂后，于1972年复校。1973年7月30日，经江西省国防工办党委批准，成立学校党的核心小组，由7人组成，李斌任组长，张秀峰、王刚（王洛夫）任副组长。李斌组长，对待百姓还是很不错的。职工知道他曾在公安部门工作过，老师遇到家属迁户口有困难时，只要找他，他就会不厌其烦地一个个帮助解决。①8月20日，成立南昌航空工业学校、赣江机械厂革命委员会，两块牌子一套人马。革委会由21人组成，张秀峰任革委会主任，王刚、顾正道、张本禄、王长忠任副主任。原党委书记牟桂本按江西省国防工办党委1973年3月13日通知，调任长江机械厂党委副书记。

由于受"文化大革命"的影响，复校后的学校领导班子长期处于不能协调一致的状态。整个"文化大革命"时期，党委和总支靠边，支部活动基本停止，党长期依靠的许多积极分子和基本群众受到排挤和打击。"红卫兵""革命委员会""工、军宣队"相继把持了学校各级权力。

在粉碎"四人帮"后的一年多时间里，由于当时历史条件的限制，学校领导班子未进行调整，江青反革命集团在学校的影响未能进行认真揭露和清算。广大群众要求领导班子分清是非，带头揭批"四人帮"。学校党的核心小组成员、"革委会"常委于1977年春季过后用4天时间，联系1977年的工作，围绕1974年"批林批孔"运动以来，学校出现的一系列问题进行了揭摆。1977年3月18日，学校党的核心小组负责人对几个问题作了批判发言和检查。但整个班子仍然形成不了核心。

---

① 孙一先：《做一个心里时刻装着师生员工的领导干部》，《传道授业话昌航》编写组：《传道授业话昌航》，江西高校出版社2017年10月，第4页。

<<< 第五章 八字干部作风：廉洁、奉献、务实、进取

第二节 引领第二次创业的领导班子

一、建院首任书记李士弼

1978年4月，国务院批准南昌航空工业学校改建为南昌航空工业学院，昌航开启了第二次创业的伟大征程。

第三机械工业部和江西省委很重视改建学院后的领导班子建设。1978年6月，中共江西省委调张井夫任学院副院长。7月，三机部发文调汉中532厂党委书记李士弼到昌航工作。9月，三机部、中共江西省委国防工业办公室委员会批准成立学院临时党委，李士弼为党委书记。褚焕民（未到职）、张本禄、张井夫、孔祥林、梁杰等为党委委员。1978年10月，中共江西省委任命陆孝彭为学院院长（兼），李士弼为党委书记，张本禄、孔祥林为副院长。

李士弼，1917年生，陕西省礼泉县人，1937年参加革命工作，1937年11月加入中国共产党，曾任中共陕西省黄陵县委书记、原兰州军区直属机关政治部副主任、430厂政治部副主任、532厂党委书记等职。

陆孝彭，1920年8月生，江苏省常州市人，中国共产党党员，中国工程院院士，中国航空界著名专家，强五飞机总设计师，江西省第四、五、六届政协副主席。1941年毕业于中央大学，1945年赴美国圣路易麦克唐纳公司，翌年转入英国格罗斯特公司实习飞机设计，1949年回国后先后在首都机械厂、沈阳飞机制造厂、南飞机制造厂工作，历任主管设计师、设计所所长、飞机总设计师、科技委主任等职。曾当选为全国人民代表大会第四、第五、第六届代表，担任中国航空学会常务理事、江西省航空学会理事长。曾荣获航空金奖、全国劳模、江西省科技精英等称号。2000年10月病逝。

改建学院后的首届领导班子成员从事革命工作多年，作风正派，关心

群众。他们深深知道,"学院要大治,关键在领导",因此,在编制1978至1985年发展规划中就指出:"整顿和建设好各级领导班子,恢复和发扬党的优良传统,要全面正确地贯彻党的知识分子政策,调动一切积极因素,加强革命团结,共同办好学院。"① 在这一思想的指导之下,首届领导班子廉洁奉公、无私奉献、务实进取,靠的就是这些优良干部作风,引领了昌航的第二次创业。

1978年7月,李士弼从北京到南昌就任时,只带着几件换洗的单衣。为了不挤占教职工宿舍,他只身住在学校简陋的招待所。昌航版"孔融让梨"的"领导让房"故事在李士弼书记身上继续延续。无独有偶。当时学校机关一直在一栋旧的学生宿舍办公,为了解决长期无办公楼的问题,学校于1982年修建了一栋五层楼的办公大楼,后来编号为"五大楼"。机关工作人员欢欣鼓舞,认为这下总算可以搬出学生宿舍,在像样的办公楼里办公了。可是,由于当时没有教学主楼,学生教学用房只有老四栋,十分紧张。为解决学校教学用房,学校领导决定把新落成的五大楼让给学生做教室,机关依旧分散办公。当时条件最好的办公场地是在原基建处,虽然是旧平房,却有一个小小的院子。于是这最"奢侈"的办公地点便被唤作"中南海"。宣传部和校报搬到一栋老平房,这房子狭长拥挤,而且里面高门口低,呈斜坡状。六张办公桌两两相对,排了三列。每张桌子的两只腿都必须垫上板子,否则就是斜的。人事处在礼堂的西边,夏天酷热难耐。就是在这样的条件下,机关一直坚持到90年代中期学校的教学主楼落成投入使用后,才回到五大楼办公。

机关干部心系师生的优良作风就这样代代相承。20世纪90年代流行的以人为本的理念,其实在20世纪五六十年代的昌航就已经扎下了根。这源于昌航校领导一贯的朴实和善、平易近人的亲民作风。

但是,李士弼书记住的招待所条件很简陋。作为一个生于北方,又长期生活工作于北方的61岁的老人,在南昌这座"火炉"城市立足是何等

---

① 《关于编制一九七八至一九八五年发展计划的报告》,南昌航空大学档案馆电子档案,1978-永久-0010-012。

<<< 第五章 八字干部作风：廉洁、奉献、务实、进取

艰难。长期从事政治工作的他，又养成了注重仪表的习惯，整天"衣冠楚楚"，加之身体稍胖，还患有颈椎骨质增生症，经常汗流浃背，身上长出了不少的痱子，直至一年多以后，家属迁来南昌，他们才在老三栋干部楼分到了一套房子。①

南昌是樟树的故乡。樟树是南昌的市树，江西的省树。南昌的前身豫章郡就是因为城内盛产樟树而得名。南昌气候温和、土地肥沃，是樟树最好的生存地，樟树与南昌有不解之缘，也给南昌人带来许许多多的便利和好处。它枝叶繁茂，浓荫蔽日，四季常青。夏天，为炎热中的南昌人遮阳消暑，秋后，树叶变红，缤纷的色彩装点着市容。

樟树是南昌人的心爱，南昌居民虔诚地依赖着、守护着樟树。但是20世纪三四十年代，为模仿南京，南昌市大街小巷流行起种植法国梧桐来了，樟树一度被取而代之。梧桐虽然长得很快，高大威猛，但容易枯萎，且絮末飘身，秋叶落地，给市民生活和环卫工作带来不少麻烦。南昌人终于领悟到樟树之于南昌的重要性，便重新开始大面积种植起樟树来。

说起樟树在南昌的重新推广，昌航还真的是功不可没呢。1978年建院初期，百废待兴，党委书记李士弼对校园建设非常重视，提出"校园内要园林化"口号，实现"在校内应逐步做到无泥土露出地面"具体目标。②经仔细调查、走访南昌市有关部门，毅然决定在南昌市率先实行以樟树代替法国梧桐的做法，指示总务处在学院所有马路的两边栽种大量樟树，并在20世纪50年代建的几栋大楼旁栽种了成片的松树和樟树，前前后后共种下樟树2300多棵，其数量之大，蔚为壮观。以樟树为主体的绿化工程全面铺开。然而，李书记当初的做法令很多保守的人不太理解，抱怨之声不断。但是，不到10年的时间，小树渐渐长大成林。在豫章古城发源地的昌航，栽下的樟树已经绿树浓荫，而且四季常青，多年不闻的鸟鸣也不绝于

---

① 佘才桃、丁群安：《李士弼同志在昌航——记南昌航院第一任党委书记李士弼》，沈国英、丁群安：《昌航人》，航空工业出版社1997年9月版，第2页。
② 李士弼：《团结一致，为加速建院工作而奋斗》，南昌航空大学档案馆电子档案，1979-永久-0001-001。

耳。从上海路校区的二号门进入校园，是一条两百多米长的主干道，学校将其命名为航空路。放学的时候，校园主干道人流如潮，每当这时，路旁林立的茂密的樟树上，麻雀似乎也格外地多，成千上万，满眼皆是，它们聚集在一起"叽叽喳喳"欢快地叫个不停。有人戏称是"麻雀开会"。栖息在昌航上海路校区的鸟儿，并不只有麻雀，还有许多别的品种。有时，走在宁静的校园里，仰头就能看见一大群不知名的鸟从天空掠过；低头，脚边蹦跳着嬉戏不怕人的小鸟，令人忍不住要跑去追逐。走在如园林般的校园内，能看见许多小鸟在树枝上翻飞、追逐，这里俨然是它们自己的家园，安宁、恬淡。

那些当初埋怨的人这才明白，李士弼书记的做法真是泽被后世。昌航的做法受到了南昌市有关部门的大力支持和表彰，江西省、南昌市绿化先进单位的称号接踵而至，还有一些单位陆续前来参观考察。之后几年，樟树便遍布南昌各大院校和大街小巷了。

说起来也很神奇，自从武汉迁至南昌，昌航曾在校园里以白杨、重阳、梧桐等多种树木作为主要行道的树种，但最后成林的还是樟树，这大概得益于豫章古城旧址的神示。

至今，美丽的候鸟时常从东边的天香园飞到在上海路校区上空盘旋。樟树林、松树丛、杉树林、柳树林、老梧桐林，苍苍茫茫，葱葱郁郁。花园式的校园尽展风采。这清新而生机勃勃的绿色，象征着生命，代表了新生，引来鸟儿，让它们在新的乐园里自由歌唱。生活在这里的老人，大多是建设昌航的元老，他们在赞美这里的绿化的同时，总会念念不忘李士弼书记当年的决策和干劲。这就是一位老领导留给这所学校的宝贵精神：远见、务实、亲民。

如今，前湖校区也传承历史，樟木成林，英姿飒爽。徜徉在四季常青的绿林的庇荫之下，回味着豫章故郡的风采，我们看到的是昌航青春永驻、英姿勃发的未来。

李士弼书记住的这幢招待所，位于上海路校区航空路中段，昌航人亲切地称它为"小红楼"。小红楼建于1955年7月，最初是学校单身职工的住宅楼和广播站的用房,后来用作来宾接待用房。1989年正式作为招待所使用。1995年10月,在小红楼东面又加盖了总面积为1594平方米的五层楼房。2005年7月,在保持原有特色的基础上,后勤集团对小红楼进行了装修。

别小看这幢只有3层的小红楼,里边故事可多了。苏联专家曾在这里住过,很多分配来校但又暂时没有分到宿舍的教职工都被人事部门安排在这临时住过,许多来校上任的校领导在这住过。著名历史学家彭林和时任学校党委书记的李士弼也在这里相遇。

彭林,1949年10月生于江苏无锡,1965年7月毕业于无锡市第四中学,当年考入南昌航空工业学校,1969年毕业。"文化大革命"开始不久,南昌航空工业学校被迫停办,改为国营赣江机械厂。按当时的政策,彭林被分配在该厂摩托车总装车间当装配钳工。1972年,南昌航空工业学校复校。由于具有较好的文科基础,1973年,彭林被安排在子弟学校任教,担任中学历史、地理等课程的教学工作,前后达8年之久,连年被评为先进工作者。1975年,彭林加入中国共产党,并历任校少先队总辅导员、团总支书记、代理教导主任等职务。彭林虽然出身工科,却对文科情有独钟,并逐渐迷恋上古文字学,决心献身于祖国的传统文化,并开始了漫长而艰难的自学、求学历程。

1978年学校升格为学院。由于住房紧张,学院按彭林当时的条件分给他招待所的一个单间。李士弼书记初来乍到,也暂时住在学院招待所里。一个炎热的夏夜,没有一丝风,房间像个大蒸笼,又闷又热。天色已晚,李书记依旧热得睡不着,拿把扇子一边煽凉,一边在走廊里散步。突然,他看到走廊东头的一个房间里有一个人打着赤膊挑灯夜读。他心里感叹,这么晚了,天又这么热,竟然还有人有这个学习劲头!他便好奇地拉开纱门走了进去。原来深夜苦读的年轻人是附校教师彭林,他正在读司马迁的《史记》。由于经济拮据,彭林买不起电扇,热得满头是汗。李书记曾担任过原兰州军区直属机关政治部的负责人,对历史也颇感兴趣。结果一老一少,你来我往,说得十分投机。一个中专生不仅能读"史家之绝唱,无韵之离骚"的《史记》，还能读《春秋》《左传》《尚书》《论语》《战国策》等，像《尚书》这类佶屈聱牙的古籍，就是科班出身的人来读也未必是一件轻松的事，更何况是一个工科中专毕业生。李书记感到眼前这个年轻人是个人才，应该鼓励提携。李士弼书记深知人才的重要性，为了给彭林创造更好的学习环境，他先后推荐彭林前往江西省博物馆、江西大学等单位工作，但最终却因彭林"学历太低"而被婉言谢绝。1982年9月，经过多方努力，在学校子弟学校吕菊芬校长的支持下，彭林获得了到北京师范大学历史系进修一年的机会。这是异常艰苦的一年，更是彭林的命运开始发生重要转折的一年。之后，彭林苦尽甘来，风帆顺利。1984年，他以同等学力的资格，以优异成绩考入北京师范大学历史系，师从赵光贤先生做中国古代史专业先秦史研究方向的研究生。因学业优秀，1986年成为北师大仅有的两名提前攻读博士学位的研究生，并担任北师大研究生会主席。1989年获历史学博士学位，其博士论文《周礼主体思想与成书年代研究》得到由著名学者杨向奎、张政烺、李学勤、刘家和、郑昌淦等组成的答辩委员会的一致好评。彭林毕业留校任讲师，1991年晋升为副教授，1993年破格晋升为教授，同年起享受国务院政府特殊津贴。1999年7月，彭林作为优秀人才被清华大学引进，到该校人文学院思想文化研究所工作，2018年1月入选清华大学文科资深教授。

　　曾在昌航学习、工作近20年的彭林，提起母校，深情地说不管走得多么远，昌航永远是他的事业和人生扬帆起航的地方。

二、筚路蓝缕首套班子

　　改建学院后的首届领导班子的任务十分艰巨。李士弼作为改建学院后的第一任书记，带领班子肩负起"揭批查"、平反、纠正冤、假、错案和改建学院的艰巨任务。李士弼的身先士卒起到了很好的头雁效应，刚刚建立的学院各项工作稳步前进。

　　一是继续开展"揭批查"工作。1978年9月5日中共江西省委国防工业办公室委员会批复成立学院临时党委。临时党委成立后，江西省国防工业办公室党组向学校派驻的工作组10月28日撤离学院,"揭批查"工作在学校党委的领导下继续进行。在临时党委领导下,成立并充实了清查组、大批判组、落实政策组等的力量,本着实事求是原则,发动群众,加快了"揭批查"的进程。通过揭批和调查研究,基本上查清了学校在"文化大革命"期间发生的重大事件所涉及的人和事,为正确处理在"文化大革命"中犯有错误或罪行的人员提供了可靠依据。同时,也使教职工内部澄清了是非,"心中的余悸减少了,思想开始解放了,社会主义的积极性高涨了",① 增加了团结,为建院初期的各项工作做得更好奠定了思想基础。

二是主要领导平反、纠正冤、假、错案。中共十一届三中全会后,学校专门成立"落实政策"办公室,全面平反、纠正冤、假、错案的工作广泛展开。李士弼对落实政策工作极其认真负责,除了主持党委会讨论落实政策工作外,还亲自指导落实政策办公室工作,亲自接待落实政策对象,听取他们的申诉或提供调查线索,有时他的颈椎病患了,就躺在床上边做"牵引"治疗边听取他们的陈述,这令他们非常感激。对"文化大革命"中冤、假、错案的纠正平反工作,到1979年3月底基本结束。1978年改建学院后的1年多里,召开了两次全院性的平反大会、被迫害致死6人的追悼会和死者家属座谈会,处理了善后事宜。给原被迫退学下放和作为现行反革命判刑的19名学生安置了工作。给1名被迫退职的人员恢复了工作,给2人恢复了党籍,1人恢复了工资级别。对以上人员的档案材料都按中央和江西省当时的有关文件进行了处理。同时,"文革"中被下放农村未安排工作的职工全部调回学院。这样昭雪了冤案,平反了假案,纠正了错案,做好了善后。

1979年1月14日,学校召开大会为"文化大革命"中受迫害的同志平反昭雪,至此,学校"揭批查"的群众运动基本结束,学校各项工作逐步从"文化大革命"的破坏中走出来,教学、生产和管理等逐步得到恢复

---

① 《一九七八年工作总结及一九七九年工作要点》,南昌航空大学档案馆电子档案,1978-永久-0010-018。

和整顿,为改建学院奠定了基础。

学校临时党委成立以后,由于陆孝彭是兼职院长,所以改建学院的工作主要还是由党委来组织领导。作为一班之长的李士弼初来乍到,年过花甲,患有颈椎病,但面对繁重的任务,没有躲避退缩。他利用自己丰富的政治工作经验,充分发挥党委集体领导的智慧,紧紧依靠昌航群众,"大力恢复和发扬党的优良传统,坚持实事求是、群众路线、批评和自我批评的好作风,充分发扬民主,改进机关工作",①把改建学院抓得有条不紊。

一是加强各级领导班子建设,合理调整和健全各级组织机构。为了加快改建工作,结合学校体制从中专到大学本科调整后的实际情况,首先抓了组织机构的建立和调整,把一个中专体制的组织机构迅速调整为一个适合本科体制的组织机构。党群组织设立了党委办公室、组织部、宣传部、保卫部、工会、团委、人民武装部、3个党总支、7个直属支部、19个分支部。教学行政组织设立了院长办公室、人事处、教务处、院务处、生产处、热加工系、化工系、机加系、基础课部等。在此基础上,选拔觉悟高、能力强、干劲大、群众关系好的干部担任各级领导干部

二是补充师资队伍和教学设施。为了完成从中专到本科的转变,学校在原有中专教育的基础上按照本科教育的要求克服重重困难扩充了师资、改善了教学设施等条件,基本上满足了教学的需要。

改建学院前学校共有教师137人,经过多方努力,到1978年底,教师人数增加到172人。第一学期(全部是基础课)的授课教师和辅导教师都已安排落实。主讲教师都是由经过挑选、在学校比较有经验的老教师来担任。教务处还组织了数学、化学、外语课的公开试讲和评议,校领导亲自参加。同时,还举行了外语、工程、数学等短训班,选派了30名教师到兄弟院校进修,组织了两个师资训练班共65人,自力更生,积极为教学作好师资准备。此外,学校还通过请第三机械工业部支持等方式,解决干部和教师缺乏的问题,为后来干部及教师的补充打下了基础。

---

① 《一九七八年工作总结及一九七九年工作要点》,南昌航空大学档案馆电子档案,1978-永久-0010-018。

在教学资料建设方面，首先制订了各专业教学计划和第一批开课课程的教学大纲，选定教材。同时扩大了图书馆用房，增添了一大批图书、报刊、资料，并重新制定了借阅和管理制度，以方便师生职工借阅。

在实验室建设上，根据开课的先后安排了建设顺序。1978年100万元的教学实验仪器设备陆续到货，有些急需而市场上又一时买不到的实验设备，如物理实验室的气垫导轨全息照相平台支架等由教师提供图样交校办工厂制作，普通化学实验室、物理实验室基本上可满足教学实验的需要。

三是狠抓后勤基建工作。1978年，为了迎接开学，经调整，学院大力压缩其他方面的用房，专门空出一栋教学大楼、一栋宿舍大楼和学生食堂，并对其进行了修缮，总面积达9706平方米。改建了2个各有160个座位的阶梯教室、1个有106个座位的大阅览室、1个阅报室、1个有60个座位的教师备课室，总面积为800平方米。还自制了80个阅览桌，维修了课桌椅、办公桌、床等1662件。腾出了校办工厂占用教学大楼的面积。此外，这一年还完成了两栋宿舍的建造任务，面积为2400平方米，另有一栋1500平方米的宿舍完成了主体外壳和部分内部粉刷工程。

四是招收本科首届学生。1978年，学院参加全国高等学校统一招生考试工作，在13个省市实际共招收学生357人，共8个班，其中30名是为江西省代培的专科生。平均录取分数335分，党员15名，团员296名。1978年10月19日举行了学校成立暨开学典礼。李士弼在会上讲了话，介绍了学院成立筹备工作概况、发展远景以及对近期工作的要求，表示要在党的领导下，团结师生员工，齐心协力办好学院。

1978年12月18—25日，三机部检查组对改建学院的工作进行了检查。通过检查，检查组认为，1978年南昌航空工业学院"揭批查"工作已初见成效，正在深入发展；教学方面做了大量的筹备工作，教学质量有保证；后勤和生产方面也做了大量的工作，基本上保证了教学、生产和师生员工的生活需要。

这表明，改建学院的任务取得阶段性成果，后面的重大任务就是带好首届本科生。

大学特质文化的传承和创新：南昌航空大学的实践探索 >>>

　　1979年7月，三机部任命谷峰为副院长，8月又任命顾正道为副院长（1981年5月17日病逝）。1980年1月，任命李斌为顾问，同时任命张桢为副院长，主管教学工作。7月，三机部转发中共中央组织部通知，中共中央书记处第31次会议批准：李士弼任书记，张本禄任院长。同年12月，第三机械工业部又通知免去陆孝彭兼任院长职务。11月，经中共江西省委批复，孔祥林任党委副书记。

　　张本禄，1924年9月生，河南省焦作市人。1947年毕业于中央大学航空系，1949年参加"两航"起义，是起义中有特殊贡献的人员之一，1950年1月加入中国共产党，1952年起到汉口航空工业学校从事航空教育管理工作，曾任南昌航空工业学校教务副校长、南昌航空工业学院副院长等职，并担任中国航空学会理事和江西省航空学会理事长。

　　1980年以后的两年，学校领导班子人员比较稳定，至1982年底，校级领导班子的组成人员是：党委书记李士弼，院长张本禄，党委副书记孔祥林，副院长张井夫、孔祥林（兼）、张桢、谷峰，顾问李斌。

　　新的领导班子建立后，面临着学校艰苦的调整、改造、充实和提高的重任，特别是首届本科生的培养质量问题，不容有任何闪失。学校狠抓领导建设，转变思想观念，改进工作方法。1979年3月23日，李士弼在中层以上干部和党委机关干部会议上发表《团结一致，为加速建院工作而奋斗》的讲话，"要求全院由上到下所有工作部门的所有教职员工都要明确地把自己的工作纳到以教学为中心的轨道上来。……全院教职员工都要明确树立以教学为中心的思想，要以教学为前提，做好本职工作"。[①] 张本禄院长也指出："各级领导和各职能科室要树立明确的为教学为基层为群众服务的观点，要深入基层调查研究，积极主动地为基层为群众解决学习上、工作上、生活上的实际问题。有的问题一时无法解决的也应该说明情况，做好工作。要勇于负责，不怕麻烦，不能遇事推诿拖拉。部门之间要

---

① 李士弼：《团结一致，为加速建院工作而奋斗》，南昌航空大学档案馆电子档案，1979-永久-0001-001。

<<< 第五章　八字干部作风：廉洁、奉献、务实、进取

分工合作，大力协同，不能互相扯皮顶牛。"①

在领导班子统一思想，统一认识之后，带领全校上下，以教学为中心，开展了系列建设。

一是抓师资队伍建设。学院改建初期，虽然补充了一些师资，基本满足了首届本科生公共基础课的需要，但因人数少，且一部分人业务素质难以承担高等学校教学任务，以致师资队伍不适应航空现代化对高等教育和科学研究的要求。为了解决上述矛盾，学校在建院初期补充师资的基础上进一步合理调整已有的教师队伍，补充新生力量。1979年至1982年底经过调进和调整，学校就净增教师158人，占1982年底教师总数348人的45.4%。大力提高教师的业务水平。1980年9月，学校对全体教师进行了一次全面的排队分析，提出了培训计划和措施，包括：抓教师的"四定"，即定任务、定要求、定时间、定工作量；推行教师工作量制度；建立教师业务档案。学校采取了"送出去、请进来"和结合工作在职提高等办法进行培训。同时根据需要进行重点培养，选拔优秀的青年教师到重点大学研究生班学习，或脱产学习外语，争取出国深造。恢复和评定各类人员职称。1978年3月，国务院批准高等学校恢复和提升教师职务，评定各类人员的职称工作逐渐全面展开。1979年6月，学校成立职称评定委员会，开始进行教师等专业人员的职称评定工作。1980年10月，学校公布了首批晋升专业技术职称的人员名单。到1982年底职称评定共进行了3次，学校348名教师及部分领导干部评定了职称，其中教授1人（张桢）、副教授11人、讲师107人、助教57人、高级工程师6人、工程师55人、助理工程师21人。有教学职称的教师占教师总数的50.3%。

二是抓好教学工作。首先抓教材建设。建院初期的4年中，按照三机部航空专业教材编审组的部署，在组织教材的编审、印刷、发行等方面做了大量的工作。按照教学计划的要求，积极组织力量编印了大量的急用补

---

① 《认真贯彻中央工作会议精神，努力办好学院——张本禄同志二月十八日在院党委扩大会议上的讲话》，南昌航空大学档案馆电子档案，1981-永久-0012-004。

177

充讲义、实验说明书、习题集、教学法指导书等，基本做到"课前到书，人手一册"。重视日常教学管理，并根据变化的实际需要，不断调整和改革教学管理方式，修订教学管理细则，制定了一系列加强教学管理、控制教学质量的制度，保证了教学的质量。为适应社会对人才的需求，努力为社会主义建设服务，学校根据各个时期人才需求变化，适时地调整专业设置，主动适应社会需要。还抓了实习基地建设和学生实习，体育教学与军事训练活动。

三是建立和健全科研管理机构和管理制度。首先健全了科研管理机构。1979年4月成立科研处，下设科研科、设备科、技术情报室。积极申报科研项目和成果"铝合金普通阳极化新工艺"获得1978年全国科学大会奖以后，继续研究、改进取得新的成效，该项目主要负责人吴纯素被评为1979年江西省"劳动模范"。在1978年召开的江西省科学大会上，学校有6项科研成果获奖。获得1978年江西省科学大会奖的"WLH-60型微束等离子弧焊接和多脉冲加热集成元件点焊控制箱的研制"也有新的进展。校办工厂研制的"长江"750A型摩托车获1982年第三机械工业部优秀新产品奖。

四是加强党的建设和思想政治工作。为了统一认识，调动一切积极因素，增强团结，加速办院工作，1979年5月，学校召开了首次全校思想政治工作会议，1980年7月4日，学校召开政治工作会议，讨论、制定了《学生政治思想工作条例》《班主任工作细则》等文件。同年12月，针对部分教职工与学生中受资产阶级自由化影响，在西湖区人民代表选举中出现的企图摆脱党的领导现象，学校深入开展了坚持四项基本原则的教育。与此同时，党委召开第二次政治工作会议。这次会议在认真学习文件，提高对新形势下思想政治工作重要性、必要性认识的基础上，结合学校实际情况研究了如何加强思想政治工作的问题。1981年4月起草了《学生品德评等评语制度》并印发试行。9月在全校学生中进行"双评"工作。1982年12月24日学校党委正式制定印发《南昌航空工业学院品德评等评语制度》。学校试行"双评"后，在全国引起较大反响，得到中央书记处书记胡乔木的肯定性批示。

此外，学校还加强了实验室、图书馆和校舍建设。

1982年7月10日，学校举行首届本科毕业生毕业典礼，312名毕业生获得毕业证书，其中304名毕业生被授予工学学士学位。学校对1978级本科毕业生的培养质量进行了全面的、实事求是的调查研究工作，认为学校较全面地执行和完成了1978级的教学计划，培养的首届本科毕业生是合格的。首届学生到南京等地实习，"从工厂初步反映来看，绝大多数同学表现不错。南京工厂的同志说，从这些大学生身上看到了希望，他们能吃苦，纪律好，肯学，只是现场知识少，但只要一提，都懂了。工厂的同志认为，这样的学生到工厂后，能很快适应工作。"[①] 学校首届300多名毕业生绝大部分分配到航空航天系统的工厂、研究所工作，在生产、科研第一线奋力拼搏，涌现了"首批航空十佳青年"杨东升、博士生导师杨延清教授等一批优秀毕业生。

第三节　团结拼搏"哥俩好"的领导班子

1983年至1991年，为进一步加强昌航建设，航空工业部、航空航天工业部党组对校级党政主要领导进行过两次调整。先后抽调部机关的干部和部属重点院校的专家学者王景茂、李长喜、刘荣光等来昌航担任主要党政领导，班子相对稳定。他们卓有成效的工作，为学校建设和发展奠定了扎实的基础。

1983年，为了贯彻中央关于领导班子革命化、年轻化、知识化、专业化等"四化"的要求，航空工业部党组决定对昌航领导班子加以调整。8月，宣布对学校领导班子进行调整，组成以党委书记王景茂、院长刘荣光为主要领导的新班子，班子成员：王景茂为党委书记，刘荣光为院长，柳

---

① 《张本禄在南昌航院第一届二次教工代表大会上的报告》，南昌航空大学档案馆电子档案，1982-永久-0016-001。

祥训为党委副书记，张桢、袁宝岐、骆欣荣为副院长，张本禄为学院顾问、党委委员。原党委书记李士弼、副院长张井夫、顾问李斌离职休养，免去孔祥林党委副书记、副院长职务，免去谷峰副院长职务（1984年9月，经航空工业部党组同意，孔祥林、谷峰改任学校调研员）。经调整，校级领导的平均年龄由此前的59岁降至50岁，大多数成员文化程度在大专以上，新的领导班子体现了干部"四化"的要求。

王景茂，1940年生，山东省掖县人，1962年加入中国共产党，1965年毕业于北京航空学院并留校任教。1975年调三机部教育局工作任负责人，1983年8月调昌航任党委书记，1985年10月调航空工业部任部机关党委书记、部党组成员，1988年4月任航空航天工业部人劳司长，1900年6月任中共中央直属机关工作委员会副书记（正部级），2001年担任全国政协委员。

刘荣光，1932年10月生，江苏省镇江市人，教授，1955年毕业于华东航空学院飞机系并留校任教，1956年12月加入中国共产党。历任西北工业大学基础课部副主任，被教育部聘为工程图学教材编审委员会副主任委员，1983年8月至1991年10月任昌航院长，后因年龄卸任回西北工业大学工作。

1985年学校领导班子成员又有一些变动。7月，副院长张桢调往杭州金融干部管理学院；10月，王景茂奉命调回航空工业部工作，航空工业部党组任命李长喜为学院党委书记；11月，航空工业部任命黄懋衡为学院副院长。此后的6年内，学校领导班子相对稳定，仅有少量小范围调整。1986年5月，经中共江西省委批复，孙一先任学校党委副书记。1987年2月，航空工业部党组任命蔡德舆为学院副院长；袁宝岐改任学院工会主席。1988年8月，航空航天工业部决定，孙一先兼任副院长。此外，1990年5月，学校党委决定任命林再学为院长助理。

新的班子成员：党委书记李长喜，院长刘荣光，副书记孙一先，纪委书记骆欣荣，副院长黄懋衡、蔡德舆、柳祥训，工会主席袁宝岐。

李长喜，1935年生，黑龙江省木兰县人，1953年加入中国共产党，

<<< 第五章 八字干部作风：廉洁、奉献、务实、进取

1960年毕业于北京航空学院并留校任教。历任北京航空学院党委办公室和院长办公室副主任，1985年10月调昌航任党委书记，1990年9月调回北京航空航天大学任党委副书记，1991年2月调中共中央宣传部，先后任教育局局长、干部局长、全国宣传干部培训中心主任、副秘书长；1998年11月任中国职工思想工作研究会副会长兼秘书长。

王景茂书记、李长喜书记、刘荣光院长组成的两任班子，主要领导都是来自重点院校的专家学者，他们渊博的学识，开阔的思路，敢闯敢干的精神，为刚刚由中专升格为本科院校的昌航的发展按下了快速发展的发动机。同时，他们廉洁奉公、敬业奉献的思想品格和工作作风感动和影响了广大师生员工，为学校的精神文化留下浓墨重彩的一笔。

一、平易近人王景茂

第二任党委书记王景茂出身于山东省掖县（今莱州市）平里店镇贾邓战家村的一个农村家庭，说着一口浓重的山东话，淳朴厚道，办事公道。1975年调三机部教育局工作八年半后，于1983年8月调来昌航任党委书记。他从北京来到昌航时，也和前任书记李士弼一样未带家属，住在招待所。"领导让房"的故事又有续集。他刚来学校时，只认识院内的少数人，熟悉的人并不多。有人见他"孤身一人"来上任，就跟他开玩笑说："一个人来，能行吗？"王景茂说："工作做得好，一靠领导班子的团结，二靠教职员工的支持。我来能不能站得住脚，不在于带不带人，关键在于执行政策和处理问题是否公道。"①

王景茂在日常生活中平易近人，以诚相待，与群众打成一片，从不摆官架子，教职工和他在一起，可以做到无拘无束，所以王景茂在昌航的人缘特别好。他在昌航，认识很多普普通通的老百姓，不管是校办工厂的工人、车队的司机还是食堂的炊事员，都和他相处得很好，经常互相串门。王景茂离开昌航10多年后，还能如数家珍般说出一大串昌航人的名字。他

---

① 程少华：《王书记的昌航情结——访中直机关工委副书记、原南昌航院党委书记王景茂》，沈国英、丁群安：《昌航人》，航空工业出版社1997年9月版，第11页。

住在招待所的三楼，经常和值班室的小罗、小李聊天拉家常，了解一些情况。他经常在食堂和炊事员围着一个很低的桌子坐在一起吃饭，有时候还喝点啤酒。他和食堂一位姓杨的河南师傅处得很好。1984年，杨师傅的儿子去北京旅行结婚，王景茂邀请他儿子夫妇到自己家里住，王景茂一家人非常热情地接待了他们。此事当时在昌航成为佳话。

王景茂来到昌航工作两年零三个月，多半是上级组织派他下来锻炼的。他也不辜负上级组织期望，勤奋而大胆地工作，一有空就到实验室、教研室、工厂、学生宿舍去转一转，同职工和学生聊天，了解情况。他很少有自己的独立时间，晚上总有人来找他谈工作和办事。

作为一班之长，学校的领导者和决策者，王景茂有着务实长远的眼光，为昌航的长远发展谋篇布局。当时，学校由中专发展而来，作为一个中专，是一个大学校，但作为一个本科学院，显得占地面积不足，而且东南西北四个方向拓展空间不足，已经不能满足学校未来发展的需要。王景茂提出，为了将来，学校要少花钱，多积攒，用来征地扩展校园。经过学校领导班子民主协商，全校上下广泛动员，统一了思想认识。王景茂又反复请示上级，取得航空航天部的大力支持，同意投资征地建设。为了能够征地，王景茂经常往南昌市去做工作，甚至在很多星期天的时间，都"泡"在南昌市委书记家里，靠着这股子精神，终于拿到学校向北延伸的征地计划。后来的七大楼、八大楼主楼、九大楼、游泳池、图书馆、1号门主校门都是建在那时买下来的地皮上的。这里构成后来学校最主要教学区。当时，如果没有王景茂书记下定"狠心"把这块地买下来，南昌市很有可能把这块地皮规划给其他单位，这对于学校的发展是极其不利的。

王景茂清楚地认识到，昌航是在中专的底子上建立起来的，先天营养不足，自己只有做一只领头羊，发奋努力地工作，严格按规章制度办事，才能带动大家，树立一个良好的校风、教风、学风和干部作风。80年代初，改革开放初步兴起，高校也开始掀起"教育改革"。当时由于教育经费不足，一些学校"时髦"的做法是引导教师到校外兼课，增加个人收入。对此，王景茂书记和刘荣光院长坚决反对和制止这种做法。1984年，学校党委结合整党工作，制定了《关于改进党政机关作风的八条规定》，实行院领导接待群众日制度、下基层工作日制度、定点联系单位的制度，党政机关必须面向基层，为基层服务，机关工作人员的工作态度和工作作风上，要做到谦虚、谨慎、热情、主动、勤恳、好学，不讲价钱，不计得失，不"等因奉此"，不搞花架子。① 王景茂处理问题非常坚持原则，讲求公道，决不在任何力量前作妥协搞变通。1984年10月，他制定了《创建文明学院公约》10条规定，要求"尊师爱生，管教管导，为人师表，优质教学，培养合格人才"，培养优良教风。② 同年12月、1985年6月又发布了《关于整顿教学秩序、培养良好校风的通告》《关于整顿教学秩序、培养良好校风的补充规定》，提出9条规定和6条补充规定，整顿教学秩序，严格学习纪律，迅速克服纪律涣散的现象，在学生中养成一种政治上积极进步，学习上严谨刻苦，身体上健康成长的良好风气。③ 期间，有一个南昌市的学生为"丁"字尺和另一个同学打架，事后，他叫来3个弟兄，在晚自习时到教室胡闹。学校坚持原则，给予他勒令退学的处分，他的父母就跑到王景茂书记和刘荣光院长的家里，要和他们"拼命"，并扬言"杀死一个抵一个，杀死两个赚一个"，甚至跑到学校办公楼睡觉。王景茂等校领导苦口婆心做工作，他们置若罔闻。王景茂就向省公安厅打报告，把这位学生的妈妈拘留了。这一事件的处理，获得昌航师生的拍手叫好。

二、好书记李长喜

1985年10月，航空工业部党组任命李长喜接王景茂的班，成为学校升本后的第三任党委书记。这一年，李长喜正好半百之人，却有着32年党龄。1953年1月，李长喜不满18岁，是黑龙江省木兰县初级中学的学生，

---

① 《关于改进党政机关作风的八条规定》，南昌航空大学档案馆电子档案，1984-永久-0001-006。
② 《南昌航空工业学院创建文明学院公约》，南昌航空大学档案馆电子档案，1984-永久-0019-007。
③ 《关于整顿教学秩序、培养良好校风的通告》，南昌航空大学档案馆电子档案，1984-永久-0016-015。

就被接纳为中国共产党预备党员。他这一生,因为工作需要,夫妻分居多年,刚刚调到一起在北京生活才10多年,他又一次抛妻别子来到遥远的南方。而李长喜在昌航的故事更是多而好,他是昌航口碑最好的校领导之一。一位退休教师提起李长喜时动情地说:"我自1973年调入昌航当老师,至1997年退休,在昌航工作24个年头,随着时间的流逝,许多人和事已经慢慢淡忘,唯有李长喜书记却仍然记忆犹新,他平易近人、乐于助人、清正廉洁的形象一直深深印在我的脑海中。"[1] 平易近人、乐于助人、清正廉洁,这是对李长喜书记的评价。

李长喜平易近人,关心职工,并且乐于助人,只要群众有困难,他都会看在眼里,记在心里,并且尽力帮助解决。李长喜一来到昌航,就立即扎身群众之中。一连两个月,他听取了14次各部门负责人的汇报,开了9次调查座谈会,走访了29户教职工。他在路上遇到职工主动打招呼,在食堂就餐他从来不会因为自己是书记而搞特殊。

他非常关心男女职工婚姻问题,请人帮助单身职工介绍对象,他要求各单位要帮助职工解决找对象过程中遇到的困难,亲自参加学校举办的"鹊桥会",千方百计帮助职工解决婚姻问题,并且参加职工的婚礼。他参加炊事员小王的婚礼的故事在当时传为佳话。

5月4日傍晚,李长喜在学校大礼堂参加"五四"火炬传递活动。他高擎煤油火把,点燃了一把"五四"火炬,青年学生接过火炬,开始了接力赛跑。这时,李长喜急忙抽身向家属区走去,他要参加炊事员小王的婚礼,迎面正碰上新郎新娘的朋友小吴。小吴说:"李书记,新郎新娘正等着您。"李长喜说:"就来,我洗洗手,这手有煤油味。"小吴说:"没关系的。"李长喜说:"不行,不能把煤油味带到新房去。"说完就急急忙忙一拐一拐去找水洗手。李长喜患有腿疾,做过两次手术也未能痊愈。前不久,组织上安排他去抚州温泉治疗腿疾。按医嘱,治疗腿疾是两个月一个

---

[1] 卢丽丽:《春风化雨,润物无声——记良师益友、原学校党委书记李长喜》,夏立先:《岁月情深:昌航六秩回眸》,南昌航空大学校庆办公室编印(内部版),2012年10月,第69页。

疗程，但他只住了半个月就回学校处理事务。新房里的亲朋好友有些意外，更有说不出的激动，他们万万没有想到堂堂一个学校党委书记，竟会如此接地气，尊重民族风俗，虔诚地来参加一个普通炊事员的婚礼。党的作风和温暖就是这样传送到百姓心中。①

当年喜结良缘的青年们为李长喜能撮合他们的婚姻非常感激。1992年李长喜调离学校两年后回学校参加40周年的校庆活动，一位职工看见李长喜来了，急忙回家把孩子抱来"让书记看看"。2012年4月建校60年之际，李长喜回学校参加讨论校史稿，听说有位当年结婚的职工孩子已经考上研究生了，心里非常高兴，一种成就油然而生。

李长喜也特别关心教职工子女的就业问题，当年他积极找南昌市领导，请求在航空工业部给学校的就业指标中市里不要再提成40%，得到了时任南昌市程安东市长批准，为教职工解决了更多子女就业指标问题；在校内对有特殊困难职工的子女就业问题，他和刘荣光院长商量，总是采取特殊政策解决；李长喜还请省市有关单位的领导同志帮助学校职工子女安排过工作。原材料系热处理专业的许德丰老师的孩子大学毕业时，她怀着忐忑的心情找李长喜，希望能把孩子安排在昌航工作，李长喜仔细倾听并询问了情况后，向她解释现在学校人员超编，在学校安排有一定困难。但李长喜并没有因此而了事，他一边安慰许老师，一边积极主动与孩子所在学校领导联系，帮助解决许老师孩子工作问题，结果许老师孩子就读的学校同意许老师的孩子留校工作。提起这件事，许老师感激地说道："李书记帮我的孩子解决了工作的问题，连一杯茶、一根烟都没有接纳，我的心里想起这个事还是暖烘烘的"，"学院一把手能够把普通教职工的家事放在心上，真的不容易"。②

职称是教师们非常关心的大事。当时学校没有正高级职称的评审权，

---

① 丁群安、沈国英：《让党旗更鲜红——记原南昌航院党委书记李长喜》，沈国英、丁群安：《昌航人》，航空工业出版社1997年9月版，第22-23页。
② 卢丽丽：《春风化雨，润物无声——记良师益友、原学校党委书记李长喜》，夏立先：《岁月情深：昌航六秩回眸》，南昌航空大学校庆办公室编印（内部版），2012年10月，第71页。

要报航空工业高评委会评审。在学校职称评委会讨论投票之前，刘荣光院长请李长喜去讲一讲职务评审指导思想时，他在会上强调："请你们在被评人身上尽量找能通过的理由，不要尽力去找卡住他们的理由。"这是李长喜在解决群众切身利益问题上的一贯指导思想。一个学校的党委书记有那么多的工作要处理，但他却始终把职工的事看成最大的事，实实在在地为教职工解决各种困难。

李长喜来到昌航后，昌航"领导让房"的故事又在延续。1987年，李长喜专门腾出一段时间，与其他校领导一道，调查了全校35岁以下的青年职工，在全面了解了他们的思想、教学和科研工作的同时，发现年轻教师的生活过得比较艰难。夏天在宿舍里备课，蚊虫叮咬，酷热难熬。于是，李长喜与行政领导协商，交由有关部门承办，替每间单身宿舍安装了一台电风扇。他到教工单身宿舍走访时，发现一些年轻的夫妻挤在单身宿舍，在走廊上做饭，洗衣洗菜上上下下爬楼梯，妻子上厕所要到较远的女生宿舍，因为没有房号，孩子满地跑了还上不了户口。李长喜内疚地说："那孩子喊我一声'爷爷'，可我这个当爷爷的实在惭愧啊。"李长喜下决心解决青年教职工的住房问题，为此绞尽脑汁，努力争取。建家属楼的款刚拨下来，校内就已经议论纷纷了。一部分人认为应该盖三室一厅，另一部分人则认为应该盖两室一厅。李长喜经过深思熟虑，说："现在还不是锦上添花的时候，应该是雪中送炭，首先是解决有无问题。"于是，崭新的两室一厅和一室一厅家属楼落成了，百余名中青年教职工喜气洋洋，乔迁新居！

官爱兵，师爱生，领导爱职工，师生情谊比海深，这就是发生在昌航代代相传的"让房"的故事；继传统、承精神，昌航文化源远流长，这就是让房故事带给我们的启发。

李长喜是一位领导有艺术，工作有方法的好领导。他担任书记的五年，是学校发展很快的几年，全校就像上下一家人，一条心，团结合作，密切配合，从领导到职工，个个干劲十足。李长喜特别重视领导班子的团结,他和院长刘荣光被大家亲切地称为"哥俩好",[1] 不管遇到什么事,书记和院长总是有商有量,从工作的大局出发,相互支持,密切配合,通力合作。不管是院长还是书记,从外面开会回来,都会走到对方的办公室,传达会议精神,统一认识,书记和院长总是推心置腹、和谐亲密。

李长喜尤其重视党外干部工作。黄懋衡同志是党外人士,全国人大代表,时任学院副院长,后来培养成长为江西省副省长。黄懋衡对李长喜也是尊重有加,每次出差回来,特别是参加全国两会回来之后,都首先到书记这儿报到、汇报。正是因为班子成员互相尊重,团结一致,所以才能引领学校健康发展。

李长喜在任时,学校刚从中专升格到大学不久,各方面条件都亟待完善,师资队伍、学科建设等工作都需要进一步提升。为了提高办学水平,学校从西北工业大学等重点院校引进了一批人才,他们为学校增加了新鲜血液,但新老员工在工作上又存在一些意见分歧。为了统一思想认识,提高办学质量,李长喜倡议开设了《昌航概论》系列讲座,从办学指导思想,学校发展规划等方面给中层干部、教师以及学校的职工进行讲解;在教研室、车间副主任和机关副科级以上干部、学生政工干部中,还请各系部负责人介绍所办专业概况、任务、特点,请学校机关、工厂介绍本部门职责、任务、特点。这样就使全校教职工特别是各级干部了解了全局,达到了互相了解、互相理解、互相谅解、消除误解、统一思想、增强团结的目的。李长喜在任5年,全校上下目标明确,大家都觉得有奔头,工作格外卖力,全校上下凝聚力特别强。

作为党委书记,李长喜不仅以身示范建设了学校团结、和谐并有坚强战斗力的学校领导班子,创造了学校内部良好工作环境;同时也为学校赢得了优良的外部工作环境。作为中央部委的部属院校,他非常重视与江西省委、省政府的沟通,及时向地方政府汇报学校工作,取得他们的支持。他说千万不要认为我们是部属院校,江西省管不着,这是错误的思想,我

---

[1] 丁群安、沈国英:《让党旗更鲜红——记原南昌航院党委书记李长喜》,沈国英、丁群安:《昌航人》,航空工业出版社1997年9月版,第19页。

大学特质文化的传承和创新：南昌航空大学的实践探索 >>>

们的办学属地在江西在南昌，就应该主动地与省政府、市政府沟通与汇报，以求得到他们的关心和支持。他经常对学校工作人员说，你们汇报工作千万不能直接捅到上级部门的领导，要从具体负责的工作人员开始，这既是程序要求，也是工作艺术要求，不尊重具体办事的同志，就是领导批了他压着不办你还是无奈！正是由于有着良好的内外部工作环境，李长喜在校期间学校各方面事业得到了很快的发展。

　　李长喜是一位务实、严格要求又富有人情味的好书记。1986年10月，学校制定了《关于教书育人的规定》10条，要求"各级领导干部要作教书育人的表率"。[①] 一位干部子弟犯了错误，不停地有人说情，但是，李长喜说："在党的纪律面前人人平等。"学校党委决定给予该同志党内警告处分。一位党员干部利用职权篡改本人档案，有关部门调查后，把材料送到党委，李长喜十分气愤地说："以权谋私，手段卑劣！"学校党委研究后给予该同志留党察看一年的处分。另有一位党员在生活作风上犯有错误，不听组织劝告，一意孤行，在群众中影响极坏，在党员评议中被定为不合格党员。党委决定，给予该同志除名处理，真正实施了"党员不能终身制"，震慑和教育了广大党员。

　　1985年10月李长喜到学校任职后，经过深入调查走访和认真研究，觉察到学校有两个问题亟待解决：一是办学信心不足，二是存在不够团结的局面。因为学校是从中专改建过来的学院，教师和干部来自四面八方，虽然经过今年的发展和前面领导人的努力，但仍然存在这部分人和那部分人之间磕磕绊绊地闹别扭事情发生。提高信心、增强团结，是亟待解决的问题。李长喜听取了150多人的意见，筹备召开党代会。1986年3月，学校召开了升为本科高校后第一次党员代表大会，选举产生新的党委领导成员，结束了自1965年以后20年由上级任命党委领导成员的历史，使党的生活走上正常化轨道。他在党代会上提出了一个振奋人心的口号："团结自强、振兴昌航"，并做了以此口号为主题的报告，对学校的干部和群众

---

① 《关于教书育人的规定》，南昌航空大学档案馆电子档案，1986-永久-0003-016。

<<< 第五章 八字干部作风：廉洁、奉献、务实、进取

起了巨大的鼓舞作用。李长喜回忆说："那时那刻，我心潮涌动，感慨万千。"①

李长喜认为，领导干部正人首先要正己。为了贯彻落实党的十三届六中全会精神，他主持制定了"干部联系群众，参加劳动"等4项规定，明确要求领导干部每月下基层不少于两次，听取群众意见，及时解决问题；每年参加实习工厂劳动12天；每周听一次课；每周在学生食堂就餐一次。他自己率先垂范，到基层调查研究、到教室听课、到学生食堂用餐、到实习工厂总装车间劳动。学校干部积极实践4条规定，受到广大教职工和学生们的欢迎和好评。

李长喜非常擅长做思想政治工作。他曾经是北京俄语学院留苏预备部的学员，后来成为北京航空学院液体火箭发动机专业的学生，心怀着奉献航空事业的梦想。但是，毕业前夕，他服从党的需要，离开心爱的专业，改行从事思想政治工作，一干就是几十年，后来还担任中共中央宣传部副秘书长、中国职工思想政治工作研究会副会长兼秘书长。他虽然没有成为一位航空专家，但在思想政治工作领域收获颇丰，成为绝对的行家里手。

李长喜善于把党的理论转化为思想政治工作实际，用最实际的行动体现党的优良传统和作风。他一方面不断研究和探索新时期思想政治工作的特点，写过十几篇论文；一方面又履行着党的思想政治工作的传统方法，那就是尊重人、理解人、关心人、爱护人、帮助人，通过具体细致的工作体现党的温暖。一位教师的科研成果论文无处鉴定，李长喜在春节回北京探亲时，找朋友、托同学，想了很多办法，希望教师的工作被社会承认。学校中专时期的老校长张时超去世将近20年，李长喜仍然利用节假日拜访他的遗孀周洁。学校一批青年教师在革命老区奉新县农村支教，他走着崎岖山路到一所所学校去慰问，并送上录音机等外语教学设备；85321班学生暑假在江西锅炉厂实习，他头顶烈日带着西瓜去看望，见面第一件事就

---

① 李长喜：《忆昌航，峥嵘岁月稠》，《传道授业话昌航》编写组：《传道授业话昌航》，江西高校出版社2017年10月版，第2页。

是细看同学们身上是否长了痱子；他常常牵线作红娘，在院工会主办的集体婚礼上，为青年教工当主婚人，送上对他们的美好祝福；在南昌市开会，回校途中看见本校老师在路上步行回校，常常要司机停车，捎带他们回校；就在奉调回京前夕，他还牵挂着江西省首批挂职锻炼的学校青年干部黄业林，专程到永丰县去探望告别。这样的具体事例，老昌航人可以扳着指头说上许多许多。

春雨润物细无声，就像他在其专著《人的动力学》中说的那样，"思想是人的动力源，是人的发动机，做思想政治工作就是开发人的动力资源，就是给人的发动机增加动力。"也正是因为他思想工作到位，教职工有干劲，学校有氛围，才使昌航不断取得新成绩。

即便离开昌航，他仍然牵挂昌航师生，关心学校发展。1990年10月奉调回北京航空航天大学任职，1991年2月调中共中央宣传部，先后担任教育局局长、干部局长、全国宣传干部培训中心主任、副秘书长和中国职工思想政治工作研究会驻会副会长兼秘书长等职务；还担任过全国高等教育自学考试指导委员会副主任、中华海外联谊会第一届理事和陕西省人民政府扶贫开发顾问等社会兼职。2003年，68岁的他退休之后仍然忘我工作，发挥余热。2009年新中国成立60周年前夕，他被评为全国离退休干部先进个人，受到中央组织部的表彰。离开昌航已经很多年了，但他仍然关心学校的发展，只要学校有需求，他都会欣然应允。1992年10月，李长喜在百忙之中回学校参加40周年的校庆活动。1997年，学校建校45周年，他因工作繁忙不能参加学校庆典活动，他为学校发来了贺电，并亲自填写的一首南昌航院校歌歌词："赣江两岸稻谷飘香，校园春色花木芬芳。继承革命光荣传统，始终坚持正确方向。满园生机书声琅琅，航空人才这里培养。勤奋文明自强求实，刻苦钻研百炼成钢。啊……春蚕吐丝纺织未来，蜡烛燃烧放射光芒。今日熔炉磨炼翅膀，明日将在蓝天里翱翔。"2012年，为了帮助学校编写校史，他虽然已是77岁高龄，仍然不辞辛劳地回到南昌，认认真真地修改校史，并为校庆60周年校庆办主编的《岁月情深》撰写了"回顾历史汇报进步和成就，总结经验为母校发展建设提供借鉴"的序。2017年,建校65周年,他为学校写了回忆文章《忆昌航,峥嵘岁月稠》,对昌航充满了感情。他写道:"在昌航工作的五年,是我人生最辉煌的5年,能够担任南昌航空工业学院党委书记是我一生的荣光。回首往事,彼时的昌航悉景历历在目;静心回顾,那时的昌航情怀犹荡于胸。"① 而昌航的教职工依然挂念着这位好书记。一位退休职工说:"我们现在只要到北京,就会去看望李书记,我们就像好兄弟、好朋友一样回忆在学校的人和事。退休之后,我经常和李书记通电话,他就像当年在学校一样一如既往地与我谈家长里短,态度十分亲切,使我感慨万千。"②

时间的车轮没有模糊他在昌航的印记,好书记——就是昌航人对他最简单而又最真挚的评价。

三、"有口皆碑"刘荣光

昌航不仅有好书记,还有好院长。刘荣光从1983年8月至1991年10月任昌航院长,后因年龄卸任回西北工业大学工作。此时期是学校发展的关键期,关系到是否能顺利完成学院改建的任务。他与王景茂、李长喜、孙一先3位书记搭班子,主政昌航8年多,是主政昌航时间最多的主官之一,在改革开放大背景之下的80年代,顺应高等教育发展趋势,及时找准定位,发挥特色,使学校驶入快速道,在同行中取得良好口碑,也深受昌航广大教职员工和学生的尊敬与爱戴。

作为一校之长,刘荣光具有勤奋拼搏、敬业爱岗、严谨务实的工作作风,还具备特有的个人魅力,如干练的组织能力,豁达的学者气度,明晰的办学思路,这些都给昌航在80年代的发展插上智慧翅膀,带来实实在在的好处,也给师生留下深刻印象。

思路决定出路。一个高等学校,如果没有一个明晰的办学思路,就不

---

① 李长喜:《忆昌航,峥嵘岁月稠》,《传道授业话昌航》编写组:《传道授业话昌航》,江西高校出版社2017年10月版,第1页。
② 卢丽丽:《春风化雨,润物无声——记良师益友、原学校党委书记李长喜》,夏立先:《岁月情深:昌航六秩回眸》,南昌航空大学校庆办公室编印(内部版),2012年10月,第71页。

大学特质文化的传承和创新：南昌航空大学的实践探索 >>>

可能有一个好的发展前景。刘荣光上任之前，在西北工业大学执教近30年，曾任该校制图教研室主任，被教育部聘为工程图学教材编审委员会副主任委员，突然被航空部委以重任，担任一所大学的主官，这既是上级对他的信任，更是沉甸甸的责任，同时是挑战。

昌航有26年办中专和专科的历史，加上"文革"的干扰，存在着大量不同的思想认识。当时部分同志仍然存在着"厂办校"还是"校办厂"等争论和模糊认识以及故步自封、满足现状和脱离实际、急于求成的片面想法。在这种情况下，刘荣光迅速转换角色，不断地调研、思考，在总结前任办学经验和办学实践中学习、思考、分析、归纳。刘荣光与党委书记王景茂、李长喜等主要校领导一道，带领学校领导班子，总结改建学院几年来的办学经验，先后多次举办中层干部和管理骨干教育思想的学习，亲自宣讲《昌航概论》，党的教育方针和政策，以及办大学的理念和指导思想；在教职工中进一步展开了教育思想的大学习和"牢固树立高等教育意识"的大讨论。通过大学习、大讨论，全校上下进一步明确了学校办学的长处和不足，克服了片面认识。经过几年持续不断的学习和实践，在领导班子中反复沟通、讨论，逐渐形成一套明晰的办学思路，在1990年航空航天工业部对学校的教育工作进行全面评鉴中，刘荣光院长代表学校汇报的"扬长补短、办出特色"办学思路，受到航空航天工业部评监组的充分肯定。

刘荣光指出，学校在办学思路方面形成了如下5个方面的共识：一是从学校实际出发，走出一条扬长补短，办出特色的路子；二是按照高等教育规律办学，以教学为中心，尽力做好基础工作，抓住时机，逐步上台阶；三是增强办大学的意识，认真处理好教学片与生产片的关系，使它们协调发展；四是从严治校，科学管理，倡导第一流的工作质量；五是不论实行何种领导体制，都要坚持党对学校的领导。具体来说，主要有：

1. 树立"自立、自强"的办学理念，在办学实践中立足实际，积极探索，打好基础，较快地确立学校的基本定位，明确了"扬长补短、办出特色"的办学路子。

<<< 第五章 八字干部作风：廉洁、奉献、务实、进取

学校由中专升为本科后，领导班子一直在探索办学思路。改建学院初期，第一任班子的党委书记李士弼、院长陆孝彭提出了学院要办出自己特色的思想。在1978年10月学院成立暨首届学生开学典礼上，李士弼提出学院的目标是建设一所以热加工工艺为特色的航空院校。此后，1978年11月30日，学校起草了《关于我院专业调查及新建专业的报告》，贯彻了"以热加工工艺为特色"的办学思路。确定到1982年形成11个专业（即改建学院初期的航空锻造、航空铸造、航空焊接、航空材料及热处理、航空金属腐蚀与防护、航空机械加工和新增的电子仪表及测量技术、化学分析、无损检测、电子计算机应用和航空金属材料）作为学院办成以发展热加工工艺为重要特色的一些主要专业。并强调在不断创造条件的前提下，将把学院办成为一个以培养热加工技术人员为主的教学中心和一个研究热加工工艺为主的科研中心。此外，《报告》还提出了坚持以教学为中心等一系列办学思想。1979年11月30日在学校第一次工会代表大会提出"早日把我院建成第一流的现代化院校"的目标，提出3步走方针："即第一步，向国内同类院校先进水平看齐；第二步，向国内高等院校先进水平看齐；第三步，努力赶超世界先进水平。"并提出"要彻底解放思想，敢于创新，敢于走自己的路"。[1] 1981年6月20日，张本禄院长在学校第一届教工代表大会指出："办好学院的指导思想：必须以培养人才为中心，以提高教学质量为主要任务。同心同德，上下一条心，克服困难，办好学院。要发挥优势，办出特色。"[2]

探求学校的办学特色，这是领导班子要解决的问题，关键是要找出特色并进行凝练，形成共识。刘荣光通过调研认为，全国有300所左右的工科院校，都要有不同的特色和规格，决不能办成"千校一面"。刘荣光认真地分析了学校的优势和长处，认为：金属材料工艺专业，已经有二三十

---

[1] 《南昌航院第一次工会代表大会工作报告》，南昌航空大学档案馆电子档案，1979-永久-0057-004。

[2] 张本禄：《南昌航空工业学院第一届教工代表大会工作报告（讨论稿）》，南昌航空大学档案馆电子档案，1980-永久-0024-054。

193

大学特质文化的传承和创新：南昌航空大学的实践探索　>>>

年的办学基础，形成了一批实验动手能力强的师资队伍，有基础较好的教学实习基地，有在全国率先创办的无损检测本科专业，有与航空工业联系较为密切的环境工程新专业，有严格要求、严格管理的办学传统等，这些都是学校的优势和长处，对于长处，一定要抓住，要按照高等教育要求在长处方面发展、提高，做到以长补短。基于这些优势和长处，刘荣光认为，学校培养学生的目标应该定位在培养能吃苦、肯干、作风朴实的工程应用型人才，而不是把自己的学生设计培养成全才，不能求全责备。做不了全能冠军，就做单项冠军。因此，体现在办学资金的投入上，应保持相对集中，不宜分散财力，应体现在办学特色上。

1985年12月19日至22日，学校召开了第二届教职工代表大会，听取和审议刘荣光的工作报告和学校1986—1990年发展规划的报告。刘荣光的工作报告，总结了1983年8月以来两年多的工作，提出了学院今后5年、10年、15年的奋斗目标：奋斗5年，教学质量和管理水平在江西地区同类院校中进入先进行列；奋斗10年，形成教学科研两个中心，具有承担国家重点科研项目的能力；奋斗15年，三材建设趋于完备，有三到四个专业在教学质量、科研水平上达到华东地区同类学校的先进水平。[①] 代表们对这个报告进行了认真的讨论，并一致表示赞成。在前期调研和统一认识基础上制订的"七五"（1986—1990年）发展计划中确立了学校的办学指导思想：坚持社会主义办学方向，坚持教育"面向现代化、面向世界、面向未来"，坚持贯彻党的教育方针，培养德智体全面发展、适应生产第一线需要、具有学院特色的高级工程技术人才。明确学院的发展方向：以工科为主，兼办师范，逐步建成理工结合的中等规模的航空高等工科学院。在办学模式上，确定以工科为主、兼办师范，以本科为主、适当发展研究生及专科教育。在专业发展上，以金属材料工艺为主体，重视学科之间的交叉渗透，名称相同的专业与南昌航空工业学校时期有所侧重和分工，在制造工艺、测试技术方面办出专业特色。在培养目标上，强调培养面向基

---

① 《刘荣光在南昌航空工业学院第二次教职工代表大会上的工作报告》，南昌航空大学档案馆电子档案，1985-永久-0027-008。

<<< 第五章 八字干部作风：廉洁、奉献、务实、进取

层、面向生产第一线的应用型工程技术人才，注重加强工程师的基础理论和基本技能训练，尤其重视工程实践和实验动手能力的培养。

2. 按照高等教育规律办学，以教学为中心，实事求是，不急于求成，不急功近利，尽力做好基础工作，抓住时机，逐步上台阶。总的要求是：打好基础，加强管理，提高质量。通过5年奋斗，为今后10年、15年的发展打下坚实的基础。刘荣光主要抓了3个基础方面的工作。

第一是狠抓基础课的教学质量。基础课的质量是整个学校教学质量的基础。当时学校确立的14门校级课程全部都是基础课、专业基础课。为了抓好重点课程建设，在他任期内的1988—1990年对12门课程进行了检评，其中有两门一次不合格，又进行了第二次检评。通过检评，使得重点课程建设上了一个新的台阶。

第二是做好硕士学位授予权的申报工作。提高办学层次是学校发展的必由之路。学校经过几年的建设，师资队伍不断壮大，教学、科研条件也不断完善，某些专业已具备了招收硕士研究生的条件。经与上海交通大学、北京航空学院和西北工业大学申请联合培养，1984年9月21日，教育部批复同意学校1985年招收压力加工、金属材料与热处理和焊接专业硕士研究生。研究生工作由科研处统一管理。1984年12月，学校制定了《硕士学位研究生培养方案的共同要求》，对研究生的培养目标、培养方案、课程设置、学位论文计划、论文答辩等做了严格的规定。刘荣光在1985年12月召开的第二届教代会上强调，"要高度重视研究生工作，继续完善教学及研究条件，保证教学工作顺利进行，还要继续创造条件，积极争取硕士学位授予权"。[1] 学校抓住一切机会做好基础工作，积极创造条件，为争取拿到硕士学位授予权做了大量准备工作。据学校首届研究生王高潮回忆：学校领导和职能部门高度重视"老四届"研究生培养，学校为每一位研究生成立了导师小组，一般由4名优秀教师担任。初期的研究生教育，由于是与上海交通大学等重点高校联合培养，因此，硕士研究生人

---

[1] 《刘荣光在南昌航空工业学院第二次教职工代表大会上的工作报告》，南昌航空大学档案馆电子档案，1985-永久-0027-008。

才培养方案都是参照相关重点高校的方案执行,向重点大学学习和看齐,可谓"高标准严要求",许多研究生课程也是聘请重点高校相关老师来昌航讲课。当时,全校的实验室都是24小时面向研究生开放的,并添置了一些必要的实验仪器设备。研究生们对学业抓得很紧,认真学习刻苦钻研蔚然成风,最终都顺利完成学业,而且不少人获得优秀成绩。学位论文答辩的优秀率很高,获得了重点院校的一致认可,这为后续我校获得硕士学位授予权奠定了坚实的基础。① 1990年11月,金属塑性加工和焊接两个专业被国务院学位委员会批准具有硕士学位授予权。这样,学校在办学层次上实现了重大突破。

第三是在学校各项工作中要正确处理各方面的关系,要以教学为主,积极开展科学研究,健康有序地发展社会服务。为反对教师到社会上去搞"创收",让教师安心教学,学校对社会服务工作进行了归口管理,做到有秩序、有组织。为了保证基础课教学质量,对于工资外收入,对基础课教研室有所补贴,教师完成教学工作量,其平均收入不低于党政管理干部。

3. 增强办大学的意识,认真处理好教学片与生产片的关系,使它们协调发展。

学校是在26年中专基础上改建成学院的,办中专的意识和思维方式比较强烈,甚至一些教师自信心不够,存在着回过头办大专的想法。刘荣光和王景茂书记、李长喜书记一起,通过先后多次举办中层干部和管理骨干教育思想的学习,开展"牢固树立高等教育意识"的大讨论,校领导亲自讲课,谈办学理念、指导思想、发展目标等,统一广大干部的思想认识。刘荣光强调要加强办高等教育的意识,要按高等教育的规律办事,不要满足已取得的进步。同时,学校还注重进一步理顺各种内部关系,尤其要认真处理好教学片与生产片的关系,充分调动各方面的积极性,为学校的发展作出贡献。当时协调好赣江厂与学校的关系是最重要最急迫的问题。

江西赣江机械厂在校内称物资生产处,是学校的重要组成部分,是学

---

① 王高潮:《忆昌航老四届研究生往事——写在校庆60周年之际》,夏立先:《岁月情深:昌航六秩回眸》,南昌航空大学校庆办公室编印(内部版),2012年10月,第91-92页。

校教学、科研、生产的基地，长期以来承担着校办工厂的历史责任。工厂主要职责是负责全校学生金工实习和专业实习、承担教学科研项目的有关加工任务；负责学校教学、生产及生活的水风电气等能源及物资供应的保障工作；同时完成国家下达的摩托车（长江750型等）生产任务和产品改型工作。由于"文化大革命"的历史原因，学校曾一度停办，改办工厂、并厂、迁厂，虽然1972年后恢复了办学，但长期以来在一部分教职工中存在究竟是"厂办校"，还是"校办厂"的模糊认识，这种认识在一定程度上影响了工厂与教学的协调关系。建院初期，学校确定校办工厂要坚持"教学是目的，生产是手段"的工作指导思想，明确了以建设教学实习基地为主的4大任务，即教学实习、教学科研加工、学校物资和能源供应、发展生产创造效益。

由于当时赣江机械厂效益和福利较好，有人认为是"工厂养活了学校"。赣江机械厂的定位认识一直不是很准，究竟是"工厂养校"，还是"学校的校办工厂"，赣江厂应如何正确认识生产与教学的关系，不是简单地做一个决定就万事大吉。学校当时采取了一系列的措施，支持赣江厂的发展，出好产品、培养人才。

首先，学校始终把赣江厂的发展作为学校发展的一部分，积极予以扶持。例如，学校发现赣江厂长期以来研发生产的长江750系列摩托车产品质量优秀，但因产品的扩散，使得其品牌所有权引发了争议，注册商标时受阻，刘荣光在北京及时向原航空部领导刘积斌汇报，请他到设计、生产一线参观考察，为赣江厂争取到了长江750品牌的所有权。

赣江厂研制生产的长江750A-3C型摩托车在争取评国家优质产品时，据称，有人提出赣江厂的产品虽然好，但洪都机械厂的生产批量更大，以其规模及在航空内部的影响来讲，昌航的赣江与洪都根本无法相比。学校此时又一次出面为赣江厂据理力争，明确提出产品批量大并不能代表其质量好，国家优质产品应以质量取胜。在参评最激烈的时候，刘荣光连续几个晚上与赣江厂厂长张维通过长途电话保持热线联系，商议如何应对。经过厂、校的共同努力，校办工厂的长江750A-3C摩托车终于获得了我国摩托车行业第一块国家最高奖——国家质量银质奖。学校始终把赣江厂的发展作为学校事业发展的一部分,厂校荣辱与共,极大地促进了校办工厂的发展。

其次,学校注意充分调动校办工厂的积极性,让工厂拥有更多的自主权。例如,工厂可根据效益情况,在一定范围内给予职工的奖金和节假日实物鼓励与校本部有所区别,由工厂自主决定;根据生产任务完成的情况,工厂可自主决定寒暑假假期的长短等。国家在对事业单位加工资时,学校对赣江厂的职工一视同仁。江西省人事厅曾对赣江厂人员加工资能否与事业单位工作人员同步提出异议,学校全力以赴,据实向省里说明赣江厂是昌航的下属单位,是昌航整体中的一部分,同属全额拨款的事业单位,积极予以争取,并明确表态:增加工资学校教学片不应该也不可能先办,应和赣江厂同步,赣江厂人员增加工资的问题学校可以等待。最终省人事厅批准了校办工厂职工与学校其他职工同步增资。由于学校的坚持,体现了公平与公正,极大地调动了赣江厂广大职工的积极性。

第三,学校为赣江厂解决各种困难的同时,让工厂充分体会到工厂的发展离不开学校的支持,工厂是学校的一部分,校办工厂应负有为学校的发展和为教学服务的职责。工厂在提高产品质量和企业效益的同时,每年向学校上缴一定的经费,支持学校发展;主动承担学校各种教学仪器设备的管理,特别是充分利用工厂的有利条件为学校各专业提供教学实习基地和师资。学校充分肯定了赣江厂实习指导教师所做出的贡献和工作水平,并积极向航空部申请,及时为一批具有中专以上学历的实习指导教师评定了专业技术职称。

通过理顺一系列内部关系,确立了赣江厂作为校办工厂在学校中的重要地位,极大地调动了赣江厂广大职工办好工厂、为教学服务的意识,工厂的产品质量不断提高,产量不断增加,效益得到较快提升。与此同时,承担学校的金工实习工作也取得优异成绩。1989年工厂《坚持教学、生产紧密结合,建设金工教学基地》项目荣获国家教育委员会颁发的"全国普通高等学校国家级优秀教学成果奖",江西省优秀教学成果一等奖,得到包括清华大学在内的国内多所著名工科大学专家学者的高度评价，专家们说：“我们长期以来想做而未做到的，昌航实现了”。学校支持了赣江厂，赣江厂也为学校争得了荣誉。至此，金工实习教学成为学校人才培养的特色，多次在本科教学质量（水平）评估中获得A级，学生动手能力强的特点成为学校一个亮丽的名片。2012年4月，刘荣光应邀来赣参加学校60年校史会审工作。期间，谈起当年校办工厂与学校关系的一些情况，他非常感慨地说：“赣江厂曾经有过辉煌的历史，赣江厂对学校的贡献很大，这段历史人们是应该永远记住的。赣江厂领导班子和学校协同努力，真诚共事，给我留下很深的印象。”①

由于在全厂职工中明确树立了"以教学为中心"的服务意识，摆正了工厂在学校的位置，加上工厂本身的基础实力，实习基地建设成绩斐然。1986年校办工厂成立了以厂长为组长的教学实习领导小组，负责研究、指导、检查教学实习工作。各车间成立了指导实习的教学小组。选拔40余名具有丰富实践经验和一定理论水平、责任心较强、有一定组织能力和表达能力的生产骨干担任实习指导教师。工厂在各车间划出专用实习教学场地，购置冷、热、表面处理等实习加工设备和综合实践教学设施，特别是1986年工厂车间技术人员在数控加工设备当时尚处于稀缺的情况下（工厂还没有数控机床）通过技术革新采用单板机在普通机床上改造成简易数控机床近二十台套，用于增强企业加工制造能力（获厂技术革新一等奖）和开办大学生数控实践教学项目，开创性地丰富和提升了学校新技术新工艺实践教学内容和教师能力的提升，在国内高校金工实习教学中率先开设了数控实习教学。1990年经专业理论知识和操作技能考试、实习课授课观摩，首批评出一级实习指导教师11名，二级实习指导教师15名。工厂还制定了《实习指导教师岗位责任制》《学生下厂实习守则》《实习期间考勤及成绩考核评分标准》《实习产品质量标准》《实习报告和实习小结制度》《金工实习教学大纲》《实习教师管理制度》等一整套实习教学管理

---

① 刘荣光：《关于校办工厂的回忆》，夏立先：《岁月情深：昌航六秩回眸》，南昌航空大学校庆办公室编印（内部版），2012年10月，第66-68页。

制度和文件。各车间开辟了实习专用场地，教学实习设备齐全，创造了良好的金工实习和工科专业生产实习条件，保证了实习教学正常有序地进行。

4. 认真办事，从严治校，科学管理，倡导第一流的工作质量。刘荣光认为，学校的精神面貌要从3个方面来反映。

一是认真办事，就是倡导第一流的工作精神，创造第一流的工作质量。刘荣光反复强调，学校不是一流的大学，但我们可以有也应该有一流的工作精神。他要求学校各类人员要说到做到，办一件事就要办得像样，办得漂亮。无论处理公务、待人接物，还是盖房修路、种花种草，都应认真办。

二是从严治校，就是通过严格管理，培养好的校风、教风、学风。对学生，从来都是严师出高徒，学生只会感激严格要求的老师，因为只有严格要求，才会使他们终身受益。刘荣光认为，从广义上讲，只有不严格的老师，没有不听话的学生。在任院长期间，在繁重的行政领导之余，还担任制图课的教学，他那严谨的治学态度，精湛的教学艺术受到学生一致好评。对教职工，要弘扬正气，扬正抑邪敢于坚持原则，对落后的东西不能迁就；对各级干部，平时要注意严格要求。对校级干部，定期进行民主生活会，有话说在当面，积极开展批评与自我批评。

三是科学管理，就是坚持抓管理促效益，抓管理促质量的观点。刘荣光一贯主张，治理一所高等学校要靠制度管理，而不是谁说了算。他认为，学校有40年的正反经验，不要赶浪头，不要搞花架子，不要轻易地说这是保守这是不开放。在管理工作上，他是这样说的也是这样做的。严格按制度办事，而且制度一旦制定，要保持相对的稳定性，决不能朝令夕改。他讲究领导艺术，坚持一级抓一级，给下级以充分的信任。他善于抓关系学校全局的大事，而对属于部门和基层职责范围内的事则放手让下级去干。刘荣光这种注重科学管理的领导能力，给学校各级干部特别是行政领导干部留下了深刻印象，也得到省内高校同行的好评。

5. 不论实行何种领导体制，都要坚持党对学校的领导，突出党的政治核心地位。刘荣光认为，我们学校是社会主义的高等学校，要坚持社会主义的办学方向，必须突出党的政治核心地位，因为党对思想政治工作和干部工作乃至学校其他重大问题始终是重视的并起着决定作用。

刘荣光任院长的8年多时间内，学校的领导体制经历了两次大的变化，一次是1986年起改行院长负责制，一次是1989年以后，中央提出高校实行党委领导下的院（校）长负责制。刘荣光党性强，主动提议学校立即改变领导体制，实行党委领导下的院长负责制。无论是实行哪种领导体制，刘荣光都始终坚持学习重大问题的决策必须经过党委集体决定。他非常尊敬党委书记，任职8年期间先后和王景茂、李长喜、孙一先三位党委书记共事。每次外出回来，都会走到书记的办公室，传达会议精神，统一认识。每项重大问题总是主动与书记通报，未发生过一件无原则的纠纷。书记和院长总是推心置腹、和谐亲密。对于校级领导成员，他认为相互尊重，团结配合是学校工作健康发展的重要保证，领导班子的每个成员有长有短，合在一起，以长补短，这就是群体优势，在某种情况下，领导班子成员性格上的差异都是有益的。

刘荣光院长与王景茂书记、李长喜书记组成的两任班子励精图治，提出了"勤奋、文明、自强、求实"的八字校风，凝练了"团结自强、拼搏向上"的昌航精神，带领全体昌航人"自立、自强"，奋勇拼搏，学校取得全面快速发展。1978年升为本科，7年之后的1985年就开始培养研究生，5年之后的1990年11月，学校就获得硕士学位授予权，在办学层次上实现了重大突破，这在全国同类院校来说是领先者。1990年11月，顺利通过航空航天工业部对学校的本科教学工作进行的全面评鉴。以刘荣济教授为组长的航空航天工业部评监组对学校给予了充分肯定，表示"刘荣光院长在代表昌航所做的自评报中，着重阐述了办学思想的几个主要观点，给我们留下了深刻的印象"，并认为"南昌航院在改院12年中，在上级领导下，在广大师生员工共同努力下，克服了种种困难，取得了令人瞩目的成绩。南昌航院已经成为一所中等规模，很有朝气和颇具特色的普通高等学校"。①

第四节　迎接第三次创业的领导班子

1990年9月，航空航天工业部党组任命孙一先为学校党委书记。1991年1月，任命陆恩常为学校党委副书记。这时，学校班子成员为：党委书记孙一先，院长刘荣光，副书记陆恩常，纪委书记骆欣荣，副院长黄懋衡、蔡德舆、柳祥训，工会主席袁宝岐。

孙一先，1942年9月生，山东省文登市人，教授，1966年毕业于江西大学哲学系。历任学校化工系党总支副书记、组织部部长、党委副书记兼副院长，1990年9月任学校党委书记。

1991年10月，刘荣光奉命调回西北工业大学工作，航空航天工业部党组任命黄懋衡为院长。班子成员调整为：党委书记孙一先，院长黄懋衡，副书记陆恩常，纪委书记骆欣荣，副院长柳祥训、蔡德舆、陈立丰，工会主席袁宝岐。

黄懋衡，女，1935年生，福建省福州市人，教授，1958年毕业于西北工业大学。历任昌航科研处副处长、副院长，1991年10月任院长，全国第六、七、八届人大代表。全国第九届政协委员。1993年2月当选为江西省副省长。曾任江西省政协副主席、九三学社江西省委员会主任委员。

从1993年至2000年，领导班子又进行了两次调整：

第一次，1993年2月，黄懋衡院长当选江西省副省长，航空航天工业部党组任命陈立丰为院长，1993年1月任命刘高航为副院长，1993年2月任命刘志和为副院长，1994年5月任命夏立先为副院长，1996年5月任命史蓉蓉为党委副书记。党委副书记陆恩常，副院长柳祥训、蔡德舆分别于1994年或1996年因年龄退出领导岗位。

---

① 《对南昌航院本科教学工作的评监意见》，南昌航空大学档案馆电子档案，1990-永久-0008-014。

第五章 八字干部作风：廉洁、奉献、务实、进取

陈立丰，1945年1月生，上海市人，教授，1967年毕业于复旦大学，1979年至1982年在该校读研究生，获理学硕士学位。历任系主任、副院长，1993年2月任院长。1998年8月调任上海航空工业学校校长。

1998年8月前，学院领导班子成员为：党委书记孙一先，院长陈立丰，党委副书记史蓉蓉，副院长刘高航、刘志和、夏立先。

第二次，1998年8月，航空工业总公司党组任命刘高航为院长，任命高贤龙为副院长。

刘高航，1946年6月生，江西省南城县人，教授，1970年毕业于南京航空学院。历任基础课部副主任、人事处长、副院长，1998年8月任院长，1999年中共江西省委任命为党委副书记。

2000年底前，学院领导班子成员为：党委书记孙一先，院长兼党委副书记刘高航，党委副书记史蓉蓉，副院长刘志和、夏立先、高贤龙。

从1990年到世纪之交，尽管领导班子有四次调整，但孙一先书记一直是一班之长，先后与刘荣光、黄懋衡、陈立丰、刘高航4位院长搭班子，直至2002年卸任党委书记，共计12年，到目前为止，是昌航历史上担任书记最长的领导人。他带领学校在改革开放的历史潮流中破浪前进，守正创新，开拓进取，把昌航成功地奔向21世纪。1992年10月，原航空航天工业部考察学校班子的评价是："团结、勤奋、务实、风正""一步一个脚印，班子成员对自己要求严格，精神面貌好"。[①]

一、守正创新孙一先

孙一先书记为人随和，平易近人，他说他永远是劳动人民的普通一员，心中总是装着师生员工。他自当中层干部起，从教职工的口碑相传和在一些老干部的领导下工作的切身体会中，发现学校历史上有一个优良传统，这就是党的领导干部心里都装着师生员工。从张时超老校长，到李斌、王景茂、刘荣光、李长喜等老领导，他们的优秀品质，给他留下了深

[①]《建设"团结、学习、勤奋、务实、廉洁"的领导班子》，南昌航空大学档案馆电子档案，1993-永久-0002-004。

刻的印象。于是他决心认真践行中共党章关于"共产党员永远是劳动人民的普通一员"的规定，置身于师生员工之中，和他们平等相处，不脱离师生员工，决不以权谋私，踏踏实实为师生员工服务，像老领导老前辈那样当好党的领导干部。① 他是这样想的，也是这样做的。他把"党的领导干部心里装着师生员工"的优良传统很好地发扬下去。

孙一先是教师出身，始终把自己当成普通教师的一员，从未脱离教学。他觉得大学的主要任务是培养人才，教学和科研是中心工作。多年来，他一直坚持不脱离教学第一线，通过教学深入到师生当中去。在他的教学生涯中，一共讲授过"中国党史""中国特色社会主义建设""中国革命史""哲学""形势与政策""孙子兵法""国际共产主义运动史""马列经典著作选读"等课程。通过讲课，了解学生的思想状况。学校是以工科为主的高等学校，不少学生对思想政治理论课不是很感兴趣，但是党的教育方针是使学生德智体全面发展，所以如何把学校的政治理论课讲得生动活泼有趣，作为一个党员干部就需要做出一个样子来，带头示范教学，让学生爱听、爱学，让学生真正受益。一次，有位年轻教师说中国特色社会主义理论建设课程里的"政治体制改革"一章很难讲，希望让孙一先书记帮忙讲一下。结果这部分就由孙一先来给学生讲授。讲课除了把基本理论讲清外，还要联系实际，与同学讨论交流，同学们也爱问，孙一先也乐于回答。孙一先的教学效果很好，曾被学生会通过学生无记名投票评为"十位最受学生欢迎的教师"之一。曾获江西省优秀教学成果奖两项。曾任江西省高校思想政治教育研究会副理事长、江西省高校"两课"教学指导委员会主任、江西省哲学学会副会长等。

孙一先总是密切联系群众，深入基层调研，与群众打成一片。学校制定了《校风建设实施方案（试行）》，要求校领导每学期按照分工下基层

---

① 孙一先：《做一个心里时刻装着师生员工的领导干部》，《传道授业话昌航》编写组：《传道授业话昌航》，江西高校出版社2017年10月版，第5页。

一次，包括调研、听课、参加教研室会议等。①孙一先总是带头执行学校规定，他形成了听课的习惯，一学期要听20~30位教师的课，从听课中可以发现教师教得好不好，学生学得好不好。按照惯例，党委书记的党组织关系本来放在党委机关里，但是孙一先将自己的组织关系放在基层单位。他曾放在当时的材料系焊接党支部，和大家一起学习，共同讨论，积极开展批评与自我批评，接受群众监督。后来还转到过所联系的电子系的一个党支部。他经常参加文体活动，拉近与教职工的距离，增强彼此之间的感情，诸如参加机关工作人员的大合唱，观看教职工扑克牌比赛等，很享受跟大家一起的时光。

孙一先作风民主，善于虚心接受师生员工的监督，创新党建模式，在全省率先实行党代会年会制度。1992年，他倡议学校党委建立党代会年会制度，按照这个制度，学校每年都要开一次年度的党代会，这样就实现了党代表的常任制，这项制度走在全省高校的前列。在年度党代会上，他代表党委向党代表报告党委的工作，汇报过去一年党委工作和下一年度的工作计划。年度党代会还民主评议书记、副书记，教代会评议院长、副院长。这些都很好地发挥党代表的监督作用。学校将这个制度一直坚持了很多年，成为全省党代会常任制试点单位。

孙一先总是想方设法解决群众的急难愁盼问题，创新了很多工作制度。随着学校办学规模的不断扩大，师生反映学校的教学面积太紧缺，原有的7栋楼不够用。于是，在孙一先主持党委工作期间，在经费十分紧缺的情况下，号召教职工"勒紧裤腰带"，建成了18000平方米的教学主楼，即八大楼。八大楼的建成，大大缓解了教学资源紧张的局面，八大楼也成了当时学校的主要地标。此外，学校还新建了3700平方米的多媒体教学九大楼和十大楼，大大改善了教学环境。师生反映学习原有大门又小又破旧，于是学校在图书馆西侧修建了宏伟的新校门。校门的主干道原来是菜

---

① 《南昌航空工业学院校风建设实施方案（试行）》，南昌航空大学档案馆电子档案，1991-永久-0006-013。

地水塘，学校领导和师生员工一道，手挖肩挑打好路基。师生员工反映最强烈的是居住条件差。于是孙一先就提请学校新建了9栋职工住宅楼，2栋学生宿舍楼和大学生活动中心。当时南昌市有个惯例，双职工以男方为主分配住房。学校的女职工对此意见很大，孙一先提议将这一问题提交到教职工代表大会讨论解决。法律规定男女平等，大多数代表认可要尊重女性，于是完美地解决了女职工和男职工一样在学校分房的问题。有个别职工在宿舍区养鸡养鸭，多数教职工对此意见很大，于是又通过教职工大会制定了文明守则"十不准"，实施后学校环境焕然一新。还有一段时间，学生对学校伙食意见很大，于是孙一先带头，学校领导班子成员每天都有人和学生一起吃饭，倒逼后勤部门改善了食堂伙食。每年寒假都有一部分学生由于各种原因不能回家而留校，孙一先就让食堂做好年夜饭，他也年年和留校学生一块吃年夜饭，使学生感受到学校这个家的温暖。在校期间，孙一先还主持制定了校领导接待职工来访制度。在接待职工来访时，认真听，认真记，能解决的问题，都尽量设法帮助解决。孙一先形成一个习惯，每天早晨起床后的第一件事，就是在校园里走一圈，发现存在什么问题，就责成有关部门及时解决。当时学校的待遇还不错，不少职工想把子女安排到学校里。但是学校编制超过了上级规定的1840人。于是学校作出决定，今后进人只能进高学历的高校教师，其他人员一律不能进。有一位职工想把自己卫生学校毕业的女儿调到校医院当护士。他找到孙一先，孙一先向他说明了学校的困难，表示目前无法解决。第二天早晨开门时，发现门上贴了一张小纸条，上面写着："出校门小心有人要你的命！"还有一位职工想把自己中师毕业的孩子调到附属学校当老师，可是这也无法解决，这位职工也不高兴。后来江教授托熟人帮助这位职工把这个孩子安排在离学校很近的上海路新村小学，这位职工很感激江教授。多年以后，江教授无意中告诉这位职工，当年是孙书记找他，请他设法帮助安排孩子的。从此，这位职工见到孙一先，总是热情地打招呼。有职工家庭闹矛盾，媳妇把吃的大米倒到厕所里，孙一先登门调解。有的职工闹离婚，孙一先也会从中做调解工作。就是这些家长里短的事，孙一先不知做过多少件。

孙一先总是严于律己,不同教职工争利益。学校有一位老领导,邻居送给他家两块豆腐,都被他谢绝了。孙一先特别敬仰这位老领导,决心以他作榜样。孙一先以前住的是两室一厅的房子,1990年当上党委书记后,后勤处长让他搬到老3栋——50年代给苏联专家盖的面积比较大一点的房子住。可他却对处长说:"搬那里干啥?我家里人也不多,两室一厅就挺好的。"处长说:"按学校的规定,你不住,别人也不能住进去,老3栋空一套房子;你进去了,你现在住的两室一厅就可以再分给学校的其他教职工。"这样他才搬进了老3栋。2002年,孙一先不再担任学校领导了。前湖新校区新建了职工工作用房,按政策也分给了他一套,但他不想要。两位校领导亲自做他的工作让他接受分房,孙一先觉得他的孩子都参加工作了,不需要房子了。他若分了一套,就有一位骨干人员住不进新校区的房子。于是,他主动放弃了这一套住房,他认为领导见利而上的那种不好的作风不可长。这样,昌航"领导让房"的故事延续到了21世纪。

孙一先注重理论学习,以身垂范,要求别人做的,自己先做到。他特别强调领导班子成员要从战略的高度来认识和对待理论学习,增强学习的自觉性。要求无论时间再紧,工作再忙,都不能放松理论学习。1992年党的十四大以来,面对着改革的进一步深化,学校工作任务十分繁杂,但仍然按计划派出了4位校级领导(占现职领导的60%)参加省委党校的学习。[①]为使领导班子的理论学习能落到实处,党委制定了相应的制度和措施,做到学习有计划,读书有笔记,发言有提纲,考勤有记录。1995年中央提出领导干部要讲学习、讲政治、讲正气。作为学校的党委书记,孙一先带头学习,常给干部作学习辅导报告。到年底的时候,和大家一起把学习笔记放在会议室里,举行中层以上的干部读书学习笔记展览,大家相互查看,接受他人监督。

---

① 《建设"团结、学习、勤奋、务实、廉洁"的领导班子》,南昌航空大学档案馆电子档案,1993-永久-0002-004。

二、携手并进，跨向 21 世纪的领导班子

从 1990 年到世纪之交，孙一先书记与刘荣光、黄懋衡、陈立丰、刘高航 4 位院长组成的几任班子，实行党委领导下的院长负责制，正处在国家改革开放不断推进的关键时刻，高校综合改革是"八五""九五"期间教育改革的重头戏。学校进入一个深化改革、加快发展的新阶段。面对国家高等教育改革发展的新形势和新目标，学校制定了新的发展方针，继续加强校级领导班子建设，发扬"团结、廉洁、勤奋"的优良传统，进一步发挥学校党委、党代会和院长、教代会在办学中的作用，领导带领全体教职员工进一步探索教育教学规律，做到围绕共同目标，既明确分工，又密切配合，开拓进取，教学、科研及生产、基本建设、党建等方面的工作取得了新的成绩，学校各项事业得到了比较全面快速的发展。

一是形成和贯彻二十四字办学指导思想。伴随着高等教育思想和观念的进一步转变和更新，学校在办学实践中，不断地凝心聚力，探索办学思路。1992 年 4 月 2 日，黄懋衡院长在南昌航院四届一次教代会上做了"坚持方向，深化改革，扎实工作，实现规划"的讲话，重申了刘荣光院长时期制定的办学指导思想和"扬长补短、办出特色"的办学总思路，并提出了"八五"期间学校发展的方针，即坚持方向、深化改革、加强管理、改善条件、提高质量、办出特色。并强调在办学过程中要着重从 3 个方面下功夫：一是坚持方向，着力育人，在校风建设上再上新台阶；二是加强管理，开源节流，努力改善办学条件；三是深化改革，提高质量，在办出特色上见实效。① 黄懋衡在 1992 年 10 月在庆祝建校 40 周年讲话和 1993 年向航空航天工业部党组的《述职报告》中谈到关于办学指导思想与办学思路时重申了学校的上述发展方针。

1994 年学校制定的《南昌航空工业学院 1994—1995 年关于〈中国教育改革和发展纲要〉的实施意见》明确办学指导思想为：坚持社会主义办

---

① 黄懋衡：《坚持方向，深化改革，扎实工作，实现规划——在南昌航院四届一次教代会的报告》，南昌航空大学档案馆电子档案，1992-永久-0006-017。

<<< 第五章 八字干部作风：廉洁、奉献、务实、进取

学方向，不断深化改革，加快学院的发展，办出学院的特色，努力提高教学质量。1996年学校第四次党代会工作报告和"九五"计划中，提出"要坚持'坚持方向、深化改革、加强发展、提高质量、办出特色'的方针"。①

在迎接国家对学校的本科教学工作合格评价中，学校组织广大教职员工认真学习毛泽东、邓小平教育思想和江泽民同志关于教育的"两个重要转变"的重要指示，开展转变教育思想、教育观念的大讨论。1997年6月13日，四届二十次党委会在认真学习毛泽东、邓小平教育思想和江泽民对四所交通大学领导讲话的基础上，总结20年办大学的历程，分析高等教育发展趋势，把学校的办学指导思想进一步归纳为"坚持方向、找准位置、深化改革、内涵发展、提高质量、办出特色"。这样，学校根据航空工业和江西地方经济对人才的需求，结合学校历史和现状，着力找准在全国高等教育大格局中的位置，找准在江西省和航空工业高等教育格局中的位置，进行了科学定位，经过不断探索，逐步形成了自己的二十四字办学指导思想。二十四字办学指导思想是一个整体，其中坚持方向是灵魂，找准位置是基础，深化改革是动力，内涵发展是途径，提高质量、办出特色是目标。

1998年5月，陈立丰院长在《关于本科教学工作合格评价汇报》中对学校这一指导思想的形成和发展做了总结，并结合教育部合格评价工作进一步从"找准位置，科学定位""优化学科（专业）结构，主动适应国民经济发展需要""积极探索'工程教育与工程训练相结合'的人才培养模式""强化教学质量监控体系""突出教学工作是学校经常性中心工作的地位"等方面对二十四字办学指导思想进行了阐发。学校顺利通过教育部对学校的本科教学工作合格评价。

二是坚持把改革作为发展的主要动力。"八五""九五"期间，学校始终把改革作为发展的主要动力。学校的飞速发展，除抓住机遇外，主要靠

---

① 孙一先：《以新的姿态跨向二十一世纪——在中共南昌航院第四次代表大会上的工作报告》，南昌航空大学档案馆电子档案，1996-永久-0004-010。

不断深化各项改革。以转变观念为先导，通过改革，优化了教育资源配置，提高了资源的利用效率，保证了教学质量，提高了办学效益。在办学体制改革方面，与南昌大学、华东交通大学、南昌水专、南飞公司、贵航总公司、庆安公司、南昌市劳动局等建立了合作办学关系。在教育教学改革方面，1994年入校的本科生开始实行了学分制。积极进行主辅修制、3+1+1等人才培养模式的探索。1995年起进行了按大类招生的试点。坚持了多年的大学生考工考证制度，在社会上产生了良好的影响。"两课"改革迈出了可喜的一步，学校被评为全省"两课"建设先进单位。学生军训获得国家教委教学成果二等奖，1993年被评为"全国高校学生军训先进单位"，1995年被列为国家教委试点高。校在改革中调整了各种矛盾和利益格局，人们也从中受到了实惠。在学校内部管理体制改革方面，深化干部制度改革，开创了学校民主选拔干部的新形式，也推进了干部交流。从1993年起，实行了以人事和分配制度改革为重点的综合管理体制改革，在定编的基础上，实行了岗位责任制和聘任制。在自创收入的分配上，开始按照工作的实绩适当拉开差距。近年来，职工的收入有所增加。开展了出售住房的试点工作。学校的后勤工作，按照"小机关、多实体、大服务"的思路，开始向企业化、社会化的方向迈进。实践证明，只有不断深化改革，学校才能在不断适应社会主义市场经济对教育的需求中得到发展，使学校充满生机和活力。

第三，注重精神文明和学校文化的凝练，凝心聚力搞建设。1985年刘荣光院长在教代会提出"勤奋、文明、自强、求实"的八字校风，1986年3月李长喜书记在第一次党代会提出"团结自强、振兴昌航"的口号。1991年学校制定《校风建设实施方案（试行）》，当年获江西省校风建设文明单位称号。1992年在第三次党代会上提出了"团结自强，拼搏向上"的昌航精神，1992年四届一次教代会又提出了"校风建设要上新台阶"的目标和要求。此后连续多年开展校风建设，获得上级表彰。1993年9月29日制定《关于进一步提高我院社会主义精神文明建设水平若干措施》，提出要着力培养"勤奋、文明、自强、求实"的八字校风和"团结自强，拼搏向上"的昌航精神,并提出要以"勤奋、廉洁、奉献"为基本要求,加强干部作风建设;积极倡导"刻苦钻研、治学严谨、积极认真、诲人不倦、教书育人"的教风;认真培养"实事求是、勤奋好学、民主团结、不断进取"的优良学风。① 1995年5月学校制定《南昌航空工业学院凝聚力工程实施方案》,以鲜明的昌航形象振奋师生员工,以昌航大家庭成员的互相关心温暖师生员工,以良好的经济效益回报教职工。1995年11月20日,学校制定《关于进一步加强校园文化建设的若干意见》,除了此前提出的"团结自强,拼搏向上"的昌航精神和"勤奋、文明、自强、求实"的八字校风,还提出倡导"循规、重人、求实"的昌航哲学;倡导"奉献不为索取,奉献大于索取"的昌航人价值观;倡导和培养"廉洁、奉献、务实、进取"的干部作风;倡导和培养"治学严谨、诲人不倦"的教风;倡导和培养"勤奋好学、实事求是"的学风;倡导和培养"四有四爱"的昌航道德风尚。努力做到有理想、爱祖国,有道德、爱集体,有文化、爱专业(岗位),有纪律、爱自己(自尊自爱)。② 1996年11月18日,学校制定的《南昌航空工业学院"九五"期间精神文明建设规划》对上述昌航特质文化进行了确认。1999年年度党代会把旧八字校风改为"勤奋、文明、求实、创新"的新八字校风。学校通过不断凝练和发扬"团结自强、拼搏向上"等昌航精神,增强了教职工的凝聚力,培养了自力更生、艰苦奋斗、勤俭办学的"创业精神"。③ 在这种宏大的创业精神指引下,学校顺利完成第二次创业,迎接更大规模的第三次创业。

第四,加强民主集中制的制度建设,始终坚持全心全意依靠教职工办学的基本方针。学校坚持并不断完善《党委领导下的院长负责制条例》《党总支工作条例》《教学系(部)行政工作条例》《教职工代表大会暂行

---

① 《关于进一步提高我院社会主义精神文明建设水平若干措施》,南昌航空大学档案馆电子档案,1993-永久-0013-004。
② 《南昌航空工业学院校风建设总结检查报告》,南昌航空大学档案馆电子档案,1995-永久-0020-004。
③ 孙一先:《以新的姿态跨向二十一世纪——在中共南昌航院第四次代表大会上的工作报告》,南昌航空大学档案馆电子档案,1996-永久-0004-010。

条例》《重大问题决策程序》《书记办公会议制度》《重大问题向上级请示汇报制度》《党员领导干部民主生活会制度》等一系列行之有效的工作条例和制度。1992年第三次党代会召开之后，实行季度和年度党代会、教代会制度，尊重党员和教职工的主人翁地位，经常注意把广大教职工的积极性引导好、保护好、发挥好，对于健全党内外的民主生活，加强党对学校工作的领导，起了积极的作用。几年来，学校的发展与改革取得的成就，都是全体教职工共同努力的结果。全体教职工艰苦创业、勤俭节约，使校园基础设施日趋完善，为学校在21世纪的进一步发展奠定了良好的物质基础。

学校坚持发扬民主，带头执行民主集中制。1986年开始学校实行院长负责制，1989年以后，中央提出高校实行党委领导下的院校长负责制。刘荣光院长党性强，提议学校立即改变领导体制。当时孙一先书记年龄比刘院长小10岁，又刚走上党委书记岗位，担心转变领导体制后自己不能适应工作，从而影响学校的发展，在刘荣光院长的主导下，学校改行党委领导下的院长负责制。在新的领导体制下，孙一先严格遵守一个信条，那就是严格约束自己，不独断专行，要发扬民主。有一段时间全国有一股高校合并风，省教育厅的一位领导兼某大学党委书记对孙一先说："咱们两校合并吧，合并后你当书记。"孙一先觉得对上级领导一口拒绝也不太好，接受又怕有的教职工反对。于是召开了多次座谈会，多方面听取大家的意见。在一次次的座谈会上，大家充分发表意见，大多数人反对合并。于是孙一先就向那位教育厅领导汇报，说教职工的思想一下子接受不了合并，婉言回绝了。①

1999年4月，学校隶属关系由中央下放江西省，实行中央和江西省共建、以江西省管理为主，管理体制发生根本性转变。与此同时，国家提出高等教育要实现大众化。面对教育振兴的新形势和任务，1999年1月，孙一先在年度党代会上提出，要"深入开展教育思想大讨论，进一步转变思想，更新观念，树立正确的发展观、人才观、质量观"。在新的发展机遇

---

① 孙一先：《做一个心里时刻装着师生员工的领导干部》，《传道授业话昌航》编写组：《传道授业话昌航》，江西高校出版社2017年10月版，第10—11页。

面前,上海路校区面积太小,已不能满足学院发展的需要,必须扩大校区以寻求更大的发展空间。在2000年5月召开的年度党代会上,孙一先强调:"必须抓住机遇,适度加快外延的发展。"2001年年度党代会也提出:"按照省计委和教育厅的统一部署,抓紧做好新校区的规划和准备工作。"于是孙一先就组织领导班子成员,先后到莲塘、乐化、瑶湖、红角洲等多处考察。学校东面有300多亩的地块,上班方便,可是有一个很大的缺陷——320厂飞机的净空跑道边沿在这块土地上,飞机一起飞噪声很大,每次在4栋老教学楼里上课的老师都不得不把讲课停下来,严重影响上课质量。瑶湖江西师大新校区附近,高压线密集,精密的仪器会受影响,学生受辐射对身体也不好。2002年7月10日,学校党委第五届第三十八次会议,采取投票表决的方式,对征地建设新校区作出决定。9名党委委员,8名同意同意放弃原在学校周边征地的计划,拟在市政府修改后的红谷滩规划图的红角洲A区征地。同年7月16日,在红角洲征地2250亩建设新校区的协议正式签字。至此,新校区选址工作完成。这块土地,有平地有丘陵有水面,东临赣江,西傍前湖,南倚卧龙山,钟灵毓秀,交通便利。事实证明,学校建新校区的选址决策是正确的,这是发扬民主的结果。

  2002年,孙一先卸任党委书记,学校即将进入红角洲创业时代,将他那个时代的精神文化和"创业精神"继续延续。孙一先在1996年第四次代表大会上总结多年工作,提出4点应该肯定的经验,其中第一条就是"要有一个好的领导班子"。"这个领导班子要讲学习,不断提高政治理论和政策水平,坚持解放思想、实事求是的思想路线;讲政治,坚持学校的社会主义办学方向;讲团结,做到一条心,一家人,一盘棋;讲正气,清正廉洁,公道正派,当好公仆,联系群众,工作深入,务求实效。"[1]孙一先实践了自己的诺言,不仅带领整个领导班子在第二次创业中取得好成就,培养了"创业精神",并且以饱满的精神成功地把这支创业团队带进21世纪,迎接学校第三次伟大创业。

---

[1] 孙一先:《以新的姿态跨向二十一世纪——在中共南昌航院第四次代表大会上的工作报告》,南昌航空大学档案馆电子档案,1996-永久-0004-010。

第六章 昌航特质文化观

大学文化是社会文化发展的产物，是大学之魂。大学文化是先进文化传播的主阵地，文化创新的重要来源，因此具有鲜明的社会文化的共性。但是，大学文化凝结在物质里，又游离在物质外，是能够被传承的意识形态，是大学人对客观世界认识的升华。不同大学有着不同的历史、办学理念和习性，因而其精神文化、物质文化和制度文化、行为文化又具有相对的差异性，具有自己的特质。这些独有的特质在自己的精神文化观上充分地展现出来。昌航一直在探索着自己的核心文化观，凝练成了昌航精神、昌航哲学、昌航人价值观和校训。

第一节 昌航精神：团结自强、拼搏向上

1978年4月1日，国务院批准教育部的报告，南昌航空工业学院列入其中新增设的院校名单，学校直接由中专升格为本科院校。升本后，意味着学校的办学层次上了很大一个台阶，学校发展的空间也更大了。但是，中专的底子办本科，不是一件容易的事，除了客观条件问题，还有主观思想认识问题。客观条件的改善，需要全体师生员工发愤图强，努力拼搏；主观思想认识问题的解决，则需要解放思想，统一认识，团结一致，共同完成改建学院的任务。在这种情况，学校深刻认识到，需要首先从思想上

来一场大解放、大振奋，用共同的精神凝心聚力，共同奋斗。这样，就开始探索并凝练了"团结自强、拼搏向上"的昌航精神。

学校在中专建校时期就十分重视团结问题。1952年9月，学校正式开学前，校务会议就特别指出："注意团结问题。我校的干部、教职员、学员是来自各方面的，真可谓八面风雨会航校来了，因此应注意各自间的不同作风习惯，应互相帮助互相学习，互相取长补短，否则锣就打不到一家，是不可唱好这台戏的。"①

粉碎"四人帮"之后，学校的领导班子建设出现不少问题，"领导班子是散的""领导班子基本上是不团结的""形不成核心，各自为政""广大群众的干劲基本鼓不起来，原因就是领导班子本身思想政治路线不够端正"。② 改建学院后的第一任党委书记李士弼来到学校后，清醒地认识到学校面临的形势和任务，带领班子通过开展"揭批查"和平反、纠正冤、假、错案，学校各项工作逐步从"文化大革命"的破坏中走出来，教学、生产和管理等逐步得到恢复和整顿，为学院的改建奠定了一定的思想基础。

改建学院后的首任领导班子深知团结的重要性。1978年10月19日，首任院长陆孝彭在南昌航院成立暨开学典礼大会上的讲话中指出："我们要在新时期总任务的基础上团结起来，要在加速实现四个现代化的基础上团结起来，要在把我院建设成为现代化的航空工业学院的基础上团结起来！我相信在三机部、江西省委的正确领导下，在兄弟单位大力协助下，在全院同志的共同努力下，我们一定能够完成这个任务。"③ 学校在1978年11月发布的《关于编制一九七八至一九八五年发展计划的报告》中指出："整顿和建设好各级领导班子，恢复和发扬党的优良传统，要全面正

---

① 《校务会议关于当前工作的指示》，南昌航空大学档案馆电子档案，1952-永久-0001-002。
② 《开门整风对领导班子意见的整理》，南昌航空大学档案馆电子档案，1977-永久-0001-006。
③ 《陆孝彭在南昌航院成立暨开学典礼大会上的讲话》，南昌航空大学档案馆电子档案，1978-永久-0011-001。

确地贯彻党的知识分子政策,调动一切积极因素,加强革命团结,共同办好学院。"千里之行,始于足下,一定要"加强学习,加强团结。一步一个脚印地干,鼓实劲,切实解决实际问题,把我院各项工作搞上去"。①1979年3月23日,李士弼在中层以上干部和党委机关干部会议上发表《团结一致,为加速建院工作而奋斗》的讲话,强调团结的重要性,指出"必须明确我们是个新扩建的学院,还处在建院初期的创业阶段,很多工作是要从头做起,不论是教学工作,还是基建后勤等工作,都有个改进、充实、扩大、提高的问题。也都有个业务上、制度上和作风上的建设问题"。所以,一定要"发动教职工团结一致,为加速建院工作而奋斗"。②

为了统一认识,调动一切积极因素,增强团结,加速办院工作,1979年5月,学校召开了首次思想政治工作会议,学习和讨论了坚持四项基本原则加强思想政治工作的问题。7月3日,李士弼在中层以上领导干部和机关科室干部会上发表《分清大好形势,统一认识,发展大好形势,为加速建院工作而努力》的讲话,再一次分析了学校的形势。当时,为了完成从中专到本科的转变,学校在原有中专教育的基础上按照本科教育的要求,克服重重困难从全国各地引进了一批教师,扩充了师资,调入了一批干部,充实了干部队伍。但这也会产生新的人事关系的矛盾。加上人们阅历的不同,认识上的差异,办学经历和理念的不同,内部出现了各种各样的矛盾,严重阻碍了学校健康发展。为此,李士弼再次强调团结的重要性。他指出,"要搞五湖四海,要热情欢迎从各地调来我院的干部、教师及其他人员,主动地团结他们;新调进的教职工也要虚心向原航校老教职工学习,互相取长补短,团结一致办好学院"。③

1980年,学校连续两次召开政治工作会议。7月4日,学校召开政治

---

① 《关于编制一九七八至一九八五年发展计划的报告》,南昌航空大学档案馆电子档案,1978-永久-0010-012。

② 李士弼:《团结一致,为加速建院工作而奋斗》,南昌航空大学档案馆电子档案,1979-永久-0001-001。

③ 李士弼:《分清大好形势,统一认识,发展大好形势,为加速建院工作而努力》,南昌航空大学档案馆电子档案,1979-永久-0001-002。

工作会议，讨论、制定了《学生政治思想工作条例》《班主任工作细则》等文件，为指导新时期党的建设特别是思想政治工作提供了制度保证。7月16日，"为解决部分党员不合格的问题和更好地发挥党员的先锋模范作用"，学校党委作出《关于开展"做合格党员，争当优秀党员"活动的决定》，在全校开展"做合格党员，争当优秀党员"活动，并进行了总结评比。① 同年11月，李士弼在学校宣传工作会议上"要求做到全院职工团结一致搞四化，把学院办好"。② 同年12月，针对部分教职工与学生中受资产阶级自由化影响，在西湖区人民代表选举中出现的企图摆脱党的领导现象，学校深入开展了坚持四项基本原则的教育。与此同时，党委决定召开年度第二次政治工作会议。这次会议在认真学习文件，提高对新形势下思想政治工作重要性、必要性认识的基础上，结合学校实际情况研究了如何加强思想政治工作的问题。大会认为，从1978年改建学院两年多来，学校的变化是很大的，发展进步是明显的。学校在教学、后勤、生产等方面都取得了较大的成绩，这些成绩是在党的路线方针政策的指导下全校师生员工同心同德、夜以继日努力工作获得的，这说明学校师生员工的思想状况是好的，全校总体是安定团结的，这是主流。"看不到这一点，我们在思想政治工作上就会犯错误"。但是另一方面，有少数党员、干部，不是这样看问题，他们把学校的状况"看得很糟，总觉得不如他的意，散布消极看法和破坏团结的流言蜚语"，虽然这是支流，但是说明学校还是存在"不安定团结的因素"，"还保证不了所有总支能够坚决执行上级党的决定、支部能保证执行总支的决定"，所以在选举西湖区人民代表时，学校党委在党内提出要"注意适当人选"，有的人认为是错误的，公开抵制党委决定。有人在党的会议上公开发表与党委决定相反的言论，"涣散党的队伍"。这说明，下级服从上级的原则在"左"倾思想和无政府主义的影响

---

① 《关于开展"做合格党员，争当优秀党员"活动的安排（修改稿）》，南昌航空大学档案馆电子档案，1980-永久-0006-002。
② 《李士弼同志在宣传工作会议结束时的讲话》，南昌航空大学档案馆电子档案，1980-永久-0005-004。

下还没有完全恢复过来。学校决定,今后学校党的建设的中心任务就是"把党在群众中的形象和威信,恢复到50年代的程度。只有抓住这个中心环节,才能把转折时期的思想工作做好,才能保证办好我们的学院"。①1981年6月,学校召开南昌航空工业学院第一届教工代表大会,张本禄院长提出:"办好学院的指导思想:必须以培养人才为中心,以提高教学质量为主要任务。同心同德,上下一条心,克服困难,办好学院。"② 1982年,张本禄院长在南昌航院第一届二次教工代表大会上指出,"作为一所高等学校,我们的条件是较差的,经验是不足的",但是"从我院的工作进展情况来看是并不太慢的",鼓励全校师生员工"不自暴自弃,不自甘落后,而是振奋精神,开动脑筋,出谋献策,做好工作"。③通过首任班子的不懈努力,学校克服了重重思想阻碍,基本达到了团结,统一了思想,初步完成了改建学院的任务。但全校,特别在领导班子里不和谐的因素还是存在的。李士弼在1981年2月28日党委扩大会议上的讲话中说:"总的来看在我们学院还有少数人企图用'文化大革命'的方法,破坏安定团结的局面。"④

根据上级安排,学校于1984年3月至1985年5月进行了为期一年零三个月的整党工作。1984年3月23日,学校党委根据省委指示成立了整党工作领导班子,由党委书记王景茂负责。学校制定了《关于改进党政机关作风的八条规定》,加强了调研和改进作风工作。通过整党工作,取得一些主要收获,主要有:进一步实现了党员在思想上、政治上同党中央保持一致;端正党风取得成效;开展了核查"三种人"工作,搞清了党员在"文化大革命"中的基本表现;促进了改革。经过学习文件、对照检查、

---

① 《李士弼同志在我院一九八〇年第二次思想政治工作会议上的讲话》,南昌航空大学档案馆电子档案,1980-定期-0008-012。
② 张本禄:《南昌航空工业学院第一届教工代表大会工作报告(讨论稿)》,南昌航空大学档案馆电子档案,1980-永久-0024-054。
③ 《张本禄在南昌航院第一届二次教工代表大会上的报告》,南昌航空大学档案馆电子档案,1982-永久-0016-001。
④ 《李士弼同志二月十八日在院党委扩大会议上的讲话》,南昌航空大学档案馆电子档案,1981-永久-0012-002。

整改和组织处理、党员登记四个阶段的工作，基本上达到了中央关于整党的决定中规定的五条标准。通过开展谈心活动，"消除了一些隔阂，增强了团结"，① 进一步把思想统一到十一届六中全会决议上来了。

但是，思想问题的解决并非一劳永逸，需要一个长期的过程。

1985年10月，王景茂奉命调回航空工业部工作，李长喜作为学校升本后的第三任党委书记，依然面对诸多问题。2017年李长喜回忆说："万丈高楼平地起，夯实基础最要紧。在我上任伊始，昌航刚从中专改建为高等学校，'文化大革命'期间沦为工厂的影子犹在，职工超编，办学信心不足，干部与干部之间缺少联系和团结。为此，我一步一个脚印，各个击破，开始整顿建设昌航的工作。"②

1985年10月，李长喜刚到校，就组织当时担任党委办公室主任的朱春根等3人组成的工作小组，在校内展开了一次广泛的调研工作，历时半年之久。通过调研，李长喜掌握了大量第一手资料，进一步地了解到学校当时主要存在于以下几个方面的问题：一是学校新老办学理念的矛盾，矛盾集中于是办成一所专科性质的大学还是一所本科性质的大学；二是学校内部新老教师之间的矛盾，老中专教师与新近引进的大学教师在教育思想、教学方法上的不同而引发的相互碰撞；三是学校还处于初步发展阶段，办学经验还不足，摸着石头过河，广大干部职工需要加强学习培训，培养办大学思维；四是学校不少老师存在着自卑感，面对本科教学和管理恐怕难以胜任，一度不知所措、不安心；五是国家刚刚粉碎"四人帮"，许多历史遗留问题、思想模糊认识需要调查澄清。③

以上5个问题，李长喜把它归纳成最核心的两个问题：一个是自信心不足，一个是团结一致不够。实际上就是精神状态问题，必须开展一次昌

---

① 李长喜：《团结自强、振兴昌航——在中国共产党南昌航空工业学院第一次代表大会上的工作报告》，南昌航空大学档案馆电子档案，1986-永久-0001-008。
② 李长喜：《忆昌航，峥嵘岁月稠》，《传道授业话昌航》编写组：《传道授业话昌航》，江西高校出版社2017年10月版，第1页。
③ 朱春根：《建院初期的第一次党代会》，在校学生记者容耀娣采访记录，2012年，未刊稿。

大学特质文化的传承和创新：南昌航空大学的实践探索 >>>

航精神大讨论，以凝聚人心，聚集力量。

　　1985年12月19日至22日，学校召开了改建学院以来第二届教职工代表大会，听取和审议刘荣光院长的工作报告和学校1986—1990年发展规划的报告。刘荣光的工作报告总结了1983年8月他担任院长以来两年多的工作，提出了学校今后5年、10年、15年的奋斗目标。刘荣光指出，要实现这些规划目标，"我们全院教职工必须振奋精神，团结一致，艰苦奋斗，开拓前进。要以振兴教育，办好学院，为四化建设培养人才而建功立业的精神从事工作"。① 同时提出，要树立良好的校风，提出了"勤奋、文明、自强、求实"的八字校风。这次教代会为统一思想，明晰办学思路，提振奋斗精神起了很大的作用。

　　同时，学校党委决定：要刻不容缓地召开学院成立后的第一次党员代表大会，进一步统一全校党员和领导干部的思想认识。经过精心筹备和组织，中国共产党南昌航空工业学院第一次代表大会于1986年3月29日至4月1日召开。自1965年1月中专时期召开最后一次党员大会选举产生党委以后，经过1978年改升为大学直到1985年这20年间，学校没有按照党章规定开过党员大会或者党员代表大会，历届党委负责人都是由上级直接组织任命的。这也是1978年改建学院以来召开的首届党代表大会。全校19个总支、直属支部共选出代表110名参加了大会，分为7个代表组。这次大会的主要任务是，回顾和总结学校过去的工作，根据《中共中央关于教育体制改革的决定》和党的全国代表会议精神，确定今后的任务。大会着重讨论关于端正党风和加强思想政治工作问题，进一步推动学校的改革，保证学校第二届教职工代表大会通过的《1986—1990年发展规划》的实施。李长喜代表党委做了题为《团结自强、振兴昌航》的工作报告，将经调研后归纳校内存在的问题一一在大会上提了出来，各组党代表就这些问题进行了充分的讨论，发表了自己的见解和观点。大会通过分析调研的结果，经党代会全体代表的充分讨论，统一了思想和认识，提出了1986年到

---

① 《刘荣光在南昌航空工业学院第二次教职工代表大会上的工作报告》，南昌航空大学档案馆电子档案，1985-永久-0027-008。

220

第六章 昌航特质文化观

1990年期间的发展目标和工作任务。

在人才培养目标上，当时的昌航虽然已正式升格为一所本科院校，也毕业了四届本科生，但是校内还有很大一部分教师是原来中专时期保留下来的，他们始终坚持一个观点，就是应该着重培养动手能力强的学生，即将学校往专科方向发展。但是一部分高校引进的教师以及从航空企业、科研院所引进的教师则认为应该办成一所有特色的真正意义上的本科院校。大会将双方的观点提出来，道出利弊，经充分讨论，最后统一了意见，把"面向现代化、面向世界、面向未来"和多出人才、出好人才、多出科研成果作为指导思想；把以工科为主、兼办师范、逐步建成理工结合的中等规模的航空工业高等学校作为发展方向。为了确保这次大会所确定的各项任务的顺利完成，大会号召全校师生员工，首先是全体共产党员必须统一思想，加强团结，坚定信心。①

首先要统一思想。针对内部教师之间的分歧，大会提出全校教职员工要统一思想，坚持"教学为主，为教学服务，为学生服务"的办学指导思想，就是要使全校各方面人员都能认识到，教学是高等学校的中心任务，学校的工作安排必须以教学为主，其他各方面的工作都必须为教学服务。

针对"文化大革命"后，学校内部不少的教师思想上"左"倾思想的影响还比较严重，也有一部分老教师在"文化大革命"中挨批蒙冤的情况，大会提出要进行一次大规模的拨乱反正，审理"两案"，复查历史老案，核查"三种人"；对在大革命中被批的老师，依据党的知识分子政策进行彻底地落实和平反，登门拜访、慰问以及补发其蒙冤受损的工资等。这一决定得到了全校教职员工的拥护和支持。1985年11月，由党委副书记柳祥训等13位同志组成落实知识分子政策工作领导小组。在1978年对原南昌航空工业学校139个案件平反昭雪的基础上，再次从6个方面调查梳理解决，1987年基本上完成了这项工作。据统计，到1987年，平反历史遗留的冤、假、错案66人；清理141人的人事档案；补发"文化大革

---

① 李长喜：《团结自强、振兴昌航——在中国共产党南昌航空工业学院第一次代表大会上的工作报告》，南昌航空大学档案馆电子档案，1986-永久-0001-008。

命"中错误扣发的工资5316元；清退"文化大革命"中被查抄的财物4044元；解决因错误处理受株连家属子女"农转非"4人。对中老年知识分子的工作安排、生活条件、医疗保健和政治待遇都逐项予以落实。

其次，要加强团结。大会指出，要办好学院，必须建设一支坚强团结的队伍。学校各级领导班子和教职工队伍，总的说是团结的。但是，必须承认，学校队伍中有原来南昌航空工业学校的干部、教师和工人，又有改院后从外面调进来的干部、教师和工人，还有近几年新分配来的年轻教师，学校的工人数量较大，由于不同的经历和地位，对于某些问题看法不一致是很自然的，难以避免的。另外，"文革"中少数人之间的思想隔阂也没有完全消除。因此，学校强调加强团结不仅是全院工作"再展宏图"的需要，而且还有其现实意义。学校的教职员工都是来自五湖四海，为了把昌航办好这个共同目标走到一起来了。为了实现这个共同的目标，新老同志之间，干部、教师与工人之间，干群之间要互相尊重，互相支持，搞好团结。原南昌航空工业学校的广大干部、教师和工人为培养航空建设人才作出过重要贡献，为改建学院创造了良好条件，他们熟悉这个学校的历史和现状；改院以后从外单位调进来的干部、教师和工人，为学校增添了新的力量，带来了老校的办学经验和不少兄弟单位的工作经验。大家要互相学习、取长补短、共同前进。校办工厂规模较大是学校的一个特点，也是一个优势。它除了承担教学实习和教学科研加工任务外，在过去的几十年里，创造了利润，为改善办学和教职工的生活条件提供了资金，减少了国家开支，直接间接地为培养人才作出了贡献。广大教师在教学第一线，是办好学校起主导作用的骨干力量，学校的教学质量和科研水平如何，主要取决于他们的工作。学校里的管理工作，教学科研工作，生产工作和生活后勤工作都有其不同的自身特点和规律。因此，在某些政策或规章制度上也不可能完全一样，要互相了解，互相理解，不要互相攀比。另外，"文革"已经过去十多年了，每个人都吸取了教训，过去的事就让它过去，应该在一个新的更高的起点上团结一致向前看。加强团结首先要加强思想教育，提高认识，但同时也必须加强纪律，消除队伍中的不团结因素。不利于团结的话不说，不利于团结的事不做。搞好团结的关键是各级领导班子的团结。各级领导班子和全体共产党员要成为加强团结的核心，尤其是校级领导班子，要作出榜样。大会相信，经过全体共产党员，特别是各级党组织的积极努力，在校园里一定会出现一个畅所欲言、生气勃勃、互相团结的崭新局面。

第三，要坚定信心。应该承认，学校改成大学才8年，用高标准衡量，距离师资结构合理、仪器设备更新配套、管理水平和社会效益较高等要求，都还有一定差距；尤其是面临着教育改革的新形势，面临着新技术革命的挑战，学校前进的道路上必然会遇到更多的困难。但是，共产党人承认差距和困难，一是为了增强紧迫感，认清"四化"建设赋予昌航的重任；二是为了千方百计，克服困难赶上去。全校师生员工必须坚定自强的信心。学校有办好教育的有利条件，一是学校已经拥有一支具有一定水平的、渴望把学校办好的1800多名教职工队伍，共产党员已占三分之一；二是已经有了530多亩的校园面积、13.5万平方米的建筑面积、3192台教学科研生产设备，附属工厂每年都能给学校提供一定数量的办学资金；三是学校设置的专业通用性强，应变能力强，易于发展；四是党中央已把教育放在发展国民经济的战略地位，航空工业部和江西省为学校创造的办学条件越来越好。我们应当看到这些有利条件，对办好学校应该充满信心。

大会指出："只要我们全院的共产党员同广大的师生员工一道，加强团结，自强不息，锐意改革，勇于创新，就一定能够完成这次大会所确定的各项任务，就一定能把我院办成一所具有自己特色的航空工业高等学校，为我国'四化'建设作出应有的贡献。"[1]

大会提出了"团结自强、振兴昌航"的口号，号召全体共产党员和全校师生员工"高举团结的旗帜，坚定自强的信心，为实现我院《1986—

---

[1] 李长喜：《团结自强、振兴昌航——在中国共产党南昌航空工业学院第一次代表大会上的工作报告》，南昌航空大学档案馆电子档案，1986-永久-0001-008。

大学特质文化的传承和创新：南昌航空大学的实践探索 >>>

1990年发展规划》，为振兴昌航而努力奋斗"。① 刘荣光院长在大会闭幕词中认为，把"团结自强、振兴昌航"作为这次代表大会的中心议题，是切合学校实际的，对于加强学校党的建设，推动改革，实现发展规划，具有重要的意义，"希望各位代表与全院同志一道，加强团结、坚定信心、为振兴昌航自强不息"。②

　　1986年学校升格本科后的第一次党代会，虽然为期只有3天，但是其会前的调研、酝酿和准备工作却进行了将近半年的时间，付出了大量的人力精力和财力，会议的效果是很好的，是一次历史性的会议。第一次党代会的召开，及时化解了矛盾，澄清了认识，统一了思想，明确了方向，理顺了关系，提出了"团结自强、振兴昌航"口号，凝聚了昌航力量。1986年到1990年，是南昌航空工业学院由中专进入本科阶段后的重要发展时期，在"团结自强、振兴昌航"口号推动下，学校的各项工作朝着正确的方向前进，发展势头十分迅猛，跻身于江西省高校排名榜的前列，其社会影响力也逐日上升。因此，第一次党代会，将载入学校发展的历史史册。

　　为了尽快把"团结自强、振兴昌航"的口号落实在行动上，校领导率先垂范，为振兴昌航作贡献。为了加强领导班子的团结，学校制定了《关于加强党委自身建设的决定》的八条规定，包括："议大事，懂全局，管本行"；作端正党风的表率；牢记全心全意为人民服务的宗旨；加强团结是办好学院的保证；从严治党；坚持民主集中制的原则；发扬党的密切联系群众的优良传统和作风；努力学习。③ 1987年，在学生中开展"热爱航空事业，热爱昌航，热爱专业"的教育，在教职工中开展"热爱昌航，热爱本职工作"的教育，在全校师生员工中进一步增强团结、自强、进取、创新意识，建立和发展平等、团结、友爱、互助的新型关系，形成一个团

---

① 《中国共产党南昌航空工业学院第一次代表大会关于党委会工作报告的决议》，南昌航空大学档案馆电子档案，1986-永久-0001-008。
② 《中国共产党南昌航空工业学院第一次代表大会文件汇编》，南昌航空大学档案馆电子档案，1986-永久-0001-008。
③ 《中国共产党南昌航空工业学院第一次代表大会文件汇编》，南昌航空大学档案馆电子档案，1986-永久-0001-008。

结向上、民主和谐、创先争优的生动活泼局面，不断增强师生员工为振兴昌航而作贡献的事业心、责任感和自豪感。

李长喜提出院长兼任党委副书记的机制，努力做好班子团结的工作。李长喜经常到校办工厂的车间和工人师傅一块劳动。他还经常到教职工的家中走访，密切了干群关系。为了能够更好地听清底层群众的声音，在昌航第二届教代会第二次会议上，李长喜带头述职，领导公开接受群众的监督，使得校园建设更加民主化。学校师生员工团结一致，人帮人形成了风气。一位姓黄的职工肝脏需要做大手术，但他经济上有困难。工会立即出面组织捐助，从校领导到职工都积极响应，帮助他渡过了难关。刘荣光院长一边统领学校行政工作，一边亲自给学生上机械制图课。1986年11月，他主编的《机械制图》获航空工业部优秀教材一等奖。1986年，中共江西省委授予昌航"思想政治工作先进单位"称号。1989年，李长喜被评为"江西省优秀党务工作者"，受到省委表彰。

"团结自强、振兴昌航"的口号一代一代地在学校领导班子中传承下去。孙一先从1986年起任分管学生工作的学校党委副书记、副院长，1990年9月—2003年5月任学校党委书记。在此期间，一直以弘扬"团结自强、振兴昌航"的口号为己任，带头践行。1991年学校印发了《南昌航院党员领导干部抓党风责任制度》《领导干部深入基层联系群众制度》《共产党员联系群众制度》的通知。他向李长喜学习，每学期要听20多位老师的课，与教师交流。他把党的组织关系从机关先后转到焊接教研室和电子系办公室党支部，和一线教师、工作人员一起过组织生活。他也到总装车间和工人师傅一块劳动，努力密切干群关系。他向刘荣光院长学习，党务工作和教学科研工作"双肩挑"。在党务工作方面，一是努力从研究的高度做好党的建设和思想政治工作。先后发表了《创造型人才的思想政治规格及其培养问题》《做好在大学生中发展党员的工作》《浅谈校风》等研究性文章8篇。据不完全统计，1991年，孙一先接待群众来访和家访68人次之多，院长黄懋衡上半年听课达10次，8位校级领导中有 5 位担任了教学任务。①

1992 年 4 月 3 日至 6 日召开的第三次党代会上，孙一先同志代表上届党委作题为《团结自强，拼搏向上，为实现我院"八五"计划而奋斗》的工作报告，这也是大会的主题，大会指出：摆在我们面前的任务是十分艰巨的，我们一定要发扬"团结自强，拼搏向上"的昌航精神，为实现我院"八五"计划而努力奋斗。大会的决议也指出：大会号召，我院各级党组织、广大党员和师生员工要发扬"团结自强，拼搏向上"的昌航精神，进一步解放思想，加快改革步伐。② 这样，在党的代表大会上把"团结自强、振兴昌航"的口号直接凝练为"团结自强，拼搏向上"的昌航精神。在同期召开的南昌航院四届一次教代会上，黄懋衡院长作了《坚持方向，深化改革，扎实工作，实现规划》的报告，指出：第三次党代会已经明确了学校"八五"期间的基本任务，只要我们上下一心，在学校党委的领导下，发扬"团结自强，拼搏向上"的昌航精神，坚持改革，顾全大局，勤奋工作，"八五"计划就一定能实现。③ 自此，以"团结自强，拼搏向上"为内涵的昌航精神正式凝练而成。

"团结自强、拼搏向上"的昌航精神是对办学 30 多年的成功经验的总结，也是对当前学校面临的现状的真实回应，更是对未来学校发展提出的精神动力。1978 年改建学院以来，三机部先后从西北工业大学调来一批专业教师来院任教，前后累计达 20 余人，他们后来都成为学院改建和发展的骨干力量，加强和带动了学校的骨干教师队伍建设，学校从其他高等学校也引进了一批教师和管理干部；除了教师以外，学校之间还有管理干部和后勤人员两支队伍。但是"教师队伍中，新老同志互相有看法"，甚至学校有些领导"过多地强调了中专毕业的同志不能教大学的说法，造成这些

---

① 《南昌航空工业学院校风建设自评报告》，南昌航空大学档案馆电子档案，1991-永久-0006-010。

② 《中国共产党南昌航空工业学院第三次代表大会文件汇编》，南昌航空大学档案馆电子档案，1992-永久-0002-007。

③ 黄懋衡：《坚持方向，深化改革，扎实工作，实现规划——在南昌航院四届一次教代会的报告》，南昌航空大学档案馆电子档案，1992-永久-0006-017。

同志不安心工作"。学校原来的教师和新引进的教师之间，师生之间，教师、管理干部和后勤人员之间只有团结一致，才能凝心聚力，朝着共同目标前进。昌航虽然办高等学校的历史不长，但是也有26年办中专、大专的历史，也有很深的历史积淀，千万不能妄自菲薄，一定要有自强的精神。所以"团结自强"是解决昌航发展的精神源泉。同时，我们也要清醒地认识到，学校是在中专底子上办本科，基础不牢，条件不好，唯有发愤图强，拼搏向上，才能有所发展，才能迎头赶上。所以，"拼搏向上"是解决昌航发展的精神动力。振兴昌航，把昌航办成一所出色的高等学校，是全校师生员工的共同愿望，"团结自强、拼搏向上"正是振兴昌航的精神源泉和动力。

自1992年学校"两会"之后，"团结自强、拼搏向上"的昌航精神与八字校风一起成为学校文化建设的主要指导思想。1992年10月9日，在建校四十周年庆祝大会上，黄懋衡作了《励精图治，再接再厉，扬长补短，办出特色》的讲话，指出：今天我们隆重集会，庆祝南昌航院建校四十周年，目的就是要认真总结建校四十年的办学经验，在新的历史条件下，继承学校"朴实、勤奋、严谨"的优良传统，发扬"勤奋、文明、自强、求实"的优良校风，弘扬"团结自强，拼搏向上"的昌航精神，进一步动员我院广大师生员工励精图治，再接再厉，在建设具有我院特色的办学道路上继续前进。同时指出，一定要发扬优良传统，倡导昌航精神。众所周知，40年来，昌航全体师生员工发扬了党的艰苦奋斗传统，同心协力，积极创造条件建立起来的。在长期的办学实践中，逐步地形成了"勤奋、文明、自强、求实"的校风，和"团结自强，拼搏向上"的昌航精神，这些集中反映了广大教职工和学生的意愿，过去是，今后也必将是实现学院奋斗目标的一种精神力量。[①]

1995年2月23日至24日，学校召开年度党代会，孙一先书记在报告里指出，要进一步推进校风建设。认为良好的校风对于全面提高教育质量

[①] 黄懋衡：《励精图治，再接再厉，扬长补短，办出特色——在南昌航空工业学院建设四十周年庆祝大会上的讲话》，南昌航空大学档案馆电子档案，1992-永久-0010-025。

大学特质文化的传承和创新：南昌航空大学的实践探索　>>>

有着极为重要的作用。1995年要进一步培养"勤奋、文明、自强、求实"的优良校风。决定成立校园文化建设委员会，策划和协调学校的各种文化活动。学校校园文化要形成自己的特色，要通过各种科技文化活动，培育"勤奋、文明、自强、求实"的八字校风和"团结自强，拼搏向上"的昌航精神。① 1995年11月20日，学校党委制定并颁发了《关于进一步加强校园文化建设的若干意见》，提出：努力发扬"团结自强、拼搏向上"的昌航精神，各方面工作争创一流、在同类层次的院校中办出特色和水平。②

自1986年第一次党代会以来，全校上下实际行动体现"团结自强、拼搏向上"的昌航精神，创造性地开展各项工作，取得了骄人的成绩。从国家级获奖情况来看，在教学方面：1989年邹盛根、许德丰被评为"全国优秀教师"。1991年冀殿英被评为"全国优秀教师"。1997年闵佩珍获得国家教委首届全国普通高校百名"两课"优秀教师。2001年柯黎明获得了全国"五一劳动奖章"。1986年材料工程系焊接实验室获国家教委授予的"全国高校实验系统先进集体"荣誉称号。1989年张维等人完成的《教学生产相结合，不断改革金工教学实习》项目获江西省优秀教学成果一等奖，之后又获国家教委颁发的1989年"优秀教学成果奖"。1990年顺利通过航空航天工业部本科教学工作评监。1990年金属塑性加工和焊接两个专业被国务院学位委员会批准具有硕士学位授予权。1992年力学实验室被国家教委评为"全国高校实验室工作先进集体"。同年国家教委发文表彰"全国高校学生军训工作先进单位"，昌航是非试点院校受表彰的10所高校之一。1998年一次性通过教育部本科教学工作合格评估。在科研方面：1996年11月王薇薇主持的"航空铸造镁合金泡沫陶瓷过滤技术"获得国家发明三等奖。在思想政治工作方面：1993年在中国工会第十二次全国代表大会上，学校工会荣获"全国模范职工之家"称号，成为全国高校5个

---

① 孙一先：《以两个"提高"为目标，努力做好九五年工作——在一九九五年党代会上的报告》，南昌航空大学档案馆电子档案，1995-永久-0019-007。
② 《南昌航空工业学院关于进一步加强校园文化建设的若干意见》，南昌航空大学档案馆电子档案，1995-永久-0027-003。

"模范职工之家"之一。1994年学校团委获中共中央宣传部、国家教委、共青团中央授予的大学生"社会实践活动先进单位"称号。1995年9月孙一先获得了1994年度"半月谈思想政治工作创新奖",全国仅47人,江西仅1人获此殊荣。1997年学校大学生暑期"三下乡"活动被团中央、中宣部、国家教委、全国学联授予"优秀志愿队"称号。1997年国家教委、共青团中央授予93131班"全国先进班集体标兵"称号。1999年教育部、共青团中央颁发证书和奖牌,授予95511班"全国大学生先进班集体"荣誉称号。2001年学校团委荣获全国"五四红旗团委"称号。在管理工作方面:1994年国家教委发文,公布"全国教材管理工作先进集体"的通知,昌航教材科是被表彰的集体之一。1989年昌航公安派出所(与保卫科合署办公)被公安部授予"全国经济文化保卫系统先进集体"称号。1991年航空航天工业部授予昌航"航空工业创建四十周年有重大贡献单位"称号,昌航是获此殊荣的64家航空企事业单位中唯一的部属普通高校。

在昌航精神熏陶下,我们学校培养的学生,是德智体全面发展的人才。他们以拼搏向上的姿态为振兴昌航添砖加瓦。1997年11月12日昌航首次参加的第五届"挑战杯"全国大学生课外学术科技作品竞赛落下帷幕。昌航在267所高校中获团体总分第53名,并荣获组织奖。昌航选送的4项作品有3项获奖,其中94421班乔树国的作品《激光超声测距仪》获发明制作类三等奖。1998年昌航大学生参加全国数学建模竞赛,获得全国一等奖1项,省一等奖1项,省二等奖两项的好成绩。学校的毕业生许多都成了企事业单位的技术和管理工作的骨干。用人单位都反映昌航毕业生,在昌航精神的熏陶下,特点是勤奋、向上、朴实、动手能力强,很受欢迎。1983年毕业的向巧同学,2015年当选为中国工程院院士,2021年5月,当选中国科学技术协会第十届全国委员会副主席。

可以毫不夸张地说,自1986年昌航精神提出以来,昌航人以"团结自强、拼搏向上"的昌航精神,自力更生、艰苦奋斗,在艰苦的条件下,扩建校区,加强基础设施建设,改善办学条件,建立起多层次、多形式的办学体系,逐步建设成一个以工科为主、兼办师范,理工结合的中等规模航空工业高等学校，顺利完成了"七五""八五""九五"计划，制定了"十五"发展计划，把学校带进了雄伟的21世纪。昌航精神在21世纪继续发扬光大，学校已成为有社会影响力的一所高等学校。

第二节　昌航哲学：循规、重人、求实

南昌航空大学一直在寻求自己的大学哲学，这种寻求是在与构建校风、教风、学风以及大学精神等一起进行、同步推进的。1995年2月23日至24日，学校召开1995年年度党代会，孙一先书记在报告里指出，要进一步推进校风建设。1995年11月20日，学校党委制定并颁发了《关于进一步加强校园文化建设的若干意见》，在总结凝练校风、昌航精神、教风、学风、干部作风以及昌航人价值观的同时，提出并倡导"循规、重人、求实"的昌航哲学。① 这是学校在办学过程中形成的对办学规律性的总认识，第一次凝练出昌航哲学的内涵，反映了昌航的哲学精神。

一、循规

1995年11月制定的《关于进一步加强校园文化建设的若干意见》指出，所谓循规，"就是认真研究和学习高等学校的办学规律；自觉地遵循规律办学"。②

昌航是在26年中专基础上改建成学院的，办中专的经验、意识和思维方式比较强烈。原南昌航空工业学校包括改厂的两年多在内共创办26年，为国家培养了9947名各类技术人才，积累了较丰富的办学经验，形成一些好的传统和作风，曾经被指定为重点学校，1960年还一度升格为专科学

---

① 《南昌航空工业学院关于进一步加强校园文化建设的若干意见》，南昌航空大学档案馆电子档案，1995-永久-0027-003。
② 《南昌航空工业学院关于进一步加强校园文化建设的若干意见》，南昌航空大学档案馆电子档案，1995-永久-0027-003。

校。这些为改建成本科学院打下了良好的基础。1978年改建学院后,继承和借鉴原中专的好传统和某些办学经验,对办好学院无疑是大有裨益的。但是,高等学校毕竟不同于中等专业学校,高等学校担负着培养高级专门人才和发展科学技术文化的重要任务,有它自身的办学规律。因此,必须按高等学校的自身规律办事,才能办好学院,完成所担负的重要任务。

但是,1978年学校由中专直接办本科后,一些教师思想、思维没有及时调整,有的自信心不够,有的思想固化,沿用老方法、老思维处理问题,甚至存在着回过头办大专的想法。所以,改建学院后,学校面临着如何办好大学的艰巨任务,"不仅要解决人力、物力等办学条件,更重要的是必须按高等教育的内部和外部规律办学"。① 学校如何适应高等教育的发展形势,正确定位并办出特色,当时在全校教职员工中的认识并不统一,在一定程度上影响了学校的发展。这就需要全校上下来一次思想大解放,认真研究和学习高等学校的办学规律,自觉地遵循规律办学。

1981年2月28日,改建学院后的第二任院长张本禄在学校党委扩大会议上的讲话中指出:要在中央工作会议精神指导下,在总结前两年工作的基础上,认真进行调整、整顿,从思想作风、组织管理、师资培训、教学科研手段建设、校舍校园的整修等方面把基础搞扎实,把思想政治工作、教学工作和其他方面的工作搞上去,从而使教学工作有一个较大的提高。各级干部和职能部门还要加强学习,钻研业务,掌握办大学的规律,努力提高管理水平以适应办大学的需要。领导工作和管理工作有共同的规律,也有其特殊的规律。因为"办学校与办工厂不同,办大学与办中专也不同,要把学校办好,不去研究这些带规律性的东西是不行的。"② 他要求各级行政干部和机关,每周拿出一定的时间学习业务,研究管理问题。

刘荣光院长和王景茂书记、李长喜书记等主要学校主要领导带领学校

---

① 《南昌航空工业学院本科教学工作自评报告》,南昌航空大学档案馆电子档案,1990-永久-0007-013。

② 《认真贯彻中央工作会议精神,努力办好学院——张本禄同志二月十八日在院党委扩大会议上的讲话》,南昌航空大学档案馆电子档案,1981-永久-0012-004。

领导班子,总结了改建学院以来的办学经验,针对当时部分同志存在着的故步自封、满足现状和脱离实际、急于求成的片面认识,通过先后多次举办中层干部和管理骨干教育思想的学习,开展"牢固树立高等教育意识"的大讨论,校领导亲自讲课,谈办学理念、指导思想、发展目标等,统一广大干部的思想认识。刘荣光强调要加强办高等教育的意识,要按高等教育的规律办事,不要满足已取得的进步。1987年5月13日,学校党委发出《关于加强社会主义精神文明建设的十条措施》,要求全校上下认真贯彻落实《中共中央关于社会主义精神文明建设指导方针的决议》精神,树立与改革开放相适应的新观念、新思想,增强团结、自强、进取、创新意识。"要树立服务观念,增强办高等学校的意识。要牢固地树立教育必须为社会主义建设服务、学院的一切工作都要为培养学生服务的思想。衡量各级干部和各部门、各单位工作的好坏均应以此为标准。"学校为此确定近期的奋斗目标:到一九九〇年,教学质量和管理水平在江西地区进入同类院校先进行列;到一九九五年,形成以教学为中心,教学、科研、生产紧密结合的较完备的体系,并具有承担国家重点科研项目的能力;到二〇〇〇年,师资、设备、教材趋于完备,有三到四个专业在教学质量和学术水平上达到华东地区同类院校的先进水平。学校向全校上下发出号召"要用共同理想激励师生员工为实现我院近期目标而作贡献,用实现近期目标的实际行动,为实现共同理想而奋斗"。[①]

对按高等教育的规律办事,学校在办学过程中是不断加深认识的,并努力在干部和教师队伍的配备、校舍面积安排、实验室建设、教学计划及教学内容安排、授课方法和学生管理教育等方面按高等学校特点办事。经过十年的办学实践,逐步熟悉了高等学校的办学规律。全校上下通过大学习、大讨论、大实践,明确了学校办学的长处和不足,克服了片面认识,树立"自立、自强"的办学理念,在办学实践中立足实际,积极探索,打好基础,较快地确立学校的基本定位,明确了"扬长补短、办出特色"的

[①] 《下发〈关于加强社会主义精神文明建设的十条措施〉的通知》,南昌航空大学档案馆电子档案,1987-永久-0001-004。

办学路子。

1988年10月，改建学院10周年，学校对办院10周年做了总结，提出学校的方针是：发挥优势，办出特色，团结自强，振兴昌航。① 这就是根据实际情况决定的工作方针。1990年11月20日，学校在接受航空部教育评鉴时，清醒地认识到："我院在中专的基础上要办成以本科为主的高等院校，不仅要解决人力、物力等办学条件，更重要的是必须按高等教育的内部和外部规律办学。我们认识到，作为新建院校，不仅要建成一所合格的大学，还应办成一所有自己特色的大学"，为此，学校明确教学指导思想，并以此进行了一系列的教学改革。②

根据改院前几年的办学实践，学校按照高等教育规律办学，提出了总的要求，即以教学为中心，实事求是，不急于求成，不急功近利，尽力做好基础工作，抓住时机，逐步上台阶。概括来讲，"总的要求是：打好基础，加强管理，提高质量。通过五年奋斗，为今后十年、十五年的发展打下坚实的基础。"在教学上提出了："打好基础，加强实践，提高能力"的教改要求，重视学生获得工程师的基本训练和动手能力的培养；在专业设置上，不仅有工科专业，也有理科师范专业，实现了理工结合、互相促进，在工科专业上重视学科之间的交叉与渗透，以制造工艺与测试技术为专业特色；在科研上，坚持以应用研究和技术开发研究为主；在教学实习和生产上，充分发挥优势，使教学实习在全国具有一定特色，优质产品不断问世。这些做法体现了昌航的办学特色，给学校的发展增强了活力。这些特色扩大了学校的影响，提高了学校的声誉。

1991年学校进一步明确了"坚持方向、深化改革、加强管理、改善条件、提高质量、办出特色"的发展和改革总体思路。到1991年，学校已形成以全日制本科教育为主体的本专科教育（含师范教育）、研究生教育、

---

① 《南昌航空工业学院建院十年来的工作总结》，南昌航空大学档案馆电子档案，1988-永久-0008-002。

② 《南昌航空工业学院本科教学工作自评报告》，南昌航空大学档案馆电子档案，1990-永久-0007-013。

职工培训与成人高等教育等多层次（研究生、本科生、专科生）、多形式（全日制、夜大学、函授和干部专修班）办学的教育体系。1992年以后，面对国家高等教育改革发展的新形势和新目标，学校进入一个深化改革、加快发展的新阶段，学校的教育思想和观念进一步转变和更新，在办学实践中，学校领导带领全体教职员工进一步探索教育教学规律，至1997年形成和明确了"坚持方向、找准位置、深化改革、内涵发展、提高质量、办出特色"的二十四字办学指导思想，在这一办学指导思想的指引下，学校在教学、科研及生产、基本建设、党建等方面的工作取得了新的成绩。1998年顺利通过了教育部的本科教学工作合格评价。

二、重人

1995年11月制定的《关于进一步加强校园文化建设的若干意见》指出，所谓重人，"就是建立起以人为本的工作机制，重视人的作用，尊重知识，尊重人才，调动人的积极性"。[①] 1996年4月23日，孙一先书记在中共南昌航院第四次代表大会上总结1992年以来4年多的工作，要办好昌航，有4条经验应该加以肯定，其中第3条是"要尊重知识，尊重人才。着力抓好中青年学科带头人和骨干教师的选拔和培养工作，充分发挥他们的作用，不断增强教职工的凝聚力"。[②]

学校历来重视思想政治教育工作。思想政治教育工作实质上就是以人为本，做人的工作。不同时期，采取了不同的方式方法。

（一）建校初期至"文化大革命"之前的"重人"工作

1952年建校时，时间紧任务重，必须紧紧依靠一支坚强有力的队伍来共同办学，这就必须"重人"，调动人的积极性。学校把工作的重点确定

[①]《南昌航空工业学院关于进一步加强校园文化建设的若干意见》，南昌航空大学档案馆电子档案，1995-永久-0027-003。
[②] 孙一先：《以新的姿态跨向二十一世纪——在中共南昌航院第四次代表大会上的工作报告》，南昌航空大学档案馆电子档案，1996-永久-0004-010。

为"加强辅导工作,加强干部领导工作,加强教员、学员的政治思想指导,目的是统一思想,统一认识,明确职责,办好教学工作。"①

1952年建校初期,学校人员思想复杂多变。总体来说,各类人员绝大多数是积极上进的,他们服从分配,工作有热情,但也存在一些思想问题。汉口航校初创时期,由311厂改为学校,任务变了,性质变了,人员变了。1951年底开始,根据中央和武汉市委部署,学校开展了以反贪污、反浪费、反官僚主义为内容的"三反"运动。同时,还开展了整党运动。原厂领导班子主要成员在接受审查,后来被调走。这次"三反"运动查出了一些问题,有3人受到了党纪处分。诸多因素造成当时干部、职工思想不够稳定,顾虑很多。工厂改为学校,实习厂的干部、工人一般不安心,认为现在不搞生产,技术就得不到提高,没有一定文化水平在学校工作也不行,因此想调到其他生产单位去。从地方和部队调来学校的一部分干部留恋原单位独当一面的情况,考虑地位、待遇问题,不安心工作。教师当中有的认为学非所用、用非所长,有的由于家庭出身背景、社会关系和历史问题等原因按当时规定不能去航空工厂参观学习或带学生下厂实习,也影响了他们的思想情绪和工作积极性。首届学生来自部队,当时的调研情况是这样的:"这些初从部队来此时,其思想是相当混乱的,主要有以下几种:不愿转业、闹军籍、地域地位、待遇、名誉、婚姻、入党、入团、文化程度低,轻视地方,留恋部队等,这些思想都是对学习相抵触的,是学习中最主要的阻碍。"②加上原定专科改为中专,因此在思想上也产生一些消极影响。

针对以上情况,学校开展了有针对性的工作,在抓建校和教学工作的同时,高度重视党建和思想政治工作。

一是狠抓党组织自身建设。建校初期,在中共武汉市委的领导下,学

---

① 《校务会议关于当前工作的指示》,南昌航空大学档案馆电子档案,1952-永久-0001-002。

② 《一九五二年辅导工作初步总结》,南昌航空大学档案馆电子档案,1952-永久-0001-003。

校组建了党委。在工作头绪多、任务重的情况下，党委很重视建党工作，一方面加强教育，一方面结合中心工作挑选和培养积极分子。党委书记李旭亲自讲党课，组织全校师生员工学习《论共产党员的修养》《中国共产党三十年》和"党员八项条件"等文件。1952年8月，在教职工中选拔优秀分子发展成为第一批党员，并举行了全校性的入党宣誓大会，这对发挥教职工的建校热情和工作积极性起到了很大的作用。1953年又发展党员38名，还办理了88名候补党员的转正工作。1956年知识分子中发展党员7名，内有高级知识分子2名。1956年底，教师中的党员约占教师总数的27.6%。此后，每年挑选积极分子加入党组织，起到了很好的模范示范作用。

二是学校经常在全体师生员工中进行"尊师爱生"的教育，尤其是"尊师"的教育。在开展尊师活动中，不断提拔优秀知识分子担任学校各级领导职务，提高知识分子的政治地位。1956年9月张本禄同志任学校教务副校长，1954年1月，青年教师彭本善当选为武汉市硚口区首届人民代表大会代表。做好知识分子的政治审查，学校党委搞清了一些教师存在的家庭、社会关系，个人历史等问题，解除了他们的政治"包袱"，使绝大多数教师能被批准去航空工厂参观学习。1956年在知识分子中提拔教学骨干16名到领导岗位，其中有正、副校长4名，正、副科级干部12名。老教师陈文璘被推选为南昌市政协委员，女教师周宝芬当选为南昌市第二届人大代表。1957年3月，党委研究确定15名教师和1名医师为高级知识分子，17名教师为预备高级知识分子。1962年4—7月，学校对1958年7月以来在历次政治运动中，主要是在"反右倾"运动、教育革命和"三反"整风运动中受过批判或处分的278起案例、312人进行了甄别，纠正了部分"左"的错误。全错案例平反的130人；部分错案有10人；批判不当向本人道歉的33人。这次甄别，使一部分教师和干部放下了思想包袱。

三是认真贯彻执行党的知识分子政策，努力改善知识分子的工作条件、使用安排、生活待遇、建党、培养提高等。建校初，学校党委认真系统地学习党的知识分子政策，纠正过去对知识分子存在的不正确做法和错误认识，提高对他们的认识，提高干部的政策水平，要相信和依靠知识分子，充分发挥他们的积极性，这是办好学校的关键。学校党委认为"教员是学生科学知识的传授者，思想品德的培养者，学习方法的指导者，学习信心的鼓舞者。因此学校政治思想工作的重点应放在他们身上"。为此，学校从政治上工作上和生活上去关心与帮助他们，并结合工作，针对各种思想情况，"运用批评与表扬的方法，及时地进行教育"。① 如教师肖功伟，因为创造了利用生物显微镜研究取得进步，学校及时给予表扬鼓励，他很受感动，"认为共产党真不埋没人才"，他这样一讲，对别人的正面影响也很大。② 调整部分教师的工作。对 28 名用非所学的教师的工作做了适当的调整。减少一些教师过多的兼职，使他们有更多的时间用于业务工作。1956 年，进行了全校性的评选优良教育工作者的活动，第八科（热处理）被评为全校唯一的先进集体，有 22 名教师被评为优良教育工作者。关心知识分子的社会福利，解决他们的困难和合理要求。给他们创造较安静的环境和提供较宽敞的住房，对住家属宿舍的老教师，另配给书柜、书桌等家具。在避暑胜地庐山租有床位 39 张，组织教师外游、避暑。对一些家庭生活困难的教师主动给予补助，并设法安排教师家属的工作，尽可能解决他们的后顾之忧。为了改善教师在校内进修的环境，设置了两个教师进修室。由于党委认真贯彻了党的知识分子政策，切实为知识分子解决了一些工作和生活上的实际问题，因此，广大知识分子的积极性进一步高涨。

综上所述，1966 年以前的"重人"工作，总的来说是抓得紧的，效果也是好的。有些经验和做法是值得继承和发扬。1962 年学校总结 10 年办学经验，认为"只有对老教师在政治思想上要求适当，业务上充分发挥其专长，生活上给予可能的照顾，才能更好地发挥老教师的作用。只有对青

---

① 《1953—1954 年教学工作总结报告》，南昌航空大学档案馆电子档案，1954-永久-0001-003。
② 《一九五二年辅导工作初步总结》，南昌航空大学档案馆电子档案，1952-永久-0001-003。

年教师严格地要求，耐心地教育，大胆地使用，积极地培养，才有利于青年教师更快地成长"。① 但是由于"左"的指导思想的影响，政治运动频繁，造成了一些不良后果，这个教训应当记取。

（二）改建学院后的"重人"工作

学校进一步落实知识分子政策，在"揭批查"工作基础上，平反冤、假、错案。1985年又在1978年对139个案件平反昭雪的基础上，再次从6个方面调查梳理解决，1987年基本上完成了这项工作，对中老年知识分子的工作安排、生活条件、医疗保健和政治待遇都逐项予以落实。

学校加强师资队伍建设，重视骨干教师、青年教师的培养和工作条件、生活福利的提高。1979年，学校选拔了41名有专长的老教师担任教研室和教学业务部门的领导职务，发展了7名教学骨干入党。同时，明确提出改善教师的工作、生活条件，如住房制度规定大专学龄可算作工龄，具有讲师、工程师等中级职称的知识分子，分房按正科级干部计分。重视青年教师的能力提升和培养。开办青年教师培训班；派出青年教师在国内进修、攻读硕士、博士学位和出境留学；实行中老年指导教师制度、新开课教师审批制度、试讲制度和青年教师岗位培训制度，定期召开青年教师教学经验交流会和现场讲课观摩会，保证新教师的授课质量；对优秀青年教师破格晋升，许多青年教师担任了教研室正、副主任，还有的青年教师担任了系部主要领导；制定优秀教师工资奖励政策、改善教职工居住条件。仅1998年学校就启动了青年教师集资楼和青年教职工筒子楼改造两项教师安居工程。学校还建设或改造了校园网、通信网、家属区电网、供水系统等。通过实施一系列措施，教职工人均住房面积达20平方米。学校加强了职称评定，提高教职工的业务水平。1994年3月9日，在学院的努力争取下，经国家教委批准，中国航空工业总公司授予学校材料科学与工程、化学工程与工业化学、机械工程、仪表工程、政治学、力学、数学等

---

① 《十年来的学校工作（1952—1962）》，南昌航空大学档案馆电子档案，1962-永久-0008-005。

7个学科的副教授任职资格评审权。学校成为全省高校率先获得副教授评审权的高校。经过职称评定，学校教师的职称有了提高。1995年4月8日，学校出台《关于加强师资队伍建设的若干措施》，提出了一系列加强师资队伍建设的措施。1995年后，为迎接教育部本科教学工作合格评价，又重点加强了骨干教师队伍建设。此间，采取"择优选拔，重点扶持，激励竞争，动态管理"等措施，先后选拔了3批中青年骨干教师。

全心全意依靠教职工办学。作为全心全意依靠教职工办学的主要形式，学校定期召开教职工代表大会（简称教代会），1981年6月20日，学院召开第一届教职工代表大会，1992年以后实行年度制。1988年12月26日，召开第三届一次教代会暨第四届一次工会委员代表大会，从本次大会开始，教代会与工代会合并。1982年党委对知识分子工作进行了一次全面检查。学校充分发挥民主党派和无党派人士参政议政作用，1986年8月成立党委统战部（与党委办公室合署办公），健全了统战工作的基本制度。先后推荐8位代表人物担任全国及省市区的人大代表、政协常委或委员。1986年12月成立了民盟江西省委员会南昌航空工业学院支部。

通过上述措施，学校师资队伍水平得到较大提高，一批优秀教师脱颖而出，获得了许多省（部）级以上奖励。1993年4月，唐星华、陈焕明获"航空航天工业部优秀青年教师"荣誉称号；1994年8月，傅铭旺被评为"1994年度航空工业十名杰出教师"；9月，唐建忠被全国教育工作会议评为"全国优秀教育工作者"；1995年5月，张永明、陈轩、高益庆、傅铭旺、王高潮、匡壁民、柯黎明、陈焕明为省级骨干教师；1996年1月，周光平、张少钦获中国航空工业总公司教育局授予的"航空院校优秀青年教师"称号；同年9月，刘新才获江西省教委、省人事厅授予的"优秀教师"称号；1998年4月，高益庆、张永明、王高潮、陈焕明、陈益平、何兴道、敖建平、徐建辉等被评为江西省中青年骨干教师；1997年12月，社科系闵佩珍教授被评为全国优秀"两课"教师；1998年8月，化学工程系青年教师敖建平获"中国航空工业总公司十佳优秀教师"称号，等等。

三、求实

1995年11月制定的《关于进一步加强校园文化建设的若干意见》指出，所谓求实，"就是说真话、鼓实劲、做实事、收实效"。①

说真话、鼓实劲，是基于学校的实际情况做出的正确判断、正确做法。了解校情，乃是制定一切政策的基本依据。我们学校从1952年建校，是在一个修理厂的基础上改建起来的，起初的条件应该说是很差的，1954年搬迁到南昌，历经二次建校，几乎从零开始。虽然历经26年的中专专科办学，取得了一些成绩，但经历"大跃进"时期的教育革命和"文化大革命"期间的停学办厂、并厂、迁厂、复校复学，损失是很大的，1972年复校时办学条件很差，无论是师资还是教学条件都没有恢复到"文革"前水平，正常的普通中专都不能办理，只能招收二年制技工班。1978年突然由中专升格为本科，这个转换也是非常之大的：一方面欢欣鼓舞，一方面困难重重，思想认识跟不上形势的发展，教职工心存疑虑，甚至领导班子里一些人也是信心不够、准备不足的。

"文化大革命"结束后，中国航空工业进入一个新的发展时期，面临的主要问题是航空工业与世界先进水平的差距越来越大，科技后继乏人。为解决高级工程技术人员和管理人员不足问题，第三机械工业部决定将一批条件较好的中等专业学校改建为航空高等院校。但是，这个时候的领导班子不够健全，教职工的思想认识跟不上形势的发展。

首先是领导班子软弱涣散，形成不了坚强的核心。"文化大革命"开始后，学校"停课闹革命"，党政领导机构陷于瘫痪。整个"文化大革命"时期，党委和总支靠边，支部活动基本停止，党长期依靠的许多积极分子和基本群众受到排挤和打击。"红卫兵""革命委员会""工、军宣队"相继把持了学校各级权力。1972年复校后的学校领导班子长期处于不能协调一致的状态。

---

① 《南昌航空工业学院关于进一步加强校园文化建设的若干意见》，南昌航空大学档案馆电子档案，1995-永久-0027-003。

在粉碎"四人帮"后的一年多时间里，由于当时历史条件的限制，学校领导班子没有进行调整，江青反革命集团在学校的影响没有能够进行认真揭露和清算。广大群众意见很大，在开门整风中，对领导班子提了许多意见，诸如："广大群众的干劲基本鼓不起来，原因就是领导班子本身思想政治路线不够端正""领导班子基本上是不团结的""领导班子是散的""形不成核心，各自为政"等。特别是，领导班子思路不广，办法不多，"教育革命的步子不大，好像总是在等名牌学校搞出经验来了后，再贯彻执行就是"①。在制定的《南昌航空工业学校一九七六年到一九八五年发展计划》中，依然提出"十年规划首先要把学校规划成为一所政治学校，然后才是一所政治学校"，培养目标是"能文能武，能上能下，又红又专的新工人"，学制要缩短，普通班学制为两年，各种短训班应根据实际需要学制可长可短，最长为一年，亦可几个月或几个星期。可以说，此规划除了提出招生人数"八五达到2400人，为七五年在校人数的二倍"外，②没有重大突破。

广大群众要求领导班子分清是非，带头揭批"四人帮"。学校党的核心小组成员、革委会常委于1977年春季过后用4天时间，联系1977年的工作，围绕1974年"批林批孔"运动以来，学校出现的一系列问题进行了揭摆。1977年3月18日，学校党的核心小组负责人李斌在全校工业学大庆会议上代表班子对8个问题作了批判发言和检查，指出："这些问题主要是总结经验，不是去追究下面，有什么意见，贴大字报可贴我的"。③但整个班子仍然形成不了核心。

1977年3月25日，学校在制订的《南昌航校建成大庆式学校规划（讨论稿）》中提出："学习大庆艰苦创业的精神，积极创造条件，筹办大

---

① 《开门整风对领导班子意见的整理》，南昌航空大学档案馆电子档案，1977-永久-0001-006。
② 《南昌航空工业学校一九七六年到一九八五年发展计划》，南昌航空大学档案馆电子档案，1976-永久-0005-001。
③ 《李斌同志在全校工业学大庆会上批判发言》，南昌航空大学档案馆电子档案，1977-永久-0001-006。

专学校。"规划1979年招收具有高中文化程度的学生,学制3年,设置焊接、热处理、锻压、表面处理、铸造、机械加工、机修等7个专业。[①] 但经过讨论,在4月17日正式发文中,规划的目标内容做了修改,把"筹办大专学校"一句删除,变成"学习大庆艰苦创业的精神,积极创造条件,为航空工业培养又红又专、能文能武、理论联系实际的技术人员",[②] 又回到过去办技工班的老路。这说明学校还是存在较大的思想分歧。

1977年10月19日,第三机械工业部发文指出:根据航空工业发展的需要,拟将南昌航空工业学校改为航空高等院校,已报国务院审批,因此撤销学校1977年秋季普通班招生计划。尽管三机部明确要求学校做好改办大专院校准备,学校也做了相关规划,但内部的分歧仍然存在。学校在10月24日给三机部教育局的《关于贯彻部院校工作会议情况的报告》中指出:"办大专绝大多数干部群众是高兴的",但是,在对待办大专的问题上,从不同角度反映了不少问题,大致包括这些问题:一是对中央抓科技教育大治快上的大好形势及其深远意义认识不足,认为"南昌航校过去也办过大专,现在又上大专,形势变化说上就上,说下就下,很难讲",而"办工厂,搞生产,无论何时,稳如泰山",个别人甚至说"办大专让那些积极性高的人去办吧"。二是校办工厂思想不稳。近几年来,在校工人数占的比重很大,早在三机部院校工作会议结束前,听说学校要改大专,有些人就担心自己的去向,在校内制造流传"摩托车生产要搬家"的话题,一度引起部分职工的思想混乱。三是少数教师有抵触情绪。总的来说,办大专,广大教师的积极性是很高的,但是历届留校当教师的中专毕业生,即使"文革"前经过到高校进修、教书多年的老教师,普遍反映自己是中专生,"教大专不称职",提出要另找出路,少数流散在学校科室、生产岗位上的教师表示不愿归队的原因是多方面的。第四,生产和教学的矛盾。

[①] 《南昌航校建成大庆式学校规划(讨论稿)》,南昌航空大学档案馆电子档案,1977-永久-0001-003。

[②] 《南昌航空工业学校建成大庆式学校规划》,南昌航空大学档案馆电子档案,1977-永久-0001-003。

由于今明两年生产任务较大,流散在生产线上的教师也是生产上的技术骨干,生产任务不减少,师资调配就会遇到一定困难。第五,学校领导层对把学校改为大专表示要积极筹办,为办好大专作出自己贡献,但担心的是三机部不减少生产任务,这会对搞好教学工作带来一定的影响。① 这些问题都影响了学校办大专的信心和准备工作进度。

1978年4月1日,国务院批准南昌航空工业学校突然由中专跳过大专升格为本科院校,这是学校始料未及的。学校在筹建大专过程中都存在不少困难,突然要面对短时间内筹建一个本科院校,其中的困难可想而知。干部、师资、基建、图书室、实验室、研究室、后勤等,通通都是挑战,更不要说教职工的思想认识问题。面对这样一个形势,说真话、鼓实劲就显得尤为重要。

学校在1978年《关于编制一九七八至一九八五年发展计划的报告》中客观地分析了学校当前的校情。尽管经过1977年以来一年的筹建,师资有所补充,首届300多名本科生已经入校,但"当前在师资问题上的突出矛盾是一部分基础课程如物理、英语、电工、制图、力学的教师急缺,必须采取有力措施,才能解决急需开课的问题",教学用房"十分紧张","教学仪器设备和实验室的建设与教学的需要很不适应",总之,"困难很多"。②

针对学校当时的办学条件,学校特别需要一种实事求是的精神,一方面清楚地认识自己的现状;另一方面又不能妄自菲薄,要说真话、鼓实劲。1978年10月19日,李士弼在首届开学典礼上指出:我们既要看到不利条件,也要看到"办好学院的条件有很多",一是有党中央的领导,有江西省委和三机部的直接领导;二是有兄弟院校办学的经验可资借鉴,有兄弟单位的大力支援;三是还有一个比较好的南昌航校的基础,积累了一

---

① 《关于贯彻部院校工作会议情况的报告》,南昌航空大学档案馆电子档案,1977-永久-0001-009。
② 《关于编制一九七八至一九八五年发展计划的报告》,南昌航空大学档案馆电子档案,1978-永久-0010-012。

定的办学经验,有一支经过锻炼和考验的教师队伍和为教学服务的职工队伍。我们当前的主要任务就是在此基础上改建、扩建、充实、提高,"把航校提高到航院的水平",学校也有宏伟的发展远景,"我院是为航空工业培养以热加工工艺为主的高级科学技术人才,在热加工工艺方面赶上和超过世界先进科学技术水平是我们学院的具体奋斗目标,这个任务是光荣的也是艰巨的。我们有信心完成这个任务。"① 首任院长陆孝彭在开学典礼中也说,我们应当承认差距,但也要看到我们的特点和优势,指出:"我院现在开办热加工、化工、机械加工三个系,应当把这三方面工艺技术的现代化任务承担起来,特别是热加工专业,国内其他航空院校很少开办,我院更是义不容辞"。陆孝彭为此为师生打气、鼓劲,指出:"我们的教师应当树雄心立壮志,不但要熟悉国内已有的工艺技术,而且要逐步掌握世界上最先进的工艺技术,努力攀登科学技术高峰。同学们应当下定决心,不怕困难,刻苦学习基础理论和专业课程,要下决心把自己锻炼成为一个祖国航空建设的有用人才。"②

为加快完成改建学院任务,学校编制了 1978 至 1985 年发展规划,这个发展规划既看到了不足,同时又看到了希望。指出:"学院要大治,关键在领导",要"整顿和建设好各级领导班子,恢复和发扬党的优良传统,要全面正确地贯彻党的知识分子政策,调动一切积极因素,加强革命团结,共同办好学院"。为此,学校鼓实劲、树雄心、立壮志,提出了雄伟的奋斗目标,近期内要大力整顿、充实、扩大、提高,力争三年内达到学院大治。从 1980 年开始,要在办好原有 6 个专业的基础上,新增电子仪器与测试技术,无损检测、化学分析 3 个专业,到 1981 年要使在校学生达到 2000 名左右。从 1978 至 1985 年八年内,教学、科研要接近国内同类院校的先进水平,基本建成一个以热加工为主、适应航空工业发展需要、出人

---

① 《李士弼在南昌航院成立暨开学典礼大会上的讲话》,南昌航空大学档案馆电子档案,1978-永久-0011-001。

② 《陆孝彭在南昌航院成立暨开学典礼大会上的讲话》,南昌航空大学档案馆电子档案,1978-永久-0011-001。

才、出成果的高等航空院校。学校党委号召全校上下"加强学习,加强团结。一步一个脚印地干,鼓实劲,切实解决实际问题,把我院各项工作搞上去,坚定不移地朝着建设社会主义现代化强国的伟大目标前进。"① 1979年3月23日,李士弼在中层以上干部和党委机关干部会议上做了《团结一致,为加速建院工作而奋斗》的讲话,指出:"必须明确我们是个新扩建的学院,还处在建院初期的创业阶段,很多工作是要从头做起,不论是教学工作,还是基建后勤等工作,都有个改进、充实、扩大、提高的问题。也都有个业务上、制度上和作风上的建设问题。"②

改建学院初期,历任班子都十分重视校情,根据实际情况制定务实政策。1981年张本禄在学校党委扩大会议上的讲话中指出,学校改院两年多来,已招收1200名学生,教学、建院以及各方面的工作都取得了一定的成绩。当前学院的形势也是好的。"但是由于学院筹办时间短,又很快地招收了学生,因而教学质量不够高,领导工作、管理工作、组织机构、教师和职工队伍建设、教学科研手段、后勤工作等方面都存在不少问题"。③ 因此,学校要在此基础上加强改进,努力办好学院。1981年6月20日,张本禄在学院第一届教工代表大会工作报告中说:"建院之初,我们经验缺乏。条件又差,困难是很大的。"④ 1982年张本禄在学院第一届二次教工代表大会上的报告中说:"作为一所高等学校,我们的条件是较差的,经验是不足的。"⑤

正是基于学校条件不够好这个基础,学校"说真话、鼓实劲",制定

---

① 《关于编制一九七八至一九八五年发展计划的报告》,南昌航空大学档案馆电子档案,1978-永久-0010-012。
② 李士弼:《团结一致,为加速建院工作而奋斗》,南昌航空大学档案馆电子档案,1979-永久-0001-001。
③ 《认真贯彻中央工作会议精神,努力办好学院——张本禄同志二月十八日在院党委扩大会议上的讲话》,南昌航空大学档案馆电子档案,1981-永久-0012-004。
④ 张本禄:《南昌航空工业学院第一届教工代表大会工作报告(讨论稿)》,南昌航空大学档案馆电子档案,1980-永久-0024-054。
⑤ 《张本禄在南昌航院第一届二次教工代表大会上的报告》,南昌航空大学档案馆电子档案,1982-永久-0016-001。

切合学校实际的政策，鼓励大家努力奋斗，力求"做实事、收实效"。张本禄在1981年2月28日召开的学校党委扩大会议上指出："各级领导和各职能科室要树立明确的为教学为基层为群众服务的观点，要深入基层调查研究，积极主动地为基层为群众解决学习上、工作上、生活上的实际问题。有的问题一时无法解决的也应该说明情况，做好工作。要勇于负责，不怕麻烦，不能遇事推诿拖拉。部门之间要分工合作，大力协同，不能互相扯皮顶牛。"①

经过两年的努力，学校改院工作初显成效，学校领导为全校教职员工表扬、打气、鼓劲。1980年12月30日，李士弼在学校1980年第二次思想政治工作会议上的讲话中充分肯定了成绩，指出："我们认为，两年多来我院的变化是很大的，发展前景是明显的。我们在教学、后勤、生产等方面都取得了较大的成绩，这些成绩是在党的路线方针政策的指导下全院师生员工同心同德、夜以继日努力工作获得的，这说明我院师生员工的思想状况是好的，全院是安定团结的，这是主流。看不到这一点，我们在思想政治工作上就会犯错误。"② 经过4年的努力，学校的改院工作取得较大进展，收到实实在在的成效，顺利完成了首届本科学生的培养工作。1982年张本禄在南昌航院第一届二次教工代表大会上的报告中说："我院绝大多数教职工不自暴自弃，不自甘落后，而是振奋精神，开动脑筋，出谋献策，做好工作。从我院的工作进展情况来看是并不太慢的，从我院培养的第一届即将毕业的大学生来看，质量是并不太差的……这说明我们所做的工作是有成绩的，不是白费的。应当实事求是地肯定这一点，以便总结经验，继续前进。"③ 1982年7月，首届学生顺利毕业，质量是很好的。

此后学校召开的各种重要会议、教代会、党代会、周年校庆，学校领

---

① 《认真贯彻中央工作会议精神，努力办好学院——张本禄同志二月十八日在院党委扩大会议上的讲话》，南昌航空大学档案馆电子档案，1981-永久-0012-004。

② 《李士弼同志在我院一九八〇年第二次思想政治工作会议上的讲话》，南昌航空大学档案馆电子档案，1980-定期-0008-012。

③ 《张本禄在南昌航院第一届二次教工代表大会上的报告》，南昌航空大学档案馆电子档案，1982-永久-0016-001。

导班子都在客观地分析校情,既指出不足,说真话,也肯定成绩,鼓实劲;既提出措施,做实事,也真抓实干,收实效。1985年12月19日至22日,学校召开了第二届教职工代表大会,刘荣光院长做了工作报告,总结了他自1983年8月担任院长以来两年多的工作,肯定了机构改革、各级领导班子调整、管理和业务方面的改革及其教学、科研、生产、后勤等项工作的成绩,特别是1985年首次实现招收研究生。"学院总的形势是好的。"刘荣光把成绩的取得归因于党委的领导和广大党员干部、教职工的努力奋斗,并点名表扬了一些优秀教师,指出:"广大教职工关心学院建设,支持学院工作,为办好学院尽心尽力,涌现了一大批模范人物和先进分子,如院劳动模范王解花、高志宁,优秀教师叶德青、李梅林、田士则、陈立丰、朱吉人、陈昌谋、汪文爱等。他们的先进事迹是值得我们学习的。"[①]报告还提出了学校今后5年、10年、15年的奋斗目标和"勤奋、文明、自强、求实"的校风,既实事求是,又有雄心壮志,鼓舞人心。

1988年,学校对建院10年来的工作做了总结,指出:"学校是一所改建的高等学校,与老大学相比,无论在办学条件、办学规模上还是办学经验上都有较大的差距。这种局面不是几年十几年能够改变的。在这种情况下,好高骛远,固不可取;妄自菲薄,更是无所作为的表现。"[②] 正是由于学校有着这样高度的认识,真抓实干,事业取得较大发展。建院十年来,在上级的关怀指导下,在有关兄弟单位的大力支持下,经过全校师生员工的共同努力,取得了明显的进步,与之前相比,学校面貌发生了较大的变化。

一是改善了办学条件,增强了办学能力。健全了领导班子,工作协调,具有一定群体优势。建立了一支与学校专业设置、学生人数相适应的教师队伍。学校占地面积为35万多平方米(536.35亩),校舍建筑面积

[①] 刘荣光:《在南昌航空工业学院第二次教职工代表大会上的工作报告》,南昌航空大学档案馆电子档案,1985-永久-0027-008。
[②] 《南昌航空工业学院建院十年来的工作总结》,南昌航空大学档案馆电子档案,1988-永久-0008-002。

14.8万平方米（按国家规定一般高等学校校舍规划面积标准测算，我校按在校生2000人规模应占地13.6万平方米，校舍建筑面积8万平方米），基本上保证了教学、生活、体育锻炼及学院长远发展的需要。学校图书馆、实验室和校办工厂建设基本上保证了教学、科研工作的需要。特别是条件完备的校办工厂不仅为教学实习提供了良好的条件，也为国家建设和学校建设作出了贡献。随着办学条件的不断改善，学校的办学能力也不断增强。办学规模已超过原教育部1978年审定的1500人规模，现全日制在校学生已近2000人。在办学层次上，除主要培养本科生外，还培养专科生和研究生。在办学形式上，除全日制外还开办了夜大学、函授部和干部专修科。以上情况说明，经过十年的努力奋斗，学校的办学条件虽然还有待进一步改善，但大都达到或超过了国家规定的关于一般高等学校的设置标准；学校作为一所中等规模的航空工业高等工科院校已初具规模。

二是明确了办学的指导思想和发展方向、培养目标。经过十年的办学实践和充分酝酿讨论，学校的办学指导思想是：教育"面向现代化，面向世界，面向未来"，多出人才，出好人才，多出科研成果。学校的发展方向是：以工科为主，兼办师范，逐步建成理工结合的中等规模的航空工业高等学校。学校的培养目标主要是：德智体全面发展受过工程师基本训练，实验动手能力较强，适应生产第一线需要的高级工程技术人才。

三是思想政治工作取得了较好的成绩，促进了精神文明建设和各项工作的顺利开展。建院以来，学校从多方面不间断地开展思想政治工作，如针对有些高校少数人企图摆脱党的领导和否定社会主义的倾向，开展了坚持四项基本原则、反对资产阶级自由化的教育；针对校风校纪方面存在的问题，开展了"勤奋、文明、自强、求实"八字校风教育等。长期的细致的和有针对性的思想政治工作，提高了全校师生员工的思想政治素质，促进了学校精神文明建设，全校师生员工团结向上的气氛和办好学校的信心明显增强。学校从1982年起连续六年被南昌市授予"文明先进单位"或"文明单位"称号，1986年被中共江西省委授予"思想政治工作先进单位"光荣称号。

四是教学工作健康发展，教学质量有所提高。1979年，学校根据党的十一届三中全会精神在完成指导思想上的拨乱反正以后，及时地把工作重心转移到以教学为中心的轨道上来。做到了学校的工作安排以教学为主，其他各项工作都必须为教学服务。师资培养、教材和实验室建设等工作发展健康，教学质量不断提高。经过十年的办学实践，一支比较熟悉教学规律的素质较好的教学管理干部队伍已逐步形成。大学生的军事训练工作做得较好，课堂教学、军事操练和思想工作受到学生普遍欢迎。学校被列为全省大学生军训重点单位，获得省军区的表扬。

五是学校工厂工作成绩突出。10年来，基本上理顺了生产与教学的关系。工厂确立了为教学、科研服务的思想，调动了干部、职工的积极性，不仅完成了国家生产任务，而且为培养人才、开展科研及科技咨询作出了贡献，受到国内同行和上级领导的好评。教学实习效果好。建院以来，在校办工厂共安排201个班8000余人次的教学实习。由于校办工厂精心组织教学、制定了一整套规章制度，注意做好各环节的工作，因此学生通过实习基本上达到了教学大纲的要求。学校教学实习工作多次受到上级教育主管部门的表扬和国内一些重点大学的赞誉。圆满地完成了生产任务，研制了优质产品。10年来，工厂能适应市场需求，不断研制出新产品。研制的长江750A系列摩托车获1983年国家经委颁发的优秀新产品龙奖，1985年被评为江西省和航空部优质产品。长江750-3c摩托车获1987年国家级优质产品银质奖。1987年又研制成功长江750B系列摩托车，1988年4月通过部级鉴定，受到广泛好评，投入批量生产。

1992年4月2日，黄懋衡在南昌航院四届一次教代会上做了《坚持方向，深化改革，扎实工作，实现规划》的报告，指出："与老校相比，我们已是先天不足"，但是"我们有自己的优势"，有一批团结、勤奋、廉洁的领导干部，有一支思想、作风好的政工队伍，有一套较完备的管理制度和一支有一定经验的管理队伍，有一支认真负责的师资队伍。经过几届领导的扎实工作和"六五""七五"的发展积累起来的丰富的办学经验和已经具备的经济实力。学校的"八五"计划已制定，而这些都是实现"八五"计划的基础。黄懋衡进一步指出,实现"八五"计划,要"深化改革,提高质量,在办出特色上见实效",关键是抓好落实,真抓实干。因此,干部作风再深入一点,不要老浮在上面,做表面文章,要深入群众中去,"去摸实情,办实事,提高预见性,减少决策中的失误"。干部、机关作风不改变,是无法抓好"落实"工作的。①

1992年10月9日,学校迎来了建校40周年,在"循规、重人、求实"昌航哲学指引下,学校在40年的奋斗历程中,经过全体教职工共同努力,学校在办学规模和办学层次上都有了一定程度的发展,为航空工业建设和国民经济建设作出了积极的贡献。1991年,在航空工业创建40周年之际,学校被航空航天工业部授予"创建航空工业四十周年有重大贡献的事业单位"。这些成就和贡献归结起来有两条:

第一,为航空工业建设和国民经济建设其他领域培养了一大批合格的中、高级技术人才。40年来,学校培养了各级各类毕业生13746人,其中改院之前毕业生9947人,改院之后毕业生3799人。他们在自己的工作岗位上兢兢业业,为祖国的社会主义建设和航空航天事业的发展做出了积极贡献,不少人在工作中取得了出色的成绩,为母校争得了荣誉。

第二,积累了一定的办学经验,为今后学校进一步发展打下了坚实的基础。经过40年的努力建设和建院14年的探索和改革,学校作为一所中等规模的航空工业院校已初具规模,学校的各个方面都有了一定的基础:一是办学条件得到了改善,办学能力得到增强。1990年顺利通过航空航天工业部教育质量评鉴,金属塑性加工和焊接两个专业被国务院学位委员会批准具有硕士学位授予权。并设有夜大学、函授部和航空航天工业部出国人员法语培训中心。二是办学的指导思想明确,党的建设和思想政治工作取得了较好成绩。学校认真贯彻了《中共中央关于加强党的建设》和《中共中央关于加强高等学校党的建设的通知》精神,以支部为重点,集中精力,扎扎实实地抓了党的思想、组织建设和作风建设,各级党组织战斗堡

---

① 黄懋衡:《坚持方向深化改革扎实工作实现规划——在南昌航院四届一次教代会的报告》,南昌航空大学档案馆电子档案,1992-永久-0006-017。

垒作用和广大党员的先锋模范作用得到了较好的发挥。1990年学校党委被省直工委评为"先进基层党组织"，1992年3月江西省委宣传部、组织部、省直机关工委对学校党建工作检查做出的评价是：党的建设和思想政治工作的总体水平比较高，有8个明显特点，即领导重视、组织健全、队伍充实、制度完善、上下团结、工作有序、真抓实干、富有成就。[1]

1995年11月20日，学校党委制定并颁发了《关于进一步加强校园文化建设的若干意见》，凝练并正式提出并倡导"循规、重人、求实"的昌航哲学。1995年底，在《校风建设总结检查报告》中指出：近年来，我们在校风建设中又注入了校园文化建设的新内容，着力倡导"循规、重人、求实"的昌航哲学。[2] 1996年11月，学校制定的《"九五"期间精神文明建设规划》把倡导"循规、重人、求实"的昌航哲学作为1996—2000年"九五"期间的校园文化建设的第一个重要内容，再次对昌航哲学及其内容进行了确认，把它与"奉献不为索取，奉献大于索取"的昌航人价值观，"团结自强，拼搏向上"的昌航精神，"勤奋、文明、自强、求实"的校风，"廉洁、奉献、务实、进取"的干部作风，"治学严谨、诲人不倦"的教风，"勤奋好学、实事求是"的学风一起，作为学校精神谱系，成为"九五"期间学校的精神文化的指导，与学校第五届党代会刚刚通过的学校"九五"计划一起构成一幅跨世纪的鼓舞人心的蓝图，通过全校上下的发愤图强，"把一个规模更加适当、结构更加合理、办学质量和效益提高、基础设施基本齐备、职工队伍素质较高、校园环境优美、风气良好、职工生活小康、在江西处于一流的昌航带入二十一世纪"。[3]

---

[1] 黄懋衡：《励精图治，再接再厉，扬长补短，办出特色——在南昌航空工业学院建设四十周年庆祝大会上的讲话》，南昌航空大学档案馆电子档案，1992-永久-0010-025。
[2] 《南昌航空工业学院校风建设总结检查报告》，南昌航空大学档案馆电子档案，1995-永久-0020-004。
[3] 《关于印发〈南昌航空工业学院"九五"期间精神文明建设规划〉的通知》，南昌航空大学档案馆电子档案，1996-永久-0012-015。

第三节　昌航人价值观：奉献不为索取，奉献大于索取

昌航人在几十年的办学过程中，逐渐形成了自己的价值观，那就是"奉献不为索取，奉献大于索取"，"奉献"是它的主题词。

1952年6月，学校招收的第一届学生陆续进校，他们一入校，学校就开始对其进行人生观、价值观的教育，"稳定学习情绪，端正其学习态度，指出航空事业的远景，根据他们所发生的思想问题，即时由负责同志作政治报告，分组讨论，其中心目的，是围绕着如何树立终身为航空事业服务的人生观问题"。[1] 对教师则提出"模范教员条件"，要求教师讲求奉献，"安心工作，不怕任何困难，不计较个人得失，全心全意搞好教学工作者"。[2] 这里所说的奉献是为国家、为人民、为航空作出的奉献。1954年9月4日，在学校由汉口迁至南昌后举行的第一个开学典礼上，面对新老三届学生，校领导张时超指出："我们的学校是为了国家社会主义工业化，为了建设事业中的航空事业，我们培养着德才兼备的具有共产主义道德品质的中等技术干部……这是很光荣的任务。我们全体教师为什么来教，同学为什么来学？这里的教、学是为了祖国、全体人民而教、学，而不是为了个人。"[3] 学校在"在学生中进行服从祖国利益、服从组织分配教育及下厂、毕业实习和新生的树立航空事业心的教育"，逐步在新老学生中形成奉献精神。而广大干部和教职工在汉口创校过程中筚路蓝缕，体现的也是奉献精神。1954年又顾全航空工业建设大局，迁校南昌，再次创校，体现的依旧是航空人的无私奉献精神。1956年开始，学校进入稳步发展时期，而在这个时期，昌航人在艰苦创业过程中，还胸怀祖国航空事业发展大

---

[1] 《接收学生的总结报告》，南昌航空大学档案馆电子档案，1952-永久-0001-001。
[2] 《校务会议关于当前工作的指示》，南昌航空大学档案馆电子档案，1952-永久-0001-002。
[3] 《中南第一工业学校一九五四年——一九五五年开学典礼》，南昌航空大学档案馆电子档案，1955-永久-0019-001。

志，服务地方发展，无私支援其他新办学校的建设。

从汉口迁到英雄城南昌的昌航，尽管在当时还只是一所中专学校，却让江西的党政领导有久旱盼甘露之感，尤其是江西省人民政府第一任主席（后来改称省长）邵式平对昌航寄予了无限的期望。英雄城的人民也像当年欢迎子弟兵入城一样欢迎着这所航空学校。邵式平是一位具有远见卓识的老革命，十分重视教育。1959年10月，在江西艺术剧院举行的报告会上，邵式平说："江西在解放前只有一所大学，两所中专学校，教育事业水平很低，我们要办好师范大学、工业大学、财经学院、医学院、文艺学院、各类专业学校，只有培养好人才，加上实干，江西才会日新月异。"

考虑到江西省没有工科大学的现状，1958年4月9日，邵式平主持江西省人民委员会第42次行政会议，决定筹建江西工学院。6月18日，江西省委（58）147号通知，决定依托南昌航空工业学校的工科基础，并以南昌航空工业学校为校址，建立省内第一所工学院——江西工学院，中共江西省委决定由省委书记白栋材兼任院长，任命南昌航空工业学校校长张时超为第一副院长，还决定南昌航空工业学校仍然存在，继续招生。

为此，邵式平和当时的其他省领导与学校领导多次沟通，希望学校能够接受省委的这一决定。然而，当这一决定在6月22日出版的《江西日报》刊出后，惊动了非常关心国防事业的第一机械工业部部长赵尔陆上将。此时的航空工业隶属一机部。赵尔陆上将立即向周恩来总理做了汇报。后经一机部与江西省委协商，江西工学院另选校址，南昌航空工业学校在人力、物力、财力等各方面给予支持。人力上，昌航校长张时超兼任江西工学院副院长。7月8日，据江西省委通知，江西工学院党委会由张时超、高陵、牟桂本等七人组成。党委书记张时超、副书记高陵、牟桂本。牟桂本当时是昌航的党委书记。张时超于1960年初正式调去江西工学院任党委书记。昌航副校长张本禄任江西工学院教务处处长，后协商只借调一年半。调中专二级教师文广鸣去该院任机械系副主任，调热处理专科负责人王廷治任该院总务处副处长。另调唐熙涛、周庭娥、孙志英、欧阳慧等4名骨干教师去该院任职、任教。财力上，由昌航支援江西工学院人民币100万元，这在当时可是一笔较大数目的援助，1958年昌航的教育总支出为104万元。物力上，同意江西工学院首届机电系200名学生以及该系教职工在昌航食宿、上课，并由昌航提供教学用具及有关实验室，另支援机床等设备6台。

在一所中专学校基础上孕育诞生了一所本科院校，这在当时成为一段佳话、一个奇迹。后来江西工学院迁至今上海路以东、南京东路与北京东路之间的地段，与昌航相隔不远。江西工学院后来改称江西工业大学，1993年与江西大学合并，成立新的南昌大学。

昌航还积极响应国家航空工业局的号召，支援全国航空教育事业。1956年航空工业中等教育进入第一次大发展时期，航空工业局决定按照新航空工厂的建设布局，在有学生来源的城市新建第二批10所新航空学校，由第一批建立的4所老航校抽调干部和骨干教师分工包建。1956年3月12日，昌航副校长李光调离学校，筹建兰州航校，1957年又调任西安航校校长兼校总支书记。1956年4月，第二机械工业部第四局从昌航选调程梁等9名干部去新建的航空学校工作。一份总结报告指出，1956年，"为了支援新建兄弟学校，调出老教师20多名，提拔了副科长以上干部22名，调出副科长以上干部13名"。[1] 另据《1956—1957学年第一学期工作总结》指出："近30名老教师抽去支援新校。"[2] 调出干部、教师的数字大体是吻合的。此外，还调出部分技术工人驰援新校建设。一份统计表明，1956年昌航先后调出干部、教师、技术工人55人（其中包括校级干部4人）支援新建株洲、西安等航校。[3] 1957年8月，第二机械工业部第四局再度将昌航整个工具制造专业迁往株洲航空工业学校，并调去专业教师11人，其中包括1名专科负责人。

---

[1] 《南昌航空工业学校1957年上学期干部工作总结》，南昌航空大学档案馆电子档案，1957-永久-0006-002。

[2] 《1956—1957学年第一学期工作总结》，南昌航空大学档案馆电子档案，1957-永久-0003-001。

[3] 《南昌航空工业学院（含前身南昌航空工业学校）三十周年大事记（1952—1982）》，南昌航空大学档案馆电子档案，1982-永久-0004-001。

第六章 昌航特质文化观

1960年，航空工业中等教育进入第二次大发展时期，当年发展新航校18所。第一机械工业部第四局在《1960—1962年老校支援新校规划（草案）》中提出"以校包校，专业对口"的支援原则，老校从干部、师资、工人、设备、教学文件及办学经验等方面支援新校。牟桂本书记在1960年5月11日召开的第四届党员大会上做了总动员，指出，大力支援新校，加速教育事业的发展，不仅是昌航的政治任务，而且是昌航的荣誉。必须克服本位主义和个人主义，发扬集体主义和共产主义的协作精神，做到"把困难留给自己，把方便让给别人"。必须保证按质按量按时地完成支援任务，做到"随调随走，走者愉快，留者安心"。[1] 在一机部新建航空工业学校工作中，昌航再次慷慨解囊，调给襄樊航空工业学校36人，调给六安航空工业学校17人，共计53人，其中有后备校级干部1人，科级干部4人，骨干教师18人。此外还调给桂林机械专科学校9人。据统计，从1952年到1962年的10年中，学校共支援株洲、德阳、襄樊、西安、兰州等新建航空工业学校干部、教师和技术工人114人，其中教师62名、干部33名、工人19名。[2] 株洲航空工业学校教务副校长吴雨苍、总务副校长孙魁武，德阳航空工业学校总务副校长邢春圃，襄樊航空工业学校教务副校长崔思翰，兰州航空工业学校校长李光、教务副校长程梁等，都是由学校所调。1964年8月，三机部召开的学校工作会议决定，将昌航有色金属铸造专业调整到株洲航空工业学校。1966年4月23日三机部指示，决定由昌航、112厂和410厂负责包建、贵州地区部办朝晖中级技术学校。昌航当即成立新校筹备组，曾选定贵阳市西北郊蔡家关为校址。后因"文化大革命"停建。[3]

---

[1] 牟桂本：《高举红旗，大闹教改，大搞四化，向全国同类学校最先进水平奋勇前进——在中共南昌航空工业学校第四届委员大会上的工作报告》，南昌航空大学档案馆电子档案，1960-永久-0001-002。

[2] 《十年来的学校工作（1952—1962）》，南昌航空大学档案馆电子档案，1962-永久-0008-005。

[3] 《南昌航空工业学院（含前身南昌航空工业学校）三十周年大事记（1952—1982）》，南昌航空大学档案馆电子档案，1982-永久-0004-001。

大学特质文化的传承和创新：南昌航空大学的实践探索 >>>

　　昌航对地方和航空教育提供了大量援助，同时也得到地方政府和航空系统的大力支持。邵式平省长对学校不仅寄予了无限的期望，也给予了大力的关心和支持。在江西省省长任内，邵式平多次到学校视察工作。他力主"教育要与生产劳动相结合"，因此，每次来学校都要先到校办工厂，了解学生金工实习的情况。1962年，南昌航空工业学校十年校庆之际，邵式平欣然题词："自力更生，奋发图强，艰苦奋斗，勤俭办校，为建成一个具有现代工业、现代农业、现代科学文化和现代国防的伟大的社会主义国家而奋斗。"这既是对昌航奉献国防航空事业的赞许，更是一种殷切期望。整个中专专科时期的26年，尽管受"文化大革命"影响，学校停办3年多，学校依然为国家培养了近万名中级技术干部，他们又红又专，绝大多数具有无私奉献精神，"祖国的需要就是我的志愿"，"站出来，让祖国挑选"成为他们响亮的口号，① 毕业后分布在我国国防工业的许多企业事业单位，在为我国的航空工业建设做出了一定的贡献。

　　昌航在1978年改院前的26年，历经艰难，走过一条坎坷不平的道路。"文革"前，学校党委坚持贯彻党的教育方针，带领师生员工，为办好学校、发展航空教育事业，作出了重要贡献。"文革"中，我国教育事业受到严重摧残，昌航也被迫改办工厂。教师大部分下放农村，教学设施遭到严重破坏，损失极为惨重。"但是，我们广大共产党员和教职工始终没有忘记作为航空教育工作者对党对人民应尽的责任，一直有着恢复办校，为国家培养人才的强烈愿望"。②

　　1978年学校升为本科学院后，"奉献不为索取，奉献大于索取"的价值观继续得到培育和实践。1979年11月30日，召开改建学院后的第一次工会代表大会，大会工作报告指出："我们判断一个教职工是不是模范，一个集体是不是先进，就要看这个教职工或集体在教学、科研和生产等方

---

① 《十年来的学校工作（1952—1962）》，南昌航空大学档案馆电子档案，1962-永久-0008-005。
② 李长喜：《团结自强、振兴昌航——在中国共产党南昌航空工业学院第一次代表大会上的工作报告》，南昌航空大学档案馆电子档案，1986-永久-0001-008。

面是不是起了突出的、显著的作用。对社会主义建设事业是不是作出了较大的贡献。这是我们选树劳动模范和先进集体的根本标准。劳动模范当然应该有高度的政治觉悟,但是这种觉悟应该表现在主人翁的劳动态度和献身精神上,表现在为四化刻苦学习文化技术、革新技术、掌握先进技术上。表现在卓有成效的实际贡献上。离开实际生产和工作的抽象的所谓的觉悟,对社会、对人民是毫无用处的。"① 在实际工作中,涌现了大量"奉献不为索取,奉献大于索取"的模范教职工。1981年张本禄院长在改建学院后的第一届教工代表大会工作报告中说:学院建设中,大家作了共同的努力,涌现了不少先进集体和模范人物。不少单位和个人发扬主人翁的实干精神,受到了人们的表扬。如设备科的同志3年来共购置了几百万元的仪器设备,他们一般都是自己动手拆箱搬运,不讲条件,不怕脏和累,为学院节约几千元经费。最近为了解决院内用水问题,他们按学院要求及时提供了加压泵的图纸和设备。体育教研室的教师自己动手搬运器材,埋设单双杠,也从不计较个人报酬。他们的这种精神是非常可贵的,是值得提倡和发扬的。校办工厂的宋子鹏同志是个兢兢业业在校工作近30年的老工人,他一贯认真负责,努力钻研技术,为校办工厂的技术改造埋头苦干,取得突出成绩。汪文爱同志是子弟学校中受人爱戴的老师,她一心扑在教育事业上,为培养下一代做出了自己最大的努力。材料工程系的周贤才同志工作积极主动,学习刻苦认真。在安装进口电镜的过程中,他夜以继日地工作,刻苦钻研,迅速掌握了电镜调试技术,为电镜的顺利投入使用作出了贡献。类似这样的先进集体和个人还有很多,不可能一一列举。我们每个同志都要向这些先进集体和模范人物学习,学习他们高度的主人翁精神,学习他们工作不讲条件、不计报酬的革命风格。②

在首届教工代表大会第一次会议全体代表的倡议下,全校教职员工积

---

① 《南昌航院第一次工会代表大会工作报告》,南昌航空大学档案馆电子档案,1979-永久-0057-004。

② 张本禄:《南昌航空工业学院第一届教工代表大会工作报告(讨论稿)》,南昌航空大学档案馆电子档案,1980-永久-0024-054。

极投入到"学雷锋树新风""五讲四美"的活动中去。1981—1982年又涌现出劳动模范四人即宋子鹏、汪文爱、王凤翔、刘贻诰以及先进个人331人。张本禄院长在第一届二次教工代表大会上公开表扬了他们。王凤翔老师是不少勤勤恳恳、几十年如一日为培养人才而呕心沥血的先进典型,他有着很强的事业心和责任感,为了教好一堂课,开出一个实验,搞出一个科研成果而辛勤劳动,他是理论课教师,但又喜欢自己动手干,干起来也是不分昼夜,从不计较个人得失。吴纯素老师担任了化工系主任,行政工作比较繁忙,社会活动也很多,但他自己开出新课,又亲自给学习好的学生开小灶,指导学外语,他带的几个学生,外语进步很快,下厂实习,帮助工厂翻译外文资料,得到工厂好评。吴纯素是前两年的劳模,后来因为担任系的领导工作,没有再评了,但他一贯为党的教育事业献身的精神应当赞扬。印刷厂的刘贻诰同志,是新评的劳模,他从事文印工作30多年,在平凡的岗位上为党的教育事业作出了可贵的贡献。在评比时,有人说,他评劳模起不了什么作用,大多数同志还是评了他。他的作用就是为人们树立了一个老老实实、不怕困难、不计较个人得失、几十年如一日埋头苦干的实干家的样板。食堂里的炊事员王解花同志自1976年参加工作以来一贯工作积极,不怕脏、不怕苦、不怕累,经常提早上班、推后下班,虚心学习技术,她负责白案班工作,和同事们一起努力提高面点质量,6年来每年被评为先进工作者,并连续两年评为南昌市食堂工作劳动竞赛的先进个人。① 在昌航像这样的先进事例数不胜数。

1984年,学校制定《关于改进党政机关作风的八条规定》,要求机关工作人员在工作态度和工作作风上,做到谦虚、谨慎、热情、主动、勤恳、好学,"不讲价钱,不计得失"。② 1985年刘荣光院长在昌航第二次教职工代表大会上的工作报告中又表扬了一批优秀教职工,指出:"广大教

---

① 《张本禄在南昌航院第一届二次教工代表大会上的报告》,南昌航空大学档案馆电子档案,1982-永久-0016-001。
② 《关于改进党政机关作风的八条规定》,南昌航空大学档案馆电子档案,1984-永久-0001-006。

职工关心学院建设，支持学院工作，为办好学院尽心尽力，涌现了一大批模范人物和先进分子，如院劳动模范王解花、高志宁，优秀教师叶德青、李梅林、田士则、陈立丰、朱吉人、陈昌谋、汪文爱等。他们的先进事迹是值得我们学习的。"① 1987年，学校制定《关于加强社会主义精神文明建设的十条措施》，要求在学生中开展"热爱航空事业，热爱昌航，热爱专业"的教育，在教职工中开展"热爱昌航，热爱本职工作"的教育，把共同理想、学校的目标和每个师生员工的岗位职责、人生的追求结合起来。每年教师节，都要隆重地表彰一批为实现学校的奋斗目标作出突出贡献的先进单位和先进个人，用他们的先进事迹向师生员工进行具体的生动的理想教育，不断增强师生员工为振兴昌航而作贡献的事业心、责任感和自豪感。② 1992年，孙一先书记在南昌航院第三次党代会上指出：昌航作为一所航空院校，培养出来的学生，应当热爱社会主义祖国，拥护中国共产党的领导，坚持社会主义方向，努力学习马克思主义，并且通过实践，逐步树立起马克思主义的阶级观点、群众观点、劳动观点、辩证唯物主义和历史唯物主义观点；应当热心于改革开放，努力为人民服务；热爱航空航天事业，发展航空航天优良传统和"自力更生、艰苦奋斗、大力协同、无私奉献"行业精神，遵纪守法，有良好的道德品质；应当勤奋学习，努力掌握现代化科学知识。我们培养出来的人才是否具有这样的素质，是否德才兼备，是否能适应现代化建设的需要，是衡量我们学院办学成效的基本标志。③ 在这里，特别提到了"无私奉献"的行业精神，这正是所有航空人必须拥有的精神。1993年，学校制定《关于进一步提高我院社会主义精神文明建设水平若干措施》，提出在市场经济情况下，要把反对拜金主义、利己主义，发扬无私奉献、艰苦奋斗精神作为学校精神文明建设的一

---

① 刘荣光：《在南昌航空工业学院第二次教职工代表大会上的工作报告》，南昌航空大学档案馆电子档案，1985-永久-0027-008。
② 《下发〈关于加强社会主义精神文明建设的十条措施〉的通知》，南昌航空大学档案馆电子档案，1987-永久-0001-004。
③ 《中国共产党南昌航空工业学院第三次代表大会文件汇编》，南昌航空大学档案馆电子档案，1992-永久-0002-007。

项重要内容，长期抓下去。教育教职工正确地认识和对待改革，正确认识和处理国家，集体和个人三者关系，作为新形势下思想政治工作的重点。改革从某种意义上讲是利益的再分配、再调整。我们搞市场经济，当然要讲利益，包括重视个人利益。但个人利益的实现，不能损害国家、集体和他人的利益，个人利益要在国家、社会和集体利益的发展中得到实现。今后在涉及利益分配的问题上，各级领导和群众舆论要敢于抵制那些公然要名要利的人，主动关心和帮助那些不争不要、默默奉献的人，不让老实人吃亏。在推进校内管理体制改革的过程中，积极探索建立"国家、学校和教职工利益共同体"的机制，在全校形成一种"温暖在集体，爱心献昌航"的新风尚。要以"勤奋、廉洁、奉献"为基本要求，加强干部作风建设。①

在市场经济日益发展的情况下，"奉献不为索取，奉献大于索取"的价值观显得尤为重要，这也是学校提出和倡导昌航人价值观的主要背景之一。

1995年11月20日，学校党委制定并颁发了《关于进一步加强校园文化建设的若干意见》，提出并倡导"奉献不为索取，奉献大于索取"的昌航人价值观。② 1995年底，在《校风建设总结检查报告》中指出：近年来，我们在校风建设中又注入了校园文化建设的新内容，着力倡导"奉献不为索取，奉献大于索取"的昌航人价值观。③ 1996年11月，学校制定的《"九五"期间精神文明建设规划》把倡导"奉献不为索取，奉献大于索取"的昌航人价值观作为1996—2000年"九五"期间的校园文化建设的重要内容之一，再次对昌航人价值观及其内容进行了确认。

昌航建校至今70周年了，许多昌航人见证并践行着"奉献不为索取，

---

① 《关于进一步提高我院社会主义精神文明建设水平若干措施》，南昌航空大学档案馆电子档案，1993-永久-0013-004。

② 《关于进一步加强校园文化建设的若干意见》，南昌航空大学档案馆电子档案，1995-永久-0027-003。

③ 《南昌航空工业学院校风建设总结检查报告》，南昌航空大学档案馆电子档案，1995-永久-0020-004。

奉献大于索取"价值观,冀殿英教授是其中的代表。

1952年,汉口航空工业学校建校,24岁的冀殿英从武汉大学电机系毕业,被分配到学校担任物理和语文两门课的教学。1953年底任命为焊接专业第一任副主任,负责该专业的建设与专业课程的教学。焊接专业是当时在国内中专学校里最早设置的专业,从此,冀殿英就与昌航焊接专业结下了不解之缘。1995年底退休之后,冀殿英被学校返聘继续从事焊接学科领域的科研工作,直至2012年时年84岁才彻底退休,实现了为航空工业服务60年的愿望。

在焊接专业创办几年之后,冀殿英意识到一本好的教材对教学对学生的重要性,作为全国创办最早的中专焊接专业,亟须一本自己的教材,于是决定自己亲自编写一本教材。他开始了艰苦的撰写工作,每天都编写至深夜,饿了就煮点莴笋叶子充饥,经过几个月的奋战,终于完成了《压焊工艺与设备》一书的编写,并在1961年由中国工业出版社出版。这是我国第一本关于电阻焊的中专通用教材,教材内容之丰富和取材之先进受到清华大学、哈尔滨工业大学、上海交通大学等知名高校焊接同仁的赞赏和关注。这本书虽经页面已泛黄,至今仍被冀殿英一直珍藏,因为这是他用心血汇成的第一份成果。

20世纪90年代初,受前任全国焊接学会理事长潘际銮院士的委托,冀殿英负责《焊接手册》第一卷《焊接方法与设备》的第二篇《电阻焊工艺》部分的编写,几年之后,又受时任全国焊接学会理事长关桥院士的委托,负责编写了《航空制造工程手册》焊接分册第三篇《电阻焊》。该书于1996年出版,该分册的编委和参编人员中冀殿英和他的学生占四分之一,充分体现了昌航焊接专业毕业生在航空工业技术部门的地位和水平。两本书的出版发行,使冀殿英在我国焊接界的电阻学术领域有了一定影响,也为学校的焊接专业争取了荣耀。

冀殿英敏锐地觉察到,科研要为生产一线服务。教师不仅要"传道授业解惑",给学生传递为人处世的道理,还要给学生传授服务社会的知识和本领,重视一些企业在生产过程中的问题,帮助学生及社会解决实际工作中的难题和困难。冀殿英有许多学生在航空工业企业担任技术骨干，常常向他请教一些问题。为此，冀殿英为学生之所急，决定把学生提出的问题作为他的科研攻关课题，并于1984年初成立了研究课题组。当年年底就研制成功了我国第一台热膨胀监控微机控制箱，相应的论文在全国焊接学会被评为A级论文，解决了产品在焊接过程中由于温度过高而影响产品质量的问题，该成果获航空工业部科技进步二等奖。之后，冀殿英的课题组又成功研制了多种电阻焊微机控制箱和多种专用电阻焊机，并多次获得省级科技进步奖，该焊机生产了数百台，为许多航空工厂解决了生产的急需。2004年又成功研制了智能型三相次级整流电焊机，在控制和显示系统方面达到了国际先进水平。鉴于课题组取得的成就，1992年学校研究决定，将该课题组更名为"南昌航空工业学院电阻焊研究室"。同年，冀殿英的学生、刚从学校领导岗位上退下的骆欣荣副院长也加入了研究队伍，从此研究室开始迈上自主设计制造大功率焊机的新台阶。

经过30多年的打拼，凭借技术上领先一步、售后服务周到及时、价格远低于国外产品的优势，产品在激烈的市场竞争中占有一席之地。航空、航天系统数十家公司都是冀殿英研究室的用户，如沈阳飞机公司、西安飞机公司、陕西飞机公司、贵州飞机公司、洪都飞机公司、北京航天机械公司、上海航天精密机械研究所等对昌航研制的焊机都称赞不已。2008年，冀殿英80岁时，研究室掌舵的位子，移交给了他的学生罗贤星。他在冀殿英的传授之下，经过30多年的磨炼，已经由一个电阻焊课程的实验员成长为教授级高级工程师，铝合金和特种合金电阻焊领域的专家。

由于在教学和科研方面的突出成绩，冀殿英被评为全国优秀教师、航空工业总公司劳动模范、江西省五一劳动奖章获得者及江西省直属机关优秀共产党员等，并享受国务院颁发的政府特殊津贴待遇。冀殿英受人尊重，不仅是获得的成功和各种荣誉或称号，更是他对学校、对航空事业的执着热爱、拼搏工作所体现的无私奉献的精神。

冀殿英毕业于武汉大学机电系，由于学校刚刚创建，缺少师资，被分配担任物理和语文两门课的教学，可谓用非所学，有些老师有所怨言，但冀殿英欣然接受。一年后，学校第一副校长李旭找到冀殿英，要他负责焊接专业，这是个全新的专业，冀殿英当时有所顾虑，但李旭副校长说："你是党员，又年轻又有闯劲，组织上信任你。"这样，冀殿英义无反顾，开始转行从头再来。不过对冀殿英来说，这确实是个"硬骨头"，备课既紧张又困难，特别是作为专科主任的他，总是日夜奔忙，全身心投入到专业建设上，晚上不到11点回不了家。1955年8月，冀殿英女儿出生那天，他把妻子送到妇幼保健院后就赶回学校送第一届毕业生奔赴工作岗位。女儿出生的当夜，他还在响应校党委"和学生同吃同住"的号召，住在学生宿舍，早晨回到家里，女儿已经在妻子的怀里了。

冀殿英的妻子张慧淑老师当时是学校俄语学科主席，工作既认真也很忙，她不仅天天有课，还要从事教学管理和辅导学生。因为她从小在北京长大，讲得一口标准的普通话，所以还担任了学校唯一的广播员。有次冀殿英回家太晚，张慧淑老师甩下幼小的儿子，抱起被子去了办公室，生气地说："你不要这个家，我也不要！"吓得冀殿英赶紧找另一位外语老师把她劝回来。为了家务事夫妻二人时常闹矛盾，虽然冀殿英总觉得理亏，但多次检讨又改不了。后来张慧淑老师也习惯了，干脆带着两个孩子睡大房，冀殿英睡小房。张慧淑老师1984年离休后，退休处多次组织旅游活动，本来冀殿英作为丈夫可以陪同，但那时他正处在事业的顶峰期，无暇顾及她。难怪张慧淑老师曾在1988年的日记中写道："此生最大错误是嫁给事业心极强的冀殿英。"这句话是在她患老年痴呆症8年病逝后才被冀殿英发现的，冀殿英看后不禁潸然泪下。冀殿英觉得此生最对不起的人就是张慧淑老师，她跟着冀殿英可以说苦了一辈子。冀殿英在每年清明前后都要和儿子一起到烈士陵园为她献上一束花，以表达对她的怀念和敬意。

冀殿英忘我工作、无私奉献的精神在全校传颂，被誉为"拼命三郎"。1986年，时任院长的黄懋衡曾带队赴西安飞机公司参加航空工业部科技局组织的对冀殿英课题组的"直流脉冲电焊机微机控制箱鉴定会"，该项目再次获得航空工业部科技进步二等奖。回校后，黄懋衡院长对冀殿英说："我最欣赏你这股干劲！"黄懋衡院长担任副省长后曾两次到冀殿英家里进行春节慰问，此后分管教育的副省长和省委副书记也先后到冀殿英家进行慰问。

冀殿英在教师的岗位上耕耘了40年，为祖国的航空工业奋斗了60年，2022年已经是95岁了。在90年代初，冀殿英出资3万元建立焊接专业奖学金。从建校到70周年校庆，冀殿英是当教师时间最长的，从专科主任到系副主任，再到教授，从没离开三尺讲台，没有离开焊接事业。冀殿英的学生遍布全国各地，有的是厂长、高级工程师，有不少是企业家。在他家的墙上有一幅在赣第一届焊接校友联名赠送的冀殿英80岁祝寿诗："春风桃李，教坛励耘。德识馨泓，天赐洪福。"冀殿英认为这是对他最高的荣誉。他们这一代人，可以说是"拼命地"干工作，总有那么一种拼搏精神，冀殿英很欣赏一句话："幸福是什么，幸福就是拼搏。"[①]

第四节　八字校训：日新自强、知行合一

校训是大学理念、大学风气、大学精神、大学哲学、大学价值观、为学为人的高度凝练，是学校悠久历史和传统文化的一种高度浓缩，是师生员工共同遵守的行为规范，并将随着时代的发展赋予新的内涵。昌航一直在探索自己的精神文化，在1995年之前基本上确定了自己的特质文化体系，包括校风、教风、学风、干部作风、昌航精神、昌航哲学、昌航人价值观。进入21世纪，随着学校的发展，在前期文化基础上，开始了新一轮文化建设，2006年凝练出了"日新自强、知行合一"的校训，使得昌航的精神文化自成体系。

一、"日新自强、知行合一"八字校训的形成过程

南昌航空大学自1952年建校以来，一直在探索着自己的精神文化，从

[①] 冀殿英：《幸福就是拼搏》，《传道授业话昌航》编写组：《传道授业话昌航》，江西高校出版社2017年10月版，第47—51页。

校风的提出到校训的凝练，凝结了几代昌航人的心血与智慧。

从中专时期的"三八"作风到"朴实、勤奋、严谨"的六字校风，凝聚了昌航 26 年的精神探索。1978 年改建学院后，为转变观念，树立办高等教育的意识，学校进一步加强校风建设，1985 年，学校总结办学历程中形成的优良传统，经 12 月 19 日召开的第二次教代会讨论并通过，确定了"勤奋、文明、自强、求实"的校风。1986 年 3 月在中国共产党南昌航空工业学院第一次代表大会上提出"团结自强、振兴昌航"口号，1992 年 4 月，在中国共产党南昌航空工业学院第三次代表大会上提出"团结自强，拼搏向上"的昌航精神，八字校风和昌航精神被明确写入学校"八五"计划之中，使之深入人心，成为引领学校向前发展的精神动力，在全省校风建设中处在前列，在全省校风检查工作中位于第一名。

进入 20 世纪 90 年代，学校加强了精神文化的研究和探索，1995 年 11 月，学校党委制定并颁发了《关于进一步加强校园文化建设的若干意见》，提出并倡导"循规、重人、求实"的昌航哲学、"奉献不为索取，奉献大于索取"的昌航人价值观、"团结自强、拼搏向上"的昌航精神、"治学严谨，诲人不倦"的教风、"勤奋好学、实事求是"的学风、"廉洁、奉献、务实、进取"的干部作风。1996 年 11 月制定了《南昌航空工业学院"九五"期间精神文明建设规划》，为 20 世纪末的最后五年的精神文明建设制定了规划，对上述精神文化进行了再确认、再提倡、再发扬。为迎接 21 世纪的挑战，培育创新精神，1999 年 1 月 13 日召开的学校年度党代会又将八字校风给予"新的发展，注入新的内容"，修改为"勤奋、文明、求实、创新"。[①] 这样，从 1952 年到 1999 年，经过 47 年的艰苦奋斗，玉汝于成，南昌航空大学的精神文化建设取得丰硕成果，基本凝练完成，形成一个完整的精神谱系，在此精神谱系鼓舞和激励之下，几代昌航人完成了党和人民交给的任务，继续发扬"团结自强、拼搏向上"的昌航精神，"把一个规模更加适当、结构更加合理、办学质量和效益提高、基础设施基本齐

---

① 《关于印发孙一先同志在 1999 年年度党代会上的工作报告的通知》，南昌航空大学档案馆电子档案，1999-DQ11-2-YJ-003.002。

备、职工队伍素质较高、校园环境优美、风气良好、职工生活小康、在江西处于一流的昌航带入二十一世纪"。①

进入21世纪，我国的高等教育进入一个新的快速发展时期，学校乘着国家《面向21世纪教育振兴行动计划》东风，进入大发展时期。1999年以来，随着学校各项事业的发展和办学规模的不断扩大，上海路校区已不能满足学校发展的需要，必须扩大校区面积以寻求更大的发展空间。2001年学校作出建设新校区的科学决策。2002年12月26日，前湖校区在南昌市红谷滩施工现场破土动工，2006年，一个占地2250亩，建筑面积近60万平方米的现代化新校区已经基本建成。2006年8月10日，学校本部从上海路校区向前湖校区搬迁，形成了一校两区的格局，办学规模已经上了一个新的层次。

实现学校发展由以规模扩张为基础的外涵发展到以质量提高为核心的内涵建设的转变，是摆在全校教职员工面前的重大课题，文化建设的任务迫在眉睫。经过学校50多年的发展，体现学校办学理念和人才培养模式的精神文化谱系已经形成，到了该总结提炼和发扬光大的时候。2005年12月，学校党委制定并颁发《关于加强和改进校园文化建设的实施意见》，明确校园文化建设的总体要求和主要任务、主要内容、措施以及保障机制，并成立了党委书记、校长为组长的校园文化建设领导小组。《实施意见》指出："目前，我校正处在大发展时期，形成了新老校区共同发展的新格局。尤其是在前湖新校区的建设过程中，如何传承和创新校园文化，建立与大发展格局相适应的校园文化体系，推动学校各项改革的顺利进行，成为全校上下必须认真面对的一项艰巨而紧迫的任务。"《实施意见》明确提出在全校开展"昌航精神"和"昌航人价值观"的大讨论，提炼体现学校传统、特点并对师生员工具有强大教育导向和激励作用的校训。②

---

① 《关于印发〈南昌航空工业学院"九五"期间精神文明建设规划〉的通知》，南昌航空大学档案馆电子档案，1996-永久-0012-015。
② 《关于加强和改进校园文化建设的实施意见》（2005年12月16日），南昌航空大学档案馆馆藏档案，2005XZ14-YJ-025.007。

学校新一轮精神文化建设的号角已经吹响了。

2006年3月,学校党委宣传部颁发关于征集校训、前湖校区楼路景点名称的通知,"昌航精神"大讨论在全校轰轰烈烈地展开,广大师生员工和校友大力支持,踊跃参与。截至6月5日,从不同渠道共收到方案300余套。其中校训方案200余套,配置释义者40余套。学校领导几次召开校园文化建设会议、老同志座谈会,组织各单位进行讨论,并通过校报、校园网广泛征求意见。6月13日,经学校校园文化建设领导小组扩大会议评选,推荐相关方案提交学校党委会讨论。6月15日,学校党委会通过认真研究,决定在原有方案基础上,进一步发动全校力量,广泛征求意见,进行民主投票。评选方案通过校报公布,并通过校园网公告栏进行投票。9月3日,学校党委中心组学习扩大会再一次对方案进行了认真讨论。

2006年9月20日,经学校五届一〇二次党委会研究,决定采用"日新自强,知行合一"为校训。9月28日,学校党委下发《关于公布校训、前湖校区部分楼、路、景点命名的决定》,正式将"日新自强,知行合一"校训公布,[①]这样,学校的精神谱系增加了极为重要的新内容,成为精神谱系的核心内涵。至此,学校的精神谱系凝练形成了。

二、"日新自强、知行合一"八字校训的内涵

学校把"日新自强,知行合一"作为校训,是有其科学的依据和深刻的意义。

"日新"之义最早出自《尚书》。《易经》亦云"日新之谓盛德,生生之谓易",后来《大学》引用《尚书》之意明确指出:"苟日新,日日新,又日新。"天地之大德曰生,人生之大德曰创。意即人道要跟着天道变,不断追求,逐渐接近事物的内在规律。学校亦然,必须吐故纳新,与时俱进,勇于探索,止于至善。这与学校制定的"昌航哲学"中的"循规"有异曲同工之妙。

---

① 《关于公布校训、前湖校区部分楼、路、景点命名的决定》,南昌航空大学档案馆馆藏档案,DQ11-13-1.0020。

"日新"即是要求受教育者有强烈之进取精神。近代教育家张伯苓先生一直主张办教育要遵循"日新月异"的精神,并解释道:"所谓的日新月异,不但每个人要接受新事物,而且还要能成为新事物的创始者;不但能赶上新时代,而且还要能走在时代的前列。"用今天的话来解释,就是受教育者的时代使命,是不断改革、不断创新、不断进取、勇攀高峰,面向祖国、面向世界、面向未来,奋勇走在世界发展大潮的前沿,为建设繁荣富强的伟大祖国而奋进。所以"日新"的要求,与"团结自强、拼搏向上"的昌航精神中的"拼搏向上"的要求、"廉洁、奉献、务实、进取"的干部作风中"进取"的要求以及"勤奋、文明、求实、创新"的八字校风中的"创新"的要求,是一致的,是对这些要求的进一步凝练和升华,体现了时代对创新精神的新要求,这也是为什么学校1999年党代会把1985年"勤奋、文明、自强、求实"的旧八字校风改为"勤奋、文明、求实、创新"的新八字校风的原因。

"自强"一词出自《易经》。《易经》云:"天行健,君子以自强不息""地势坤,君子以厚德载物"。因此,"自强"既包含内在涵养上的修身立德,又包含外在行为上的刚强自立;既是一种自我激励、努力向上的精神力量,又是一种追求卓越、永争一流的时代精神。《怀南子·修务训》中说:"不自强而成功者,天下未之有也。""自强"与"激情进取,志在超越"的航空精神是一致的,她告诫师生既要像浩瀚天宇那样刚健有力、运行不止,又要像大地那样广袤厚实而能承载包容万物,不断修身、学习、努力、创新,丰富自己。

我们学校的前身汉口航空工业学校原是中南空军司令部修理厂,地势低洼,范围狭小,只有几栋矮小的厂房、少量宿舍及其他附属设施,房屋建筑面积仅有17408平方米,到现在已经发展成为占地3000余亩,高楼林立,功能齐全的现代化校园。学校70年来的发展壮大,正是"团结自强、拼搏向上"的昌航精神的体现。但同时我们也要清醒地认识到,我们学校正处创业期,与其他强校还有很大差距,特别是博士授权单位还没有拿到,唯有自强才能自立。"自强"把"团结自强、拼搏向上"的昌航精神中的"自强"要求和1985年确立的"勤奋、文明、自强、求实"的旧八字校风中的"自强"要求容纳进来，是传承也是发展。"自强"是一种不畏任何困难的勇气，能够帮助广大昌航师生树立远大目标和志向，激励他们勤奋学习、刻苦钻研，为我国国防和航空事业的发展贡献力量。

"知行合一"是明朝思想家王阳明所提。知行合一是王阳明最重要的思想。他强调人的活动是有目的、有意识的，即"致良知"，并主张"求理于吾心"，即"知行合一"。知，就是理论；行，就是实践。把"知"和"行"统一起来，才能称得上"善"。王阳明的"行"范围很广，包括了学、问、思、辩，这在《中庸》里是"知"的四个侧面，虽然他用主体包容了客体，将客体的独立性、自然性和物质性否定了，但其教育思想中有许多值得学习借鉴的地方：第一是立志、勤学、改过、责善；第二是独立的治学精神和能力；第三是循序渐进与因材施教；第四是强调身体力行。这些教育思想对今天大学的学习有很好的借鉴意义。

"知行合一"符合昌航一以贯之的办学方针和人才培养模式。1952年1月，国家航空工业局在筹建全国航空学校时，对包括汉口航空工业学校在内的航空学校的办学方针确定为"理论与实践相结合，教育为生产服务"。

深厚的军工文化底蕴深深影响着学校注重实践、强调动手能力培养的办学理念，形成了知行合一的朴实作风。武汉311厂原来是中国人民解放军中南空军司令部工程部修理厂，是一所老牌军工厂。以它作为汉口航空工业学校建校的基础，是学校得天独厚的一笔财富。当时，全厂职工215人，其中工程技术人员15人，绝大部分留用下来，有的补充为学校教师，有的作为实验员、有的作为学生实习指导老师。这些职工是掌握着当时最先进航空应用技术的熟练工人，操作技艺精湛，大多是能工巧匠。至今一些老教师感慨万千地说，311厂留下来的这些工人贡献非凡，他们扎实的技艺、朴实的作风对学生的实习影响很大，他们几乎是手把手地教学生。学校注重实践，培养学生动手能力，没有这些工人几乎无法想象。学校搬到南昌后，一声令下，这些工人又义无反顾，离乡背井，来到陌生的环

大学特质文化的传承和创新：南昌航空大学的实践探索　>>>

境，一如既往地勤奋工作，为学校早期的校办工厂的创建和学生的实习指导默默无闻地勤奋工作。

　　1954年开始，学校聘请了苏联专家，他们十分重视实践性教学环节，"重视理论与实际的紧密联系，重视根据学生不同特点来进行教育的原则，重视教师在教学中的主导作用"。[①] 通过向苏联学习，并在苏联专家指导下，扭转了教师及个别领导人"只要搞好理论教学，研究室、实验室、车间有无皆可"的错误思想，一致认为苏联教学中的理论紧密结合实际，教材中的科学性、系统性与完整性，教授中要认真贯彻爱国主义的思想性是非常正确的，效果是良好。[②] 进一步巩固了理论和实践相结合的人才培养模式，使之成为我校的一个传家之宝，并逐渐建成了一个在全国颇具影响力和特色的实习基地。

　　1958年，大批学生下到校办工厂从事较长时间的实习，后来相当长的一部分人长期留在工厂当工人担任实习指导老师。1962年学校建校10周年，学校总结经验说："组织师生参加生产劳动，锻炼了思想，丰富了实际知识，并且为国家增加了产品，节约了资金。10年来，在全体职工和学生的努力下，学校共生产各种机床995台，较大型的设备43套，总产值达到1950余万元，与此同时，广大师生员工紧密地结合教学生产，开展了科学研究工作和技术革新、技术革命运动，不仅提高了师生、职工的科学技术水平，而且为教学、生产提供了一些必要的设备。"[③] 1969年把1969、1970两届400多学生分配到校办工厂工作，大大地充实了校办工厂从事教学实习和产品生产、开发的能力。学校深厚的金工实践基地的形成和培养的学生动手能力强的特点，就是在这些有较多文化和技能的工人的贡献和熏陶下逐渐形成的，奠定了学校育人的工程背景与知行合一的传统。

　　1978年改建学院以来，学校十分重视教学工作，坚持把校办工厂作为

[①]《南昌航空工业学校工作总结》，南昌航空大学档案馆电子档案，1956-永久-0003-004。
[②]《本校1956—1957学年第一学期工作总结及1952—1957年几个主要问题的简要总结》，南昌航空大学档案馆电子档案，1957-永久-0003-001。
[③]《十年来的学校工作（1952—1962）》，南昌航空大学档案馆电子档案，1962-永久-0008-005。

教学工作中重要的一环，指出"校办工厂必须坚持以教学为主的方向，应该把安排好学生实习和为教学科研制作必要的仪器设备和协作加工等放在第一位，确保完成。在这个问题上不能过分计较经济价值。"同时，培养的学生"要有较好的动手能力"，"包括运算、绘图、查阅资料、编写技术报告和论文、实验和本专业至少一个工种的实际操作"。① 学校始终坚持"扬长补短，办出特色"的指导思想，在教学上提出了"打好基础，加强实践，提高能力"的教改要求，重视学生获得工程师的基本训练和动手能力的培养。1986年暑期，学校曾组织调查组到部属厂、所对毕业生的思想表现和工作状况进行了调查。调查结果表明：学校毕业生报到率高，工作作风较踏实，实验动手能力较强，能较快地适应工作，因而受到用人单位的欢迎与好评。② 1990年11月，刘荣光院长在向航空航天部本科教学工作评监组专家汇报学校"办学思路"时指出，学校一定要走一条"扬长补短，办出特色"的路子，要抓住我们的长处，要在长处方面发展、提高，当然这种发展是按高等教育要求进行发展、提高，做到以长补短。相对来讲，昌航的长处主要是有一批实验动手能力强的师资、有基础较好的教学实习基地，有严格要求、严格管理的办学传统等，在此基础上培养能吃苦、肯干、作风朴实的工程应用型人才，不把自己的毕业生设计成"全才"。黎阳公司1990年6月召开的青年工作会议，在总结材料中，谈到"理论联系实际，坚持同生产劳动和工人相结合，是青年知识分子岗位成才的主要途径"时，举了6位青年科技人员的先进事例，其中有5人（82、84、86届）是昌航毕业的，这些毕业生的共同特点是踏实肯干，解决了一些现场工艺关键问题，使生产的产品质量提高，成本下降。③ 1992

---

① 《认真贯彻中央工作会议精神，努力办好学院——张本禄同志二月十八日在院党委扩大会议上的讲话》（1981年2月28日），南昌航空大学档案馆电子档案，1981-永久-0012-004。
② 《南昌航空工业学院建院十年来的工作总结》，南昌航空大学档案馆电子档案，1988-永久-0008-002。
③ 刘荣光：《关于"办学思路"的汇报提纲》，南昌航空大学档案馆电子档案，1990-永久-0007-029。

年，建校40周年大会上，黄懋衡院长指出，学校要继续"走扬长补短、办出特色的办学道路"，"重视实践性教学环节和实验动手的能力培养，重视建设有特色的校内实习基地"。①

1998年7月，昌航一次性通过教育部本科教学工作合格评价，专家组对我校"工程教育与工程训练相结合"的培养模式给予高度评价，认为昌航注意加强实践教学环节的建设与实际工作能力的培养，建成了金工、电子校内实习基地，为培养学生的实际动手能力提供了良好的条件。进入21世纪，随着学校工、理、文、管、经、法、教等学科协调发展的多科性教学研究型航空大学的初步形成，学校进一步理顺思路，确立了"理论教学与实践训练相结合"的人才培养模式，更加要求我们遵循"扬长补短，办出特色"的办学思路，做到表里如一，学以致用，知行统一。在2008年的教育部本科教学工作水平评估中，昌航喜获优秀。以西北工业大学校长姜澄宇教授为组长的专家组认为，南昌航空大学在56年的办学历程中，始终坚持育人为本、德育为先的理念，以航空国防教育为载体，营造了独特的育人文化环境，不断推动大学生德育工作的创新和发展，为造就大批服务基层、敬业奉献的高素质人才奠定了坚实的思想基础。昌航"始终坚持知行合一、注重实践的理念，精心打造实践教学体系，形成了工程教学与工程训练相结合的教学模式"，构筑了以国家级、省级实验教学示范中心为核心的实践教学平台，强化了大学生的综合工程能力训练，为航空国防事业和地方经济社会发展培养了一大批"上手快、能力强"的应用型高级专门人才，形成了自身人才培养的鲜明特色。②

总之，"日新自强，知行合一"的校训凝结了所有昌航人的智慧与探索，是昌航建校70多年来历史和文化的积淀和凝练，是学校精神和灵魂的象征，是学校办学理念的集中体现，是对全校师生具有指导意义的行为

---

① 黄懋衡：《励精图治，再接再厉，扬长补短，办出特色——在南昌航空工业学院建设四十周年庆祝大会上的讲话》，南昌航空大学档案馆电子档案，1992-永久-0010-025。
② 《关于报送〈南昌航空大学本科教学工作水平评估整改方案〉的报告》，南昌航空大学档案馆电子档案，2008-JX12-11-YJ-031.008。

准则。

"日新自强、知行合一"的校训与70多年来逐渐形成的昌航精神形影相随，我们也坚信，这种精神将代代传承，如兰之馨，熏沐陶铸，发挥出巨大的不可替代的育人功能，激励和劝勉着广大昌航人激情进取，奋发向上，为祖国的国防、航空事业和地方事业作出更大的贡献！

2007年，学校成功更名为南昌航空大学，事业蒸蒸日上，走上了快速发展的轨道。"勤奋、文明、求实、创新"的八字校风和"日新自强、知行合一"的八字校训与70多年来逐渐形成的昌航精神文化形影相随，共同构成"昌航精神谱系"，如万道光芒，照亮着全体昌航人前行的路程，激励着全体昌航人拼搏、笃行、创新。

结语　昌航特质文化传承创新与凝心聚力的成就、经验与启示

福州大学党委书记张天明说：近年来，随着高等教育事业的发展，各高校因办学传统、定位发展、学科布局的不同，大学文化呈现出不同的特点，但作为一种重要的社会文化形态，新时期的大学文化应具有守正创新、彰显特色、开放包容、追求卓越的普遍共性。① 大学文化既要有共性，也要有特质；既要有传承，也要有创新。2022年是昌航建校70周年。昌航党委书记罗嗣海在一次校庆工作布置会上指出："校庆是一项系统工程，要抓大事、找重点，突出精神层面的内容，引导大家在校庆中熟悉学校的历史，总结办学的经验，为学校今后的发展汲取前进的智慧和力量。"大学文化是大学软实力的重要指标，在守正创新中集中体现大学的凝聚力、创造力和生命力，不断取得凝心聚力的成就，汇聚经验与启示。

一、昌航特质文化传承创新与凝心聚力的成就

大学文化是大学建设的核心内容，大学特质文化的确立与培养对于学校凝心聚力促发展具有举足轻重的作用，要高度重视特质文化的建设和创新，不断丰富和发展自己的精神谱系。学校什么时候重视特质文化建设，什么时候就事业发展，人才辈出。反之，事业受挫，人才不张。建校70年

---

① 张天明：《新时代大学文化的精神特质》，《中国教育报》2020年12月7日第5版。

来，昌航高度重视精神文化的建设和凝练工作，大致形成并经相关程序确认了多层次的精神文化，形成自己的精神谱系：中专专科时期即形成了"三八"作风和"朴实、勤奋、严谨"的优良传统。办本科后凝练出"勤奋、文明、求实、创新"的校风，倡导"循规、重人、求实"的昌航哲学、"奉献不为索取，奉献大于索取"的昌航人价值观、"团结自强、拼搏向上"的昌航精神、"治学严谨，诲人不倦"的教风、"勤奋好学、实事求是"的学风、"廉洁、奉献、务实、进取"的干部作风和以有理想、爱祖国，有道德、爱集体，有文化、爱专业（岗位），有纪律、爱自己（自尊自爱）为主要内容的"四有四爱"的昌航道德风尚。在此基础上凝练出"日新自强，知行合一"的校训。本课题初步认为，昌航建校70年特质文化在凝心聚力促发展上取得了伟大成就，推动了学校3次创业。

1. "三八"作风和"朴实、勤奋、严谨"的六字校风的树立有力地凝聚了师生力量，形成了厚重的航空国防文化情结，推动了中专专科时期各项事业的发展。1952年3月至1978年3月，是学校第一次创业时期，经历了初创、稳定发展、调整提高、试办大专、由中专向大学过渡等主要阶段。学校从创建开始就十分重视校风建设的培育、总结和凝练。鉴于学校的国防、航空性质以及首届629名学生中有627名学生是从中国人民解放军和人民志愿军干部、战士中选拔来的现役军人、参加汉口航空工业学校筹建的干部大多是中共中央中南局组织部和中南军区调来的地、县（团）、区（营）级部队转业干部，主要校领导大多是军、师级军人，学校一开始就把"三八"作风作为校风来培养，有力地推动了教风、学风和干部作风，培养了"朴实、勤奋、严谨"优良作风，形成了自己的文化特质和以热加工为优势的专业特质。在"三八"作风和"朴实、勤奋、严谨"的六字校风的推动下，昌航师生员工克服重重困难，完成了迁校壮举，为航空工业培养和输送了近万名技术人才，支援了新建其他学校的建设，从1958年起被确定为重点中等专业学校，从1960至1965年试办专科学校，为昌航升格为本科院校打下了坚实基础。

2. 集中力量凝练特质文化体系，培育了"创业精神"，有力地推动了第二次创业。1978年4月至1998年,是本科教育的开创和稳步发展的重要时期,也是第二次创业时期。在这段时期,学校特别重视文化的培育和凝练,努力探索二十四字办学新思路,明确发展定位,集中力量凝练出"勤奋、文明、求实、创新"的校风,"团结自强、拼搏向上"的昌航精神、"治学严谨、诲人不倦"的教风、"勤奋好学、实事求是"的学风、"廉洁、奉献、务实、进取"的干部作风,倡导"循规、重人、求实"的昌航哲学、"奉献不为索取,奉献大于索取"的昌航人价值观,弘扬昌航系列文化精神,开展了一系列文化建设活动,制定和完善了各项制度,优化了育人环境,陶冶了师生情操。1978年升为本科,1982年获得学士学位授予权,1985年开始培养研究生,1990年获得硕士学位授予权,1990年通过航空航天工业部教育质量评鉴,1998年一次性通过教育部本科教学工作合格评估,在一般本科院校中争创了一流,教学、科研及生产、基本建设等各项事业得到全面快速发展,为学校管理体制调整后的跨越式发展奠定了强大基础。

3. 开展新一轮文化建设,凝练了"日新自强、知行合一"的校训,吹响了第三次创业的号角。1999至2022年,是建设教学研究型大学的探索时期,也是学校第三次创业时期。1999年教育大发展、教育体制改革全面推进,昌航下放地方,实行中央和江西省共建、以江西省管理为主的管理体制,开启了再一次的伟大创业。2002年开始筹建了前湖新校区并投入使用,学校迅速开展新一轮文化建设,2006年凝练了"日新自强、知行合一"的校训。2007年3月学校成功更名为南昌航空大学,7月7日至9日召开南昌航空大学第一次党代会,大会对建校55年来的历史进行了总结,首次提出了"三次创业"的概念,发出弘扬"日新自强、知行合一"校训的号召,提出"激情进取,谱写我校第三次创业的新篇章"口号。[①] 更名大学后,各项事业实现跨越式发展,为学校迈入新时代高质量跨越发展新阶段夯实了牢固基础。

---

① 《关于印发中共南昌航空大学第一次代表大会工作报告的通知》,南昌航空大学档案馆电子档案,2007-DQ-11-YJ-005.014。

<<< 结语　昌航特质文化传承创新与凝心聚力的成就、经验与启示

二、昌航特质文化传承创新与凝心聚力的经验

从昌航 70 年的文化建设来看，在凝心聚力促发展方面有以下几点值得汲取的经验：

1. 任何时期都必须高度重视文化建设。学校无论是在第一次创业时期、第二次创业时期，还是第三次创业初期，都非常重视文化建设，制定了一系列文化建设的文件、制度和规划，开展了一系列的文化建设活动，掀起一轮又一轮的文化建设高潮，并不断总结、凝练文化建设的成果，形成了自己的文化体系。黄懋衡院长在庆祝建校 40 周年大会上说：要发扬优良传统，倡导昌航精神。众所周知，四十年来，昌航全体师生员工发扬了党的艰苦奋斗传统，同心协力，积极创造条件建立起来的。在长期的办学实践中，逐步地形成了"勤奋、文明、自强、求实"的校风，和"团结自强，拼搏向上"的昌航精神，这些集中反映了广大教职工和学生的意愿，过去是，今后也必将是实现学院奋斗目标的一种精神力量。[①]

2. 文化建设一定要结合校情，形成自己的特色，特别要强调国防、航空特色。学校源于国防、航空，凝结了 70 年的国防、航空情结，形成了"立足江西、面向全国，服务地方、服务国防"的服务面向，不能脱离行业文化、行业精神而谈文化建设。1995 年，学校提出"校园文化建设必须体现航空工业的特点和精神。必须体现本校的优良传统和特色"。[②] 2007 年，学校在制定园文化建设"十一五"计划中指出，校园文化建设要服从于学校发展战略规划，突出国防、航空特色，进一步弘扬昌航精神，培育优良校风、教风和学风，加强内涵丰富的校园人文环境和自然环境建设，努力营造良好的育人环境，加速提升软实力。[③]

[①] 黄懋衡：《励精图治，再接再厉，扬长补短，办出特色——在南昌航空工业学院建设四十周年庆祝大会上的讲话》，南昌航空大学档案馆电子档案，1992-永久-0010-025。

[②] 《关于进一步加强校园文化建设的若干意见》（1995 年 11 月 20 日），南昌航空大学档案馆电子档案，1995-永久-0027-003。

[③] 《关于颁发南昌航空工业学院校园文化建设"十一五"计划的通知》，南昌航空大学档案馆电子档案，2007-DQ-11-YJ-005.019。

3. 要尊重历史、尊重前人成果，在继承的基础上做到守正创新。昌航系列文化成果是在几代昌航人 70 年的实践中逐渐形成了，凝结了学校党委、行政领导班子和全体师生员工的集体智慧，实践证明是科学的、正确的，需要持之以恒坚持和弘扬下去。同时，也要根据校情、国情不断地探索、创新。比如中专专科时期的"三八"作风和"朴实、勤奋、严谨"的六字校风到了本科时期有所创新，1985 年底提出"勤奋、文明、自强、求实"的旧八字校风，1999 年又发展为"勤奋、文明、求实、创新"的新八字校风。其他如教风、学风、干部作风等在不同时期有不同的提法，到 1995 年底最终凝练成统一八个字的教风、学风、干部作风。

文化建设坚持守正创新是新时代的客观要求。"双一流"建设是新时代促进高等教育内涵式发展、提升教育质量和水平、增强国家核心竞争力、建设教育强国作出的重大国家战略决策。"双一流"建设需要一流的大学文化作为支撑，创建一流的大学文化需要鼓励开拓创新的文化视野。对于昌航来说，新时代需要有新的内生动力，需要对建校 70 周年以来学校精神谱系进行新的概括，主要是对学校固有精神文化的内涵发展及其传承进行创新性凝练，丰富和发展精神谱系。上述精神文化一是层次较多，二是不同时期有不同时期的解读。随着国家的发展、社会的进步，校园文化、学校精神文化也要与时俱进，这些精神文化需要进一步创新，进一步凝练，形成自己的特质文化，构建新的精神谱系内涵。特别是学校正处在高质量跨越发展阶段，更需要用特质文化凝聚学校力量，奋发图强，迎头追赶。

三、昌航特质文化传承创新与凝心聚力的启示

罗嗣海书记在 2020 年暑期务虚会上指出：要加强校园文化，以优良的校园文化凝聚奋进力量。围绕好干部标准和好教师要求教育引导干部师生，提高思想觉悟、道德水平，激发工作激情，最后要转化为实际行动。罗嗣海书记为此做了深刻而有益的探索，认为学校要大力倡导一种新的特质精神，即"责任、奋斗、奉献、卓越、关爱"的十字精神。罗嗣海书记

在多个场合阐述了昌航的特质文化内涵，并建议学校群策群力，共同探索学校的特质文化。

我们认为，罗书记的探索为我们进一步创新、凝练学校特质文化提供了新的方法论和新的路径。我们初步认为，学校70年形成的特质文化体系，可以提炼出"朴实、严谨、团结、自信、自强"几个关键词，在罗嗣海书记提出的十字精神的基础上，结合昌航精神谱系中的内生品质，可以试着探索、凝练新的特质文化表述。我们认为，至少在以下方面可提供启示与借鉴：

（一）要坚持责任卓越

对国家来说要有责任担当，为党育人，为国育才，特别是要坚持学校提出的"立足江西、面向全国，服务地方、服务国防"的服务面向，就更需要有责任担当。对学校来说，要追求卓越质量的文化品格，要有更高目标的追求，不断地进步、不断地超越自我。

（二）要坚持朴实严谨

为人要朴实，这是昌航血液里的文化基因；做事要严谨，这是航空工业的行业要求，也是科学研究的必备素质。

（三）要坚持团结奋斗

精神要团结，这是70年来经验教训的总结，也是昌航精神的首要内涵。前途靠奋斗，这是昌航人骨子里吃苦耐劳，勤俭办校的传统，也是艰苦创业的精神动力。

（四）要坚持自信自强

内心要自信，这是昌航人骨子里的倔强和乐观精神的集中反映。地位靠自强，这是昌航人拼搏向上精神的写照，也是创新精神的基础。

(五) 要坚持奉献关爱

个人讲奉献，这是昌航人价值观的执着追求。组织讲关爱，这是学校干部作风的客观要求。

当然，学校特质文化建设的经验和启示远不止这些，需要认真总结，精心凝练。同时。学校70年的历史，也残留一些负面文化，比如眼光狭窄，胸怀不够宽广，知足常乐，按部就班等，这些尽管不是主流，但阻碍着学校的发展，需要营造开放包容的文化心态，值得好好研究，以便扬长避短，拨浪前行。

主要参考资料

1. 《传道授业话昌航》编写组：《传道授业话昌航》，江西高校出版社 2017 年 10 月版。

2. 郭代习：《笔墨昌航》，光明日报出版社 2011 年 7 月版。

3. 中国教育报刊社：《漫游中国大学丛书——南昌航空大学》，重庆大学出版社 2008 年 3 月版。

4. 《南昌航空大学校史》编写组：《南昌航空大学校史：1952—2012》，航空工业出版社 2012 年 10 月版。

5. 南昌航空工业学院院史编委会办公室：《南昌航空工业学院院史（1952—1985）》，内部刊，1988 年 1 月版。

6. 任吉林：《昌航情无损缘》，江西高校出版社 2019 年 10 月版。

7. 沈国英、丁群安：《昌航人》，航空工业出版社 1997 年 9 月版。

8. 沈国英、罗黎明：《奋飞》，航空工业出版社 2002 年 9 月版。

9. 孙一先：《南昌航空工业学院史》，航空工业出版社 2002 年 9 月版。

10. 夏立先：《岁月情深：昌航六秩回眸》，南昌航空大学校庆办公室编印（内部版），2012 年 10 月版。

11. 《峥嵘岁月》编写组：《峥嵘岁月》，江西科学技术出版社 2022 年 9 月版。

12. 郑宏：《厦门大学文化的历史与解读》，厦门大学出版社 2010 年 6 月版。

13. 《新编现代汉语词典》，湖南教育出版社2016年4月版。

14. 中国航空工业史编修办公室：《中国航空工业大事记（1951—2011）》，航空工业出版社2011年4月版。